Karin Sturm

Michael Schumacher

Karin Sturm

Michael Schumacher

Eine Ära geht zu Ende

Die Geschichte einer Weltkarriere

Inhalt

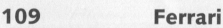

Vorwort

von
Christian Danner

Die Ära Schumacher ist zu Ende gegangen. In der Formel 1 ist es ja normal, dass eine Ära kommt und irgendwann auch wieder geht. Das, was mich am Ende der Ära Schumacher glücklich macht, warum ich durchaus freudig und entspannt diesen großen Champion gehen sehe, ist der Umstand, dass er aus eigener Kraft, gesund, ohne Resignation oder Trauer seine eigene Ära verlässt. Die Ära, die vor ihm war, hat sich ja auf tragische Weise anders beendet.

Viele Fans sind wahrscheinlich traurig, dass Michael nicht mehr mitfährt, ich bin aber glücklich, dass er die Bühne so verlassen konnte, wie er sie verlassen hat, nämlich in einem Stück, gesund, als ein zufriedener Mensch, der eigentlich, wenn man es genau betrachtet, alles erreicht hat, was zu erreichen war und so ohne unerfüllte Sehnsüchte die Formel 1 verlässt. Darüber kann und sollte man sich einfach nur freuen.

Ich gehöre nicht zu denen, die Michael Schumacher immer völlig kritiklos gegenüber gestanden haben. Die Ära Schumacher war auf der einen Seite dominiert von den unglaublichen Leistungen dieses Ausnah-

mefahrers, von den fantastischen Erfolgen, der grandiosen Anzahl an Siegen und Weltmeisterschaften. Aber es war auch eine Ära, in der es ganz spezifisch an Michael immer wieder mal etwas auszusetzen gab. Da waren Fouls wie jene gegen Hill in Adelaide 94 oder gegen Villeneuve in Jerez 97, da gab es in der letzten Saison noch mal diese merkwürdige Aktion in der Rascasse in Monaco. Das zieht sich halt leider ebenso durch die Ära Schumacher wie seine unglaublichen, wirklich unglaublichen Leistungen im Rennauto – Leistungen, wie sie nur er und kein anderer

hätte bringen können. Das ist sicher einer der Hauptgründe, warum die Persönlichkeit Michael Schumacher so polarisiert.

In diesem Buch sollen aber nicht nur seine sportliche Karriere, sondern auch die politischen und psychologischen Hintergründe einiger Schlüsselereignisse, seines Umfelds und seiner Persönlichkeit eine wichtige Rolle spielen.

HERZLICHST
IHR

7

Danke, Schumi!
Ein Champion tritt ab

Am 22. Oktober 2006 um 15.35 Ortszeit in Interlagos war die Karriere des erfolgreichsten Formel-1-Piloten aller Zeiten beendet: Da fuhr Michael Schumacher als Vierter des Grand Prix von Brasilien zum letzten Mal über die Ziellinie, vorbei auch an den Transparenten der Fans, die sich bei ihm bedankten und ihm für die Zukunft alles Gute wünschten – symbolisch für Millionen von Schumacher-Fans nicht nur in Deutschland, sondern auf der ganzen Welt.

Ihr Held verabschiedete sich aus der Formel 1 nicht mit einem Sieg, nicht mit einem erneuten Weltmeistertitel, nicht einmal mit einem Podiumsplatz, aber nichtsdestoweniger im besten Michael-Schumacher-Stil mit einem seiner größten Rennen überhaupt, einer grandiosen Aufholjagd, die ihn nach einem Reifenschaden vom letzten Platz noch auf Rang vier brachte. Dabei legte er Rundenzeiten vor, die klarmachten, dass er das letzte Rennen seiner Karriere ohne dieses Problem wahrscheinlich sogar hätte gewinnen können. »Ich wäre sicherlich lieber auf dem Podium gestanden beim letzten Rennen. Offensichtlich war das heute nicht möglich. Alles in allem muss man auch mit dem Rennen zufrieden sein. Jetzt schauen wir in die Zukunft, was sie bringen wird – aber konkrete Pläne habe ich noch nicht.«

Der letzte Arbeitstag von Michael Schumacher begann wie jeder andere Rennsonntag zuvor: Absolute Normalität und volle Konzentration auf die Sache. Dies hatte er als Parole ausgegeben, auch und gerade nach der Enttäuschung vom Samstag, als ihn eine

defekte Benzinpumpe am Ferrari um eine fast sichere Pole-Position brachte und auf den zehnten Startplatz zurückwarf. Damit war die letzte noch verbliebene theoretische Chance auf den achten Weltmeistertitel noch theoretischer geworden. Und Schumacher hielt sich an diese Devise. Zumindest äußerlich ließ er sich keinerlei besondere Emotionen anmerken. Den Rummel veranstalteten nur die anderen.

Als Schumacher um 10.15 Uhr, 20 Minuten nach Fernando Alonso, ins Fahrerlager kam, noch ganz in Zivil, weiße Jeans, sand-

»Das war's!« Zum letzten Mal steigt Michael Schumacher nach dem Großen Preis von Brasilien aus seinem vertrauten Arbeitsgerät.

9

Neben fröhlichen sah man auch viele nachdenkliche Mienen auf der Abschiedsfeier des Ferrari-Teams für seinen Starfahrer: »Grazie, Michael!«

farbenes Hemd, war es fast ein Wunder, dass die Schlacht der Kamerateams und Fotografen keine Verletzten forderte. Das letzte technische Briefing mit dem Team, dann zum letzten Mal der Weg in den Paddock Club zu den Sponsoren, dann auf die Start-Ziel-Gerade zum obligatorischen Weltmeisterschafts-Abschluss-Gruppenfoto aller Fahrer. Auf dem Weg dorthin plauderte der siebenmalige Weltmeister noch ganz entspannt mit Nico Rosberg, stellte sich dann noch zu einem Extra-Bild mit Weltmeister Fernando Alonso, ehe er bei der traditionellen Fahrerparade wie alle anderen eine brasilianische Flagge schwenkte. Er hatte allerdings von allen die größte bekommen.

Um kurz nach 13.30 Uhr fuhr Schumacher dann zum letzten Mal in seiner Karriere in die Startaufstellung. Zuvor noch überreichte ihm der brasilianische Fußball-König Pelé eine große Trophäe für seine Verdienste um die Formel 1. »Er ist der Pelé des Motorsports«, hatte ihm der in seiner Heimat noch immer umjubelte Altstar schon einige Tage zuvor gehuldigt. Dann umarmte er noch kurz seinen einstmals liebsten Gegner Mika Häkkinen, der auch zur Abschiedsgala erschienen war, ehe er sich aufmachte, das Unmögliche vielleicht doch noch möglich zu machen, zumindest aber

»Schumacher ist einer der schnellsten Rennfahrer aller Zeiten. Der Schnellste, gegen den ich je gefahren bin, war Mika Häkkinen. Das größte Talent war Ayrton Senna – und meiner Meinung nach auch der Größte. Schumacher war der Kompletteste. Von jetzt an muss sich jeder an ihm messen lassen.«
Martin Brundle

zusammen mit seinem Teamkollegen Felipe Massa wenigstens noch den Konstrukteurstitel für Ferrari zu sichern.

Zunächst schien alles aufzugehen: Nach der ersten Runde hatte sich der rote Ferrari mit der aus früheren Zeiten ungewohnten Nummer fünf bereits auf Platz sieben vorgeschoben, dann erwischte er auch noch Rubens Barrichello, ehe das Safety-Car herauskam, weil ausgerechnet die beiden Williams von Mark Webber und Nico Rosberg Feindberührung hatten, wobei der Deutsche heftig abflog.

Doch als Schumacher nach der Safety-Car-Phase Giancarlo Fisichella angriff und eigentlich schon an ihm vorbei war, wurde der Ferrari zum Entsetzen der Schumacher-Fans plötzlich ganz langsam. Ein Hinterreifen hatte schlagartig Luft verloren – möglicherweise durch eine leichte Berührung mit dem Renault – und zerlegte sich nun rasch in seine Bestandteile. Schumacher selbst hatte freilich von einer möglichen Kollision überhaupt nichts mitbekommen. Im Schneckentempo musste Michael fast

Jenson Button war zu weit weg, als dass Michael noch in Schlagdistanz hätte kommen können. »Natürlich hätte ich das Rennen lieber auf dem Podium beendet, aber so, wie es gelaufen ist, muss man mit dem Ergebnis wohl zufrieden sein«, meinte er kurz danach, zumindest nach außen ruhig, kontrolliert, ohne besondere Emotionen. Danach befragt, meinte er: »Im Moment spüre ich auch noch nichts Besonderes. Und das, was mir besonders wichtig ist, die menschlichen Kontakte, die Freundschaften zu den Leuten in meinem Team, das ist ja auch nicht zu Ende. Die sind ja alle nicht aus der Welt.«

Mit dem zerfetzten linken Hinterreifen schwanden die letzten Hoffnungen auf den Sieg und damit auch den Titel.

eine ganze Runde an die Box zurück schleichen. Wenig später ging er mit deutlich über einer Minute Rückstand als Letzter erneut ins Rennen. Bei Halbzeit hatte er sich bereits wieder auf Platz 10 nach vorne gearbeitet, und als Siebter kam er in der 48. Runde zu seinem zweiten Boxenstopp.

Und die furiose Aufholjagd ging weiter. In der 63. Runde trieb Michael Giancarlo Fisichella in einen Fehler – Platz fünf war das Ergebnis. In Runde 66 folgte dann der Angriff auf Kimi Räikkönen, seinen Nachfolger bei Ferrari. Der Finne dachte allerdings nicht daran, freiwillig das Feld zu räumen, und wehrte sich bis zum letzten. Doch eingangs der 69. Runde zog Schumacher im Senna-S – zur Begeisterung der Ferrari-Truppe – mit einem spektakulären Überholmanöver an ihm vorbei.

Aber selbst eine sensationelle schnellste Runde im nächsten Umlauf reichte nicht mehr ganz, um die Triumphfahrt doch noch mit einem Podiumsplatz abzuschließen –

Um 19.02 Uhr verließ Michael Schumacher dann die Stätte seines letzten Auftritts als aktiver Formel-1-Pilot: Umringt von der üblichen Horde von Kamera-Teams und Fotografen, im gleißenden Scheinwerfer-Licht der TV-Scheinwerfer, die die schon hereingebrochene Dunkelheit durchschnitten, machte er sich auf den Weg zur großen Abschiedsfeier mit Ferrari, Familie und Freunden im italienischen Nobel-Restaurant Fasano. Ehefrau Corinna war fast eine Stunde zuvor schon gegangen, voller Vorfreude auf die abendliche Party: »Heute zum Abschluss geben wir sicher noch mal richtig Gas.« Auf der großen Abschluss-Party der Formel 1, von Red Bull im Fußballstadion von Morumbi organisiert, ließen sich Schumacher und seine Freunde allerdings dann doch nicht mehr sehen, wie zuvor angeblich geplant. Dafür ging's im »Fasano« rund.

Offenbar wollte man den Abschied doch eher nicht in aller Öffentlichkeit ausklingen

> »Er hat den anderen gezeigt, wie man das Leben eines professionellen Rennfahrers lebt, ein Team motiviert und sich auf die Arbeit konzentriert.«
>
> **Hans-Joachim Stuck**

Während Teamkollege Felipe Massa an der Spitze des Feldes davonzieht, pirscht sich Michael Schumacher bereits am Start nach vorn. Scheinbar unaufhaltsam rollt er das Feld auf, bis ihn ein Reifendefekt zurückwirft.

konnte. Es war eine fantastische Leistung, die noch lange in Erinnerung bleiben wird.«

Niki Lauda wirkte freilich gar nicht überrascht: »Das war einfach ein Rennen im echten Schumacher-Stil, so wie eben speziell er es kann und ja auch schon öfter gezeigt hat.« Die immer wieder gehörte Vermutung, dass Schumacher gleich nach dem Abschied mental »in ein Loch fallen«, seine Entscheidung zum Rücktritt alsbald bedauern würde, hält Lauda für ziemlichen Unsinn: »Diese ganze Sentimentalität, die die Medien da gern reininterpretieren wollen, gibt es nicht. Zumindest jetzt noch nicht – wenn, dann spürt er so etwas im März nächsten Jahres, wenn die neue Saison anfängt.«

Schumacher-Manager Willi Weber war ein bisschen hin- und hergerissen: »Eigentlich hätte ich mir für den Michael im letzten Rennen ein anderes Resultat gewünscht, aber wenn ich das alles noch einmal Revue passieren lasse, dann muss ich sagen: Er hat heute eigentlich allen noch einmal gezeigt, dass er der größte und beste Rennfahrer der Welt ist. Er hat allen anderen die Schau gestohlen. Wenn ich das so betrachte, hätte er sich gar nicht besser verabschieden können als mit diesem Rennen. Er musste es gar nicht gewinnen, sondern er hat eine Duftmarke hinterlassen. Jeder, der jetzt nach Hause geht, wird sagen, dass dieses Rennen geil war! Entschuldigung, aber das war wirklich sensationell!«

Für Weber, der Schumacher fast zwanzig Jahre lang begleitete, war der schlimmste Zeitpunkt jener, zu dem »wir beide die Entscheidung getroffen haben. Ich wusste ja, dass es vernünftig ist und dass das alles richtig ist, wie wir uns entschieden haben, aber dann habe ich echt geglaubt, ich falle in ein tiefes Loch, ich kann ohne Formel 1 nicht mehr leben. Je näher

lassen. Wozu auch, im Rampenlicht hatte Schumacher ja zuvor im Rennen gestanden, für das er sich wieder von allen Seiten höchste Komplimente abholen durfte. Selbst Renault-Teamchef Flavio Briatore räumte ein: »Das war schon Klasse, was Michael da heute abgezogen hat. Auch wenn ich vom Rennen selbst gar nicht so viel mitbekommen habe. Ich habe immer nur auf den Zeitenmonitor, auf die Positionen unserer Fahrer, gestarrt – das war das einzige, was mir wirklich wichtig war.«

Schumis Technikchef Ross Brawn, kurz davor, sich ebenfalls zumindest in ein Sabbatjahr zu verabschieden, stimmte in die Lobeshymnen ein: »Die Formel 1 mit so einer Leistung zu verlassen, ist ganz groß, auch wenn er das Rennen nicht gewinnen

Zwei Generationen, zwei Idole: Brasiliens noch immer gefeierter Fußball-Altstar Pelé überreicht dem scheidenden Formel-1-Star einen goldschimmernden Pokal.

Die »Schumi-Faust« bei der Zieldurchfahrt auf dem Nürburgring. Der Sieg beim Großen Preis von Europa ließ die Hoffnung auf einen erfolgreichen Titelkampf wieder aufkeimen.

weißem Papier und zunächst nur auf italienisch den Rücktritt Michael Schumachers zum Saisonende.

Erst eine gute Viertelstunde später ergriff der siebenmalige Weltmeister dann selbst das Wort, dankte seinen Fans, seiner Familie und seinem Team, sprach von diesem ganz speziellen Tag, der großen Schwierigkeit, eine solche Entscheidung zu treffen: »Aber ich musste es auch tun, um meinem Teamkollegen Felipe Massa Zukunftssicherheit zu geben.« Eventuell aufkommende Sentimentalität verbarg er hinter der locker wirkenden Floskel: »Aber einmal muss ja Schluss sein.«

In den letzten drei Rennen, so fuhr er fort, gelte seine ganze Konzentration aber dem Versuch, jetzt auch noch den achten Weltmeistertitel unter Dach und Fach zu bringen. »Mehr als früher kann man zwar nicht sagen, weil ich ja immer voll fokussiert war, aber mindestens genauso wie bisher.«

Der erneute Titelgewinn – nach dem Rennen in Monza schien diese zeitweilig unlösbar scheinende Aufgabe plötzlich wieder in greifbare Nähe gerückt zu sein. Die Tifosi auf den Tribünen in Monza jubelten, als eine große Rauchwolke aus dem Renault von Weltmeister Fernando Alonso verkündete, dass ihr Held Schumacher und sein Ferrari-Team dem Titel 2006 einen großen Schritt näher gekommen waren. Als Schumacher über die Ziellinie raste, fielen sich am Ferrari-Kommandostand Jean Todt und Luca di Montezemolo in die Arme, stürmten die Fans, wie bei Ferrari-Siegen üblich, die Strecke in Richtung Siegerehrung.

Schumacher umarmte, noch bevor er auf das Podest stieg, den größten Teil seiner Mechaniker-Crew und auch die Teamchefs. Aber ausgerechnet die Umarmung mit dem obersten seiner Vorgesetzten, FIAT-Chef Luca di Montezemolo, der sich am Samstag Abend schon um das traditionelle Ferrari-Dinner im königlichen Park gedrückt hatte,

dann der Abschied kam, desto glücklicher wurde ich. Es fällt mir relativ leicht, muss ich sagen.«

Dass Michael noch einmal zurückkehren wird, kann Weber sich aber nicht vorstellen: »Nein, wird er nicht. Da bin ich ganz sicher, darauf würde ich auch jederzeit wetten.«

Verkündet hatte der siebenmalige Weltmeister seine Entscheidung ja schon sechs Wochen zuvor, beim italienischen Grand Prix in Monza, nachdem die gesamte Formel-1-Szene bereits seit Saisonbeginn 2006 kaum noch ein anderes Thema gekannt hatte als die immer wieder aufgeworfene Frage: »Macht Schumi nun weiter oder nicht?« Angesichts dessen wirkte die endgültige und offizielle Bekanntgabe des bevorstehenden Rücktritts dann fast banal. Denn noch ehe Michael Schumacher als Triumphator des Großen Preises von Italien ganz oben auf dem Siegerpodest angekommen war und seinen Pokal in Empfang genommen hatte, war das schlechtest gehütete Geheimnis längst keines mehr: Mit zwei simplen Pressemitteilungen verkündete Ferrari das Ende einer Ära: Zunächst – auf englisch und italienisch – die neue Fahrerpaarung mit Kimi Räikkönen und Felipe Massa ab 2007, dann auf ebenso banalem schwarz-

schien ein wenig weniger herzlich ausgefallen, oder schien es nur so? Hatte Schumacher der Umstand verletzt, dass es ihm nicht gelungen war, seinen Chef zumindest zu einer Fristverlängerung für seine Entscheidung zu überreden, oder gar dazu, noch ein Jahr auf Kimi Räikkönen zu verzichten? Die salbungsvollen Worte, die auf beiden Seiten gesprochen wurden, konnten die Formel-1-Welt jedenfalls nicht vollständig davon überzeugen, dass sich dieser Abschied tatsächlich in perfekter Harmonie vollzog ...

Obwohl es ja alle eigentlich schon gewusst oder zumindest geahnt hatten – die tatsächliche Bestätigung der Gerüchte schien dann doch noch einen zumindest kleinen Schock auszulösen: Die Formel 1 in Zukunft ohne Michael Schumacher – nicht nur für die Tifosi in Monza, die am Sonntag Abend noch stundenlang vor dem Ferrari-Motorhome ausharrten, eine fast undenkbare Vorstellung. Dass das Ende einer Ära einen solchen Hype, einen solchen Wellenschlag nicht nur in Deutschland, sondern auch zumindest von Monza über die folgenden Rennen in China und Japan bis zum Abschluss in Brasilien weltweit auslöste, das war ungewöhnlich. Abschiede großer Sportler, die ihre Epoche prägten, hat es schon immer gegeben – überall, auch und gerade in der Formel 1.

Aber der Rücktritt von Michael Schumacher war irgendwie anders, auch anders als

Wie immer nach einem Sieg teilt Michael Schumacher seine Freude mit seinen Technikern und Mechanikern.

Die Miene ist so ernst wie das Thema: In Monza gibt Michael Schumacher seinen Rücktritt vom aktiven Motorsport bekannt.

> »Er hatte eine perfekte Karriere ... Natürlich hat er dabei auch Fehler gemacht, aber schließlich ist er auch nur ein Mensch, und Menschen machen nun einmal Fehler.«
>
> Nelson Piquet

bei seinen Vorgängern. Einerseits war er sogar weniger sentimental. Tränen wie bei den Rücktrittserklärungen eines Jackie Stewart, eines Niki Lauda, sogar eines Alain Prost gab es diesmal zumindest im Fahrerlager kaum. Eher war es eine Art kollektives Erstaunen gerade in einer bestimmten Altersgruppe der Jungen, aber nicht mehr ganz Jungen, der Generation so um die Dreißig oder etwas darüber, die Unsicherheit, wie denn die Formel 1 in Zukunft ohne ihren Schumi-Superstar weiterexistieren solle.

Das hat seine Gründe. Denn was die Ära Schumacher neben der reinen Zahlen- und Erfolgsbilanz so außergewöhnlich, so einzigartig macht, ist ihre Dauer. 16 lange Jahre hat Schumacher in der Formel 1 Rennen gefahren, praktisch von Anfang an mit konkurrenzfähigem Material. Seit 1994, seit dem Tod von Ayrton Senna, war er der Star der Szene. Gewiss wurde er in diese Rolle anfangs auch ein wenig hineingeschoben, weil die großen Manager des Motorsports ja einen neuen Helden brauchten, auch, um die Geschehnisse von Imola so schnell wie möglich vergessen zu machen. Und mangels wirklich gleichwertiger Rivalen in gleichwertigem Material, die ihm über längere Zeit hinweg hätten Paroli bieten können, wurde diese Heldenrolle auch nie mehr ernsthaft in Frage gestellt.

Zwölf Jahre sind seitdem vergangen, zwölf Jahre, in denen der Name Schumacher und der Begriff Formel 1 ein Synonym dar-

stellten. Eine so lange Phase der Dominanz hat es in diesem Sport noch nie gegeben. Die Superstars von früher sind noch nicht mit 21 Jahren, sondern erst in wesentlich höherem Lebensalter in die Königsklasse aufgestiegen. Und zu Zeiten, in denen dieser Sport noch mit einem hohen Risiko für Leib und Leben verbunden war, haben viele der Spitzenfahrer entweder gar nicht so lange überlebt, wie etwa ein Jim Clark, Jochen Rindt, Gilles Villeneuve und zuletzt eben Ayrton Senna, oder sie haben sich freiwillig frühzeitig zurückgezogen wie Jackie Stewart, froh, überlebt zu haben.

16 Jahre Michael Schumacher – das bedeutet, dass sich viele Fans, aber auch gerade viele der altgedienten Fahrer, viele Teammitglieder, viele Journalisten, die Formel 1 ohne einen Michael Schumacher gar nicht vorstellen können, weil sie sie, zumindest bewusst, nie anders erlebt haben. Und

wenn auch bei weitem nicht alle mit ihm sympathisieren, ihn verstehen und sich persönlich mit ihm verbunden fühlen – dazu hat er sich im

Sie wird den Fans fehlen: die typische »Schumi-Faust« nach einem Formel-1-Sieg.

Sie wird bestehen bleiben: Michael Schumacher und Jean Todt verbindet eine tiefe Freundschaft.

Laufe seiner Karriere zu viele Feinde geschaffen, gerade auch bei seinen Fahrerkollegen – irgendwie erscheint ihnen ein Formel-1-Fahrerlager ohne Schumacher einfach nicht vollständig.

Auch deshalb war jetzt wohl das Erstaunen, fast Erschrecken, so groß, die Unsicherheit, wie es denn weitergehen soll in der Formel 1. Nur die Älteren, auch die Champions von einst wie Niki Lauda oder Jackie Stewart oder auch der Ex-Teamchef Peter Sauber, hatten da von Anfang an eine differenziertere Sichtweise. Zwar erkannten sie den momentanen großen Verlust, wissen aber auch, dass die Formel 1 an sich immer wieder sehr schnell Ersatz für ihre abgetretenen Helden gefunden hat. Die Schumi-Jahre werden ein sehr wichtiges Kapitel in der Formel-1-Geschichte darstellen, in Deutschland sogar das wichtigste überhaupt. Dass sie jetzt in Brasilien zu Ende gingen, ist eine Zäsur. Ein Grund für den Absturz der Formel 1 in die Bedeutungslosigkeit ist das freilich nicht, auch nicht in Deutschland. Dafür gibt es viel zu viele junge, hochtalentierte und

> »Unsere Duelle waren immer hart, aber fair, wir haben uns gegenseitig immer weiter nach vorne getrieben. Ihn zu schlagen, war schon etwas ganz Besonderes.«
> Mika Häkkinen

sympathische deutsche Nachwuchsfahrer, die versuchen, in Schumachers Fußstapfen zu treten.

Dass der Nachwuchs jetzt weniger Beachtung finden könnte, nur weil der Top-Star nicht mehr dabei ist, das wünscht sich auch Michael Schumacher nicht. Schließlich hat nicht nur er der Formel 1 sehr viel gegeben, »sondern der Motorsport an sich hat mir in meinem ganzen Leben unglaublich viele unglaublich schöne Erlebnisse geschenkt«. Und diese Erfahrungen soll schließlich auch die nächste Generation machen dürfen: die der ganz Jungen, die, wie die Alten, den Rücktritt eines Superstars durchaus normal finden und die, wenn überhaupt, in erster Linie deshalb traurig sind, weil sie nun nicht mehr gegen ihn fahren und ihn schlagen – und damit ihre eigene Position stärken – können.

Michael Schumachers Abschiedsworte an seine Fans, kurz vor seinem letzten Rennen schlugen genau in diese Kerbe: »Die Botschaft kann eigentlich nur lauten, dass ich mich bei all jenen, die mich all die Jahre unterstützt haben, bedanken möchte. Irgendwann hat alles mal ein Ende – darüber gibt es sogar ein berühmtes Lied. Genießen wir also das letzte Rennen zusammen, erfreuen wir uns daran. Danach wird es andere Dinge geben, bei denen diejenigen, die Spaß an der Formel 1 hatten, auch weiterhin ihren Spaß finden werden – dann halt mit anderen Piloten. Ich wünsche allen viel Freude dabei. Über die schöne Zeit, die wir gemeinsam haben konnten, habe ich mich sicherlich gefreut.«

Nach dem Rennen fand er dann noch intensive Dankesworte: »Meine Fans werden mir fehlen. Sie haben mich immer unterstützt, auch in schwierigen Momenten. Sie haben mir die Zuversicht und das Vertrauen gegeben, immer weiter zu machen. Ich kann nur Danke sagen, vielen, vielen Dank!«

Der Held und sein Nachfolger: Schumacher und Räikkönen

Nach den langen Jahren in Italien ist Michael Schumacher in den Herzen der Italiener angekommen. Der Jubel nach seinem Sieg in Monza ist schier grenzenlos – wenn auch mit etwas Wehmut gemischt. Wohin geht Ferrari?

Michael Schumacher

... die wichtigsten Menschen in seiner Karriere:

»Einen jetzt direkt hervorzuheben, wäre fast ungerecht, aber wenn ich über einen reden müsste, dann wäre es wahrscheinlich Willi

Weber, den ich im Prinzip länger als meine Frau kenne. Wir haben sehr viel Zeit miteinander verbracht und hatten so gut wie nie Meinungsverschiedenheiten, wie auch mit all meinen anderen Freunden. Wir hatten eine Idee, haben uns ergänzt und haben zusammen den Erfolg erreicht. Dazu muss man Willi ein großes Kompliment machen, dass er nicht nur mich, sondern auch Ralf dahin geführt hat, wo wir jetzt sind.«

... einen möglichen Rücktritt vom Rücktritt:

»Ich treffe keine solche Entscheidung, wenn ich sie mir nicht gut überlegt hätte. Ich sehe keinen Grund, das zurückzunehmen. Auch Rennen in anderen Serien interessieren mich momentan nicht. Wie wird mein Leben danach aussehen? Ich weiß es noch nicht. Ich habe schon oft gesagt, dass ich das jetzt noch nicht wissen muss. Ich bin in der glücklichen Position, dass ich noch keine Vision für mein neues Leben haben muss. Ich habe viel Zeit, kann mir etwas überlegen, das mich interessiert. Ich bin da total entspannt. Was sein wird, weiß ich noch nicht, aber das Leben eröffnet einem viele Möglichkeiten, auf die ich mich schon freue.«

... Adelaide 94 und Jerez 97 aus der Sicht von heute:

»Ich denke, es ist ziemlich klar, dass man manche Dinge anders machen würde, wenn man noch einmal die Gelegenheit dazu hätte. Jeder muss aber im Leben genau solche Dinge durchmachen, um auch Dinge zu erkennen, um Erfahrungen zu sammeln, damit man später richtige Entscheidungen treffen kann. Alles in allem ist es recht gut gelaufen, denn ich konnte viele positive Erfahrungen machen, auch negative.«

... die Gründe für den Rücktritt

»Ich glaube nicht, dass es da ein Detail gibt, sondern das sind sehr viele Punkte – und all

Vielleicht doch schade, dass es vorbei ist

diese Punkte haben sicher einen Einfluss darauf. Der Einsatz, der notwendig ist, um in diesem Business konkurrenzfähig zu sein, ist extrem hoch. Dazu gehört sicher auch das Testen, der Aufwand, den du betreiben musst, um am Rennwochenen-de so dazuste-

hen, dass du hundertprozentig vorbereitet bist, der Trainingsaufwand und all diese Dinge. Dafür muss man extrem viel Motivation haben und Aufwand betreiben, und das sehe ich bei mir einfach nicht mehr. Dazu ist der Akku zu leer.«

... den Ausfall in Suzuka 2006, der alle Titelchancen kostete:

»Überrascht über meine Situation war ich keineswegs. Wir reden hier einfach von Prototypen, von Mechanikern, Ingenieuren, von allen, die bei uns im Team arbeiten und nur ein Ziel haben, alles dafür getan haben, dieses Ziel zu erreichen. Dass man diese Ziele manchmal nicht erreicht, sehe ich als Teil des Sports an, den niemand wirklich beeinflussen kann. Insofern hat es mir eigentlich viel mehr Leid getan hat für meine Jungs, weil ich genau weiß, wie viel Energie und Aufwand die investiert haben in dieses Jahr. Das hat Ende letzten Jahres angefangen, um uns wieder auf die Überholspur zu bringen – um dann so kurz vor dem Ziel stehen zu bleiben.

Ich selbst habe sehr viel erreicht, sieben Weltmeistertitel, bin da mit mir absolut im Reinen. Für einige meiner Jungs, speziell für meinen Chefmechaniker, der das erste Jahr dabei ist, zu dem ich einen besonderen Draht habe, hat es mir besonders Leid getan, denn er stand so kurz vor der Krönung. Deswegen hatte ich das Gefühl, zu meinen Jungs gehen zu müssen, um sie zu umarmen und zu trösten.«

... über die Zukunft der Formel 1:

»Ich sehe keinen Nachfolger, sondern ich sehe eine neue Situation aufkommen. So wie die Formel 1 vor mir stattgefunden hat, wird sie auch nach mir stattfinden – wer da auch immer in der Position sein wird, Meisterschaften zu gewinnen, der wird Thema des Tages sein, aber ich mag es nicht, jemandem einen Stempel aufzudrücken.«

Fünf Titel in Serie –
Krönung großer Jahre

Der 8. Oktober des Jahres 2000 ist in die Historie des Motorsports eingegangen, ganz besonders in zwei kleinen Gemeinden in Deutschland und Italien, die zwar vieles trennt, die aber an diesem Tag zwei Worte so stark miteinander verbinden wie wohl keine zwei anderen Orte auf der Welt: Kerpen am Niederrhein und Maranello in Italien nahe Modena, die Herkunftswelten zweier Begriffe, eines Menschen und einer Marke, die seit 16.02 Uhr japanischer Zeit an diesem Tag, 9.02 mitteleuropäischer Zeit, untrennbar miteinander verbunden sind: Michael Schumacher und Ferrari.

Fünf Jahre ist es da her, seit der Deutsche, schon damals Doppelweltmeister, nach Italien ging, fünf Jahre, die er brauchte, um einen Traum zu verwirklichen: Einen Weltmeistertitel mit Ferrari zu gewinnen. Fünf Jahre, die Michael Schumacher wohl auch durch den Kopf gehen, als in Kerpen und Maranello schon die Sektkorken knallen, Champagner, Bier und Chianti in Strömen fließen, als auch die frühe Morgenstunde der Begeisterung und Feierlust der deutschen Fans und der italienischen Tifosi keinen Abbruch tut. Fünf Jahre, in denen er um einen weiteren Titel kämpfte, viermal, vier Jahre lang vergeblich, gegen die Umstände, das Pech, eigene Fehler, Unvermögen des Teams und, 1999, auch gegen jenes Restrisiko, das auch der heutigen Formel 1 geblieben ist.

Es ist schon ziemlich dunkel in Suzuka, und die dicken, schwarz-grauen Wolken, aus denen leichter Regen fällt, lassen das Licht noch weiter verschwinden als sonst um diese Zeit. Doch Blitzlichtgewitter von der gegenüberliegenden Tribüne strahlt und leuchtet mit dem neuen Weltmeister um die Wette, als er den Helm abnimmt, aus dem Auto aussteigt, jeden umarmt, der auf ihn zukommt. Der Kampf ist vorbei, endlich erfolgreich bestanden, und Michael Schumacher kann durchatmen, die Schultern fallen lassen, sich lösen von Spannung, Adrenalin und Angst, der Angst, dass kurz vor Schluss, ganz knapp vor dem Ziel, doch noch etwas schief gehen könnte.

Um 15.40 Uhr Ortszeit in Suzuka, 13 Runden vor Schluss, war die Vorentscheidung gefallen, stand Michael Schumacher vor dem Formel-1-Weltmeistertitel 2000, dem dritten seiner Karriere, um 16.02 Uhr hatte er ihn dann endgültig. Bei seinem zweiten Boxenstopp überholte er Mika Häkkinen und hatte damit den Grand Prix von Japan so gut wie gewonnen: »Das sieht gut aus, das sieht gut aus, hat mir Ross Brawn über Funk immer wieder ins Ohr gebrüllt, während ich die Boxengasse entlangfuhr«, erzählte ein freudestrahlender und unglaublich erleichterter Schumacher später. »Aber ich hatte die ganze Zeit Angst, am Ende zu hören, nein, das sieht doch nicht gut aus.« Denn der Kerpener hatte echte Zweifel, dass sein Vorsprung reichen würde: »Ich hatte in den Runden vorher nicht das Gefühl, viel Zeit gut gemacht zu haben. Denn erstens hat es ja leicht geregnet und ich hatte ziemlich abgefahrene Reifen, zweitens musste ich zwei Autos überrunden, und dann hat sich auch noch ein Benetton vor mir gedreht, gerade als ich in die Box kommen wollte.«

Doch dann hörte er die süßesten Klänge seines Lebens, auch wenn es die eher raue

Stimme von Ross Brawn war: »Das sieht sogar verdammt gut aus«, schrie der, als Schumacher das Ende der Boxengassse erreicht hatte und Häkkinen von hinten gerade in Sichtweite kam. »Das war der schönste Moment meiner ganzen Rennkarriere. Danach ging es nur noch darum, unter den schwierigen Bedingungen keinen Fehler mehr zu machen und sicher ins Ziel zu kommen. Das Gefühl, als ich dann über die Linie fuhr, als die schwarz-weiße Flagge endlich draußen war, war einfach unbeschreiblich. Es gibt keine Worte für diese Empfindungen.« Und bis ans Ende seiner Karriere blieb dieser Titel für Schumacher »der schönste von allen!«

Zu Saisonbeginn 2000 standen Team und Fahrer mehr denn je unter Druck. In diesem Jahr musste er Weltmeister werden, das wusste Schumacher genauso wie sein oberster Chef Luca di Montezemolo. Noch einmal ein Misserfolg – und alles andere außer dem Titelgewinn würde in Italien als solcher gewertet werden – und niemand würde mehr stillhalten: Die Medien nicht, vor allem aber auch FIAT nicht, wo man das Formel-1-Budget von Ferrari inzwischen auf gut 250 Millionen Dollar aufgestockt hatte.

Und es begann glänzend mit drei Siegen in den ersten Rennen. Endlich einmal war man von Anfang an an den Silberpfeilen dran – im Bereich Zuverlässigkeit sogar deutlich überlegen. Ferrari-Rennleiter Jean Todt konnte zufrieden sein: »Auch wenn es eigentlich nicht die ganz große Überraschung sein sollte, dass Ferrari in diesem Jahr endlich einmal von Anfang an ein konkurrenzfähiges Auto hatte. Schließlich haben wir jahrelang auf dieses Ziel hingearbeitet, auch sehr viel investiert, einen eigenen Windkanal gebaut, das Team umstrukturiert, neue Leute eingestellt ...«

Daran gezweifelt, dass er den Titel 2000 gewinnen könnte, hatte Michael Schuma-

cher nie – sagte er zumindest. Dass es »schwieriger werden würde, als ich anfangs geglaubt und gehofft habe«, wurde ihm aber ziemlich bald klar. Allerdings hatte für ihn mit drei Siegen in Serie alles optimal begonnen – auch wenn er in den ersten beiden Rennen in Australien und Brasilien von den Ausfällen des in Führung liegenden Mika Häkkinen profitierte. »Weltmeisterschaften werden am Anfang einer Saison gewonnen, nicht am Ende«, sagte Altmeister Jackie Stewart einmal – er hat auch diesmal Recht behalten. Denn mit dem Punktepolster aus dem Frühjahr im Rücken konnte Schumacher auch die Rückschläge des Sommers überstehen: »Den Ausfall von Monaco, der natürlich bitter war, weil das ein sicherer Sieg gewesen wäre«, den Defekt in Frankreich und dann vor allem die beiden Startunfälle in Österreich und Deutschland: »Dreimal null Punkte in Serie sind natürlich bitter – aber das wichtigste war, dass dadurch bei uns keine Panik ausgebrochen ist. Auch nicht als dem Tiefpunkt der Ausfälle weitere in Form von Niederlagen auf der Strecke folgten: In Ungarn und in Belgien schien der Ferrari dem McLaren

2002 fuhren sie in einer eigenen Klasse: Michael Schumacher, sein Ferrari, dazu das hoch motivierte Team aus Maranello.

sein menschliches Gesicht gezeigt. In Indianapolis half dann bei der Vorentscheidung der Motorschaden an Häkkinens McLaren ein wenig mit, in Suzuka auch der Regen – aber diesmal, so meinten die Renngötter wohl, durfte für Michael Schumacher nichts mehr dazwischen kommen, müsste die harte Arbeit von fünf Jahren endlich belohnt werden: Um 16.02 Ortszeit in Suzuka am 8. Oktober kann Schumi die Hände vom Lenkrad nehmen, die Fäuste ballen und einmal ganz tief durchatmen: Was schon wie »Mission Impossible« aussah, war doch noch Realität geworden.

auf einmal deutlich unterlegen, dominierte Häkkinen in einer Weise, dass es schien, als könne er den Titelkampf tatsächlich noch für sich entscheiden. Michael gab zwar Durchhalteparolen aus, »noch ist nichts verloren, wir müssen einfach nur konsequent weiterarbeiten«, aber so recht nahm sie ihm keiner ab. Zu resigniert, zu ratlos wirkte der Kerpener vor allem in Ungarn und in Spa, nachdem sich 24 Punkte Vorsprung plötzlich in einen Rückstand verwandelt hatten.

Doch was nur wenige für möglich gehalten hatten, trat tatsächlich ein: Schumi konnte den Spieß noch einmal umdrehen. Der Heimsieg in Italien vor 140000 Zuschauern war zwar vom Tod eines Streckenpostens überschattet, aber Schumachers 41. Grand-Prix-Sieg, mit dem er in der ewigen Statistik mit Ayrton Senna gleichzog, war bedeutungsvoll: Nicht nur, dass er die große Wende einleitete, der Tränenausbruch vor Millionen Fernsehzuschauern »in dieser Mischung aus unglaublich starken Emotionen, der Freude und Erleichterung über den Sieg, der Reaktion der Fans und der Erinnerung an Senna« brachte Schumacher auch weltweit größere Sympathien ein als jeder Rennerfolg. Der »Roboter« hatte einmal kurz

Mika Häkkinen gratuliert seinem Nachfolger neidlos: »Ich habe zweimal hintereinander gewonnen, jetzt war mal jemand anders dran«, meint er scherzhaft. Kurz nach drei Uhr morgens findet dann in der berühmt-berüchtigten Log-Cabin-Bar an der Rennstrecke die Verbrüderung der großen Rivalen, die gleich nach der Zieldurchfahrt mit einer herzlichen, ehrlichen Umarmung begonnen hatte, ihre Fortsetzung: Häkkinen kommt zu Schumis feucht-fröhlicher Siegesfeier dazu, allerdings ohne Gattin Erja: Die, immerhin im achten Monat schwanger, hatte es nach großem Abendessen und privater

Der bereits gekürte Weltmeister 2002 schien sehr vergnügt, obwohl sein Versuch, Seite an Seite mit Barrichello über die Linie zu fahren, mit einem Sieg des Brasilianers endete.

Feier doch vorgezogen, noch ein paar Stunden zu schlafen. So verpasst sie das Weltmeisterduett: Michael Schumacher und Mika Häkkinen singen gemeinsam auf der Bühne einen Titel, der für beide passt: »I did it my way«.

Dann hebt der Finne zur großen Lobrede auf Corinna an. Die leicht auf ihr Knie gelegte Hand trägt ihm freilich einen scherzhaft-drohenden Blick von Michael ein. »Oh, sorry«, beeilt sich Mika zu beschwichtigen, um Corinna dann mit seiner Hymne fast verlegen zu machen. »Ich weiß ja, wie sehr unsere Frauen immer mitleiden, wie hart es für sie ist. Eigentlich gehört der Titel ja gar nicht Michael, sondern dir, Corinna, weil du deinen Mann die ganzen Jahre immer so unterstützt hast.«

> »Mit Logik allein kann man in der Formel 1 nicht immer operieren. Da gehören so viele einzelne kleine Komponenten dazu, manchmal auch unberechenbare.«
> Jean Todt 2000

Schumacher und Häkkinen – das waren ganz besondere Gegner: »Er ist der netteste Titelrivale, den ich je hatte, aber auch der schwierigste«, lobt Michael Schumacher seinen Dauerrivalen. »Er ist einfach ein guter Typ. Und das merkt man besonders in Momenten, in denen jemand verliert. Dabei kann man in dem Fall gar nicht von einem Verlierer reden, weil wir zwei ja so weit vor allen anderen waren. Aber die Art, wie er reagiert hat, wie wir beide reagiert haben, ist außergewöhnlich. Immerhin haben wir um eine Weltmeisterschaft gekämpft. Ich habe eine Menge anderer Fahrer erlebt, die da ganz anders waren, die sich beklagt haben, schlechte Stimmung verbreitet haben. Mika ist ein sehr positiver Mensch, der trotzdem sein Ziel nicht aus den Augen verliert. Er ist ein großer und fairer Sportler. Er verhält sich vernünftig, korrekt, einfach sportsman-like. Da gibt es keine böse Stimmung, ich habe vielmehr das Gefühl, dass er mir den Titel gönnt.«

Die Besonderheit es Duells zwischen dem Kerpener, der auf der vom Vater verwalteten Kartbahn seine ersten rennsportlichen Geh- oder Fahrversuche machte, gegen den aus relativ einfachen Verhältnissen stammenden Finnen, der als Kind sein Bewegungsgefühl auf dem Einrad trainierte, liegt darin, dass es nur auf der Rennstrecke stattfindet – ohne Psychokrieg und kleine Sticheleien, Aggressionen und persönliche Beleidigung. Sicher, das Wort »Freundschaft« sollte in der Formel 1 nicht allzu schnell bemüht werden, und als Freunde würden sich die beiden wohl auch nicht bezeichnen. Private Kontakte gibt es kaum, »weil das in der Situation, in der wir als Konkurrenten in der Formel 1 nun mal sind, eigentlich nicht geht.«

So gibt es denn auch fast keine gemeinsamen Fotos von Michael und Mika außerhalb von Siegerehrungen, offiziellen Pressekonferenzen und ähnlichen Anlässen. Trotzdem, wenn es in dieser schnellen, stressigen und angespannten Welt zwischen zwei Spitzenpiloten überhaupt etwas geben kann, das dem Zustand der Freundschaft auch nur annäherungsweise nahe kommt, dann haben Mika und Michael es wohl erreicht.

Respekt nennen sie es, Respekt vor der Leistung des Konkurrenten, aber auch vor dessen Persönlichkeit. Schumacher betont gern, dass er mit Häkkinen noch nie ein Problem gehabt hätte, dass sich der Finne im Gegensatz zu Coulthard oder Villeneuve zum Beispiel noch nie über ihn beschwert habe. Klar, öffentliche Auseinandersetzungen sind nicht die Sache des Silberpfeil-Piloten. Wenn er sich über Schumacher ärgert, wie in Spa 2000 über dessen »Abwehr« beim ersten Überholversuch, dann sagt er ihm das

sofort und direkt, in diesem Fall gleich im »Parc Fermé«, und dann ist der Fall erledigt, weitere Diskussionen überflüssig. »Warum soll ich meine Energie an solche Dinge verschwenden?«, meint Häkkinen. »Ich brauche meine Kraft dazu, meine absolute Top-Leistung zu bringen.«

Mika und Michael – die beiden kennen sich schon lange. Zum ersten Mal sind sie 1990 gegeneinander angetreten: in einem Formel-3-Rennen im Rahmenprogramm des Grand Prix von Hockenheim. Häkkinen war damals Spitzenreiter der englischen Formel-3-Meisterschaft, und dass er dieses erste Duell gewann, ausgerechnet vor Schumis eigenem Publikum, hat den Youngster lange geärgert. Als er in Indianapolis 2001 – da hat Mika bereits seinen zumindest vorläufigen Rücktritt angekündigt, und Schumi ist bereits zum vierten Mal Weltmeister – noch einmal gegen den Finnen verliert, freut er sich sogar für seinen Dauerrivalen, den er am Ende zusammen mit David Coult-

hard auf dem Podium sogar auf die Schultern nimmt. »Ich gönne es ihm wirklich. Seit der Formel 3 kämpfe ich gegen Mika. Er ist ein großer Teil meiner Karriere. Es hat Spaß gemacht, mal mehr, mal weniger. Aber das ist es, was den Rennsport ausmacht, ein ewiger Wettkampf. Deshalb bin ich ein wenig traurig, wenn einer der größten Kämpfer geht.«

Auch 2001 rechnet Schumacher mit Häkkinen als größtem Rivalen im Titelkampf, doch nach einer unglaublichen Pechsträhne mit vielen Ausfällen liegt der Finne schon bald aussichtslos zurück. So droht aus dem Silberpfeil-Lager nur noch von David Coulthard Gefahr. Denn die weiß-blaue Armada von BMW-Williams ist noch nicht so weit, dass sie ernsthaft im Titelrennen mitspielen könnte.

Was 2002 dramatisch deutlich wurde, deutet sich 2001 bereits an: Ernsthafte Gegner für Schumacher sind Mangelware. So kann die rote Weltmeisterschaftsfeier diesmal schon im August in Ungarn stattfinden. Mit einem nie gefährdeten Sieg, dem 51. seiner Karriere – damit ist der Rekord von Alain Prost eingestellt – bringt Michael Schumacher den Titel unter Dach und Fach und kann sich noch im Parc Fermé von seinem Bruder Ralf, Freund Jean Alesi und dem Rivalen David Coulthard gratulieren lassen. Dann kommen Teamchef Jean Todt, Ehefrau Corinna und sein alter Freund und Förderer Jürgen Dilk dazu. Auf dem Siegerpodest kämpfte er sichtlich mit den Tränen, und danach fällt es ihm schwer, seine Gefühle in Worte zu fassen:

»Ich bin zwar vielleicht kein schlechter Rennfahrer, aber ziemlich schlecht, wenn es darum geht, meine Emotionen zu beschreiben."

Der einzige Fauxpas an einem ansonsten perfekten Tag ist Schumacher auf dem Weg in die Startaufstellung passiert: Entsetze Gesichter bei Jean Todt, Ross Brawn und der Ferrari-Mannschaft, als sie auf den Großbildschirmen den Schumi-Ferrari übers Kiesbett fliegen sehen. Doch Schumi hat Glück: Nichts weiter passiert, die Mechaniker müssen nur die Windabweiser wechseln und einige Kieselsteine aus dem Auto schaufeln. »Ich probiere auf dieser Runde immer noch mal aus, ob

> »Ich glaube, dass man Michael, wenn man ihn einmal hinter sich hat, kontrollieren kann. Sicher, wenn man ihm auch nur das kleinste bisschen Platz lässt, dann hat man keine Chance, dann nützt er das aus ... Aber um überhaupt in die Position kommen zu können, vor ihm zu liegen, braucht man natürlich das entsprechende Material. Was Ferrari in der Beziehung in dieser Saison geleistet hat, ist einfach unglaublich.«
> David Coulthard 2002

die Feinabstimmung auch wirklich passt, und aus irgendeinem Grund ist dabei das Heck ausgebrochen«, erklärt Schumi später. »Vielleicht hätte ich das Auto noch auf der Straße halten können, wenn ich voll die Randsteine ausgenutzt hätte, aber nachdem sich David und Jos Verstappen ja an diesem Wochenende schon so ihre Autos kaputtgemacht haben, habe ich den Weg durch das Kiesbett vorgezogen.«

Danach läuft alles wie am Schnürchen auf dem Weg zum vierten Weltmeistertitel für Schumacher und zum elften Konstrukteurs-Titel für Ferrari, dem dritten in Serie. David Coulthard verliert die Chance auf den Sieg und damit die Möglichkeit, die Entscheidung doch noch einmal offen halten zu können, bereits am Start, als er hinter Rubens Barrichello im zweiten Ferrari zurückfällt. Der Brasilianer hält den Schotten dann ein wenig auf, so dass Schumi einen Vorsprung von fast 15 Sekunden herausfahren kann. »Aber ich weiß nicht, was sonst gegangen wäre, mein Auto hat ziemlich stark übersteuert«, gibt David später zu. Da nutzt auch die geballte Faust von Ron Dennis nichts mehr, als es der McLaren-Crew gelingt, den Schotten beim ersten Boxenstopp an Barrichello vorbei zu bringen. Coulthard kann nun zwar die gleichen Zeiten fahren wie Schumacher, aber nicht wirklich Boden gutmachen. Und beim zweiten Boxenstopp kommt der Brasilianer sogar wieder vorbei.

Erster Treffpunkt für die Weltmeisterschaftsfete nach dem Triumph ist das Motorhome des Formel-1-Promiwirts Karl-Heinz Zimmermann, während nebenan die Ferrari-Crew schon eifrig abbaut und zusammenpackt: »Aber unseren eigentlich noch für heute geplanten Heimflug haben

> Tiefpunkt des Jahres 2000 war der Startunfall in Hockenheim, als Schumacher von Fisichella abgeschossen wurde. Während des Sommers verfolgten technische Probleme den späteren Weltmeister, die ersehnte Wende ließ auf sich warten.

Von Rivalität keine Spur. Mercedes-Sportchef Norbert Haug freute sich im Gegenteil über den Erfolg seines einstigen Schützlings.

wir schon verschoben, damit wir noch richtig feiern können«, strahlt Michael Schumachers Technikchef Ross Brawn. In einer schwarzen Alfa-Romeo-Limousine fahren Michael und Ralf Schumacher, Manager Willi Weber und Ferrari-Rennleiter Jean Todt am Sonntag Abend gegen 20.30 Uhr vor dem Kempinski-Hotel in der Budapester City vor und werden dort von mindestens 400 bis 500 Fans begeistert empfangen.

Drinnen wartet schon Ferrari-Präsident Luca di Montezemolo. Das Rennen hatte er noch am Fernseher verfolgt, dann war er eingeflogen, um seine erfolgreiche Truppe zu beglückwünschen, mit ihr zu Abend zu essen und dann weiter zu feiern. Michael Schumacher hätte nach eigenen Worten eine Feier im etwas kleineren Kreis vorgezogen – »mit den Menschen, die mir wirklich viel bedeuten«, allen voran natürlich Ehefrau Corinna.

Die war am Sonntag noch an die Strecke gekommen – »für den Fall, dass es eben doch schon klappt« –, und konnte es lange nicht fassen, dass die Entscheidung tatsächlich schon gefallen war: »Michael und ich haben viel darüber gesprochen, wie es wohl laufen würde, wann und wo es mit dem Titel denn klappen könnte. Und hier haben wir eigentlich noch nicht damit gerechnet. Aber jetzt, da es tatsächlich passiert ist, ist es für mich

wie ein Film, der da immer wieder abläuft. Ich kann es noch gar nicht richtig begreifen, dass die ganz große Anspannung für diese Saison wirklich schon vorbei ist.«

Die Begeisterung der meisten Sponsoren und Teams über die frühe Entscheidung hält sich dagegen auch 2001 schon in Grenzen: »Natürlich sind Finals im letzten Rennen das beste, was der Formel 1 passieren kann«, meinen auch »unbeteiligte« Teamchefs wie Arrows-Boss Tom Walkinshaw oder BAR-Chef Craig Pollock, »aber es läuft eben nicht immer so, wie man es sich vielleicht wünschen würde.« Zumindest wird 2001 die These widerlegt, dass die Manager der Formel 1 manipulieren, wenn eine Saison zu langweilig zu werden droht – in den Jahren zuvor hatte es ja mehrfach Anlass zu derartigen Spekulationen gegeben.

Auch 2002 greift kein anderer Fahrer ernsthaft nach der Krone. Das Ergebnis ist der früheste Titelgewinn in der Geschichte der Formel 1. Schon im elften von 17 Saisonrennen steht Michael Schumacher zum fünften Mal in seiner Karriere als Weltmeister fest. 15 Saisonsiege für Ferrari, davon nicht weniger als elf für Schumacher, 17 Podestplätze in 17 Rennen, kein einziger Ausfall – Beweise für die erdrückende Dominanz der Roten. Spätestens Ende Mai wissen alle, dass die Weltmeisterschaft so gut wie entschieden ist. Dabei fährt Ferrari beim Saisonauftakt noch mit dem alten Auto gegen die neuen Modelle der Konkurrenz – der Ferrari 2002 debütiert erst im dritten Rennen, in Brasilien.

Ferrari und Schumacher – 2002 ist das eine Demonstration von Perfektion und Stärke, von Präzision und Sicherheit, gegen die die Konkurrenz von BMW-Williams und McLaren-Mercedes nie eine Chance hat, die Krönung dessen, was Schumi seit seinem »Amtsantritt« in Italien zusammen mit Jean

Todt und dann auch Ross Brawn und dem gesamten Team aufgebaut hat. Die Superlative sind schon fast aufgebraucht, lange, bevor die Formel-1-Saison 2002 zu Ende ist. Aber wie sollen sich immer wieder neue Worte finden lassen für diesen Michael Schumacher und »sein« Ferrari-Team, für eine schon fast unglaubliche Erfolgsserie, für die Dominanz eines Teams und eines Fahrers, wie sie die Formel 1 schon sehr lange, in dieser speziellen Konstellation vielleicht überhaupt noch nicht gesehen hat?

»I love you«, ruft er dann seinem Team vom Siegerpodest aus zu, nachdem er nach seinem Sieg beim Großen Preis von Frankreich in Magny Cours den fünften Weltmeistertitel seiner Karriere in der Tasche hat, und der anschließende Jubel ist vor allem eine Lobeshymne für seine Mitstreiter: »Inzwischen kennt man mich ja und weiß, dass es mir immer ein bisschen schwer fällt, in solchen Situationen die richtigen Worte zu finden. Danke und all diese Begriffe sind eigentlich viel zu schwach für das, was ich in

diesem Moment gegenüber den Menschen empfinde, die mit mir zusammenarbeiten. Es wäre unfair, da irgendwelche Namen zu nennen, denn es sind einfach alle. Die Mechaniker, die Ingenieure, die alle immer mit hundertprozentigem Einsatz arbeiten, die Freundschaft, ja schon fast Liebe, die sich zwischen uns allen im Laufe der Jahre aufgebaut hat und die immer stärker wird – das ist etwas, das ich noch nie so erlebt habe.«

Obwohl es eigentlich nie die Frage ist, ob Schumacher 2002 Weltmeister wird, sondern nur, wann – die Entscheidung an sich ist dramatischer als die ganze Saison: Denn bis vier Runden vor Schuss sieht es so aus, als sollte sie doch noch bis nach Hockenheim vertagt werden. Auch Schumacher selbst glaubt eigentlich nicht mehr an den Sieg. Aber dann unterläuft dem jungen Kimi Räikkönen auf dem Weg zu seinem ersten Grand-Prix-Sieg ein folgenschwerer Fehler: Er rutscht auf dem Öl kurz aus, das der Toyota von Allan McNish bei einem

Nur Fahrer mit sehr viel Fleiß und großem technischem Sachverstand können das Auto optimal abstimmen.

Abflug dort verspritzt hat: »Ich habe nur gelbe Flaggen gesehen, aber keine Ölflagge«, klagt der Finne tief enttäuscht. Das ist der schlimmste Moment meiner Karriere!« Schumacher geht innen vorbei, die Entscheidung ist gefallen – so scheint es zumindest. Aber dann kommt das Warten. Denn an der fraglichen Stelle – in der Adelaide-Haarnadel – geschwenkte gelben Flaggen bescheren Schumacher bange Minuten: Die Sportkommissare untersuchen, ob sein Überholmanöver regelwidrig war. McLaren-Chef Ron Dennis hatte Aufklärung verlang, und Michael selbst hatte in einem Nebensatz eingeräumt, dass er sich nicht ganz sicher gewesen sei. Aber noch ehe es die FIA offiziell bestätigt hatte, verkündete Ross Brawn: »Es ist alles okay!« – Es darf gefeiert werden!

Der Rest der Formel-1-Welt ist von der roten Dominanz natürlich nicht begeistert. Nicht nur die Konkurrenten, auch die Vermarkter und Sponsoren bekommen allmählich ein mulmiges Gefühl. Die »Formel Schumi« wird langsam auch zur »Formel Langeweile«, und das macht sich bemerkbar: bei den Zuschauerzahlen an den Rennstrecken und den Einschaltquoten im Fernsehen. Schon bei den letzten Rennen 2002 haben viele Fernsehanstalten rückläufige Einschaltquoten verzeichnet, die großen Ticketagenturen verkaufen 50 bis 60 Prozent weniger als in den Vorjahren, und der Vorverkauf für 2003 läuft miserabel, sowohl bei den normalen Eintrittskarten als auch bei den super-teuren Angeboten á la Paddock-Club.

So breitet sich allgemeine Panik aus, wird überall verzweifelt nach Abhilfe gesucht. So finden vor allem FIA-Präsident Max Mosley, aber auch Formel-1-Chef Bernie Ecclestone eine Bühne für zwar spektakuläre, aber auch reichlich abstruse Vorschläge. Von einem Gewichtshandicap für die Zukunft ist da die Rede, gar vom vorgeschriebenen Fahrertausch quer durch alle Teams – kurz vor dem letzten Rennen in Japan macht die Formel 1 so doch noch einmal Schlagzeilen.

Komplimente
von der Konkurrenz 2000

Eddie Jordan (erster Teamchef 1991): »Heute war Michaels großer Tag, ich möchte ihm herzlich zu diesem WM-Titel gratulieren. Ich habe ja schon im Sommer daran geglaubt, dass er es diesmal schafft.«

Eddie Irvine (Ferrari-Teamkollege 1996–1999): »Ich glaube, diesen Tag werden sie in Italien jetzt zum Nationalfeiertag machen.«

Rubens Barrichello (Ferrari-Teamkollege): »Ich bin glücklich, Teil eines so großen Moments zu sein, aber Michael muss jetzt wohl der glücklichste Mensch auf der Welt sein. Ich bin aber auch ein bisschen stolz darauf, dass ich glaube, mit meiner Arbeit auch einen kleinen Beitrag zu diesem Erfolg geleistet zu haben.«

Gerhard Berger (BMW-Motorsportchef): »Mein Glückwunsch geht an Michael und Mika, sie haben beide hervorragenden, fairen Sport geboten. Dieses Wochenende war eine Supershow für die Formel 1. Der Kampf an der Spitze hat uns erneut gezeigt, wie hoch die Messlatte der Top-Teams liegt.«

Yoshihiko Ichikawa (Bridgestone-Motorsportchef): »Gratulation an Michael und Ferrari – Mika hatte aber auch sehr viel Pech, dass es für ihn gerade im falschen Moment anfing, zu regnen – als er mit neuen Reifen auf der Strecke war.«

Ralf Schumacher: »Ich kann kaum beschreiben, wie sehr ich mich für meinen Bruder freue. In diesem Jahr hat sicher der beste Fahrer mit dem besten Auto im besten Team gewonnen. Sie haben es sich alle wirklich verdient, sie haben so lange so hart darum gekämpft.«

»Aber das ist doch nicht unsere und meine Schuld, dass wir so gut sind«, wehrt sich Schumacher. »Es liegt doch an den anderen aufzuholen.« Hatte er 2001 die viel beklagte Dominanz seines Teams noch bestritten, so muss er nunmehr einräumen: »Diesmal muss man das wohl schon so sehen. Aber es hat sich vor allem gezeigt, wie hart unser ganzes Team gearbeitet hat, dass wir diese Zuverlässigkeit erreicht haben. In 17 Rennen nicht ein einziges Mal auszufallen und dann noch jedes Mal auf dem Podium zu stehen, das ist schon wirklich etwas ganz, ganz Besonderes! Ich bin überzeugt davon, dass das 2003 nicht mehr so sein wird. Die Konkurrenz wird aufholen, McLaren-Mercedes und BWM-Williams werden gewaltige Anstrengungen unternehmen, heranzukommen – und das werden sie auch tun. Es wird mit Sicherheit wesentlich enger und schwieriger für mich werden als dieses Jahr.«

Ihn stört das freilich nicht, für ihn ist das keine Bedrohung, »sondern vor allem eine Herausforderung. Denn ich sehe schon, dass wir mit dem, was wir haben und haben werden, durchaus wieder in der Lage sein werden, um Siege und auch um den WM-Titel mitzufahren. Ob wir ihn dann wieder gewinnen oder nicht, das ist noch eine andere Sache.«

Die Leistung von Schumacher und Ferrari respektieren nunmehr alle – gerade die schärfsten Konkurrenten. Kritik gibt es nur an der Teampolitik. McLaren-Chef Ron Dennis zum Beispiel gehört zu denen, die die Hauptschuld an der Formel-1-Langewei-

Michaels Lieblingsgegner Mika Häkkinen nach seinem letzten Sieg 2001 in Indianapolis. Dass der Weltmeister und Teamkollege David Coulthard den Finnen bei der Siegerehrung auf die Schulter nahmen, zeugt von ihrer Hochachtung.

le weniger in der überlegenen Leistung als in der
Politik der Italiener sehen:
»Wir bei McLaren haben
1988 auch 15 von 16 Ren-
nen gewonnen, aber Ayr-
ton Senna und Alain Prost
haben sich bis aufs Messer
bekämpft, und dadurch war Spannung da.
Man darf Ferrari nicht die tolle Leistung vorwerfen, aber sehr wohl die Politik. Gut, ich
verstehe deren Argumente aus ihrer eigenen
Sicht, aber man darf, gerade wenn man in so
einer Position ist, nicht nur an sich selbst
denken, sondern auch an den Sport an sich.«

Tatsache ist: Ferrari
liefert mit der Stall-
orderaffäre von Öster-
reich, als Rubens Bar-
richello, der das ganze
Wochenende domi-
niert hatte, kurz vor
der Ziellinie Michael
Schumacher auf An-

ordnung des Teams vorbeilassen muss, den
Skandal des Jahres. Dass Schumi, der sich bei
der ganzen Aktion sichtlich unwohl fühlt,
sich aber trotzdem der Anordnung von
Teamchef Jean Todt nicht widersetzen will,
dann seinen Teamkollegen auch noch als
»moralischen Sieger« auf die oberste Stufe
des Podests schiebt, macht die Sache auch
nicht besser. Weltweit fühlen sich die Fans
betrogen. Die FIA reagiert eher hilflos: mit
einer Eine-Million-Dollar-Geldstrafe für die
Italiener wegen Missachtung des Siegereh-
rungs-Protokolls.

Danach wiederholt man zwar dieses
Spielchen nicht mehr, es gibt aber bei einer
Doppelführung stets eindeutig sichtbare
»Nichtangriffspakte« zwischen Schumacher
und Barrichello, mal in der einen, mal in der
anderen Reihenfolge – was die Langeweile
für die Zuschauer natürlich noch beträchtlich steigert.

Da ist das am Ende missglückte – oder
doch im Endeffekt nicht so ganz missglückte – Spielchen beim vorletzten Rennen in

»Gebt mir ein Auto
wie seines – und
dann werde ich es
euch zeigen, dass
er schlagbar ist.«
Juan-Pablo Montoya

Indianapolis direkt amüsant. Erst im Laufe der Zeit sickert durch, was wirklich passiert ist: Wenige Runden vor Schluss gibt es eine Anfrage des führenden Michael Schumacher beim Ferrari-Kommandostand: Er möchte den hinter ihm liegenden Barrichello gerne vorbeilassen, ihm den Sieg von Österreich sozusagen zurückgeben, weil er für sich mit diesem Thema immer noch nicht fertig ist. Doch Jean Todt sagt nein – und zwar wohl ziemlich drastisch: Man könne doch auf keinen Fall das Gleiche wie in Österreich noch einmal machen.

Und wieder ist das Wort seines Chefs für Schumacher oberstes Gebot. Er stellt seine bedingungslose Loyalität zu Todt unter Beweis und überlegt sich eine andere Variante. Er will dann wenigstens praktisch gleichzeitig mit Barrichello über die Ziellinie fahren – ein Unterfangen, das freilich im Zeitalter der elektronischen Zeitnahme von Anfang an zum Scheitern verurteilt ist. Dass dann prompt Barrichello, der genauso wenig wie die Ferrari-Box noch durchschaut, was da gespielt wird, um ein paar Zentimeter vorn liegt, hat Schumacher zwar nicht so geplant – schließlich wollte er Todt nicht in den Rücken fallen. Aber er ist über dieses »Missgeschick« auch nicht gerade unglücklich, wie seine nähere Umgebung zu erkennen glaubt. Schließlich hat er sein Ziel erreicht: Barrichello hat seinen Sieg bekommen, ohne dass Todts Anweisung direkt missachtet worden wären. Das kann er so natürlich nicht offen aussprechen. Denn wie schon in Österreich nimmt er es lieber in Kauf, durch widersprüchliche Erklärungen selbst schlecht auszusehen, als Todt und dessen Position öffentlich in Frage zu stellen.

Dass man die Ergebnisse aber überhaupt so nach Belieben gestalten kann, ist natürlich das Resultat der überwältigenden Dominanz. Immerhin holt Ferrari 2002 allein genauso viele Punkte wie alle anderen Konkurrenten zusammen. Das sagt eigentlich alles, und auch BMW-Motorsport-Direktor Gerhard Berger macht bei seiner positiven Saisonbilanz, man habe »mit dem zweiten Platz in der Konstrukteurswertung das eigene Ziel erreicht«, eine Einschränkung: »Wenn man natürlich sieht, wie groß der Abstand zu Ferrari ist, wie viel wir da über den Winter aufholen müssen, dann könnte man da schon ein bisschen Bauchschmerzen kriegen.«

Trotzdem will sich von den Konkurrenten niemand auf die Vorschläge von Mosley und Ecclestone einlassen. »Wir hatten in der DTM mal so ein Gewichtsreglement und haben es dort wieder abgeschafft, weil es der sportlichen Glaubwürdigkeit nicht dienlich war«, erklärt Mercedes-Sportchef Norbert Haug. »Für die Formel 1 ist so etwas völlig undenkbar.« Über die Fahrertausch-Idee möchte er gar nicht reden: »Wenn wir nicht Oktober hätten, würde ich sagen, das kann

Konzentration vor dem Start

> »Ich habe früher schon mal auf dem Podium weiter oben gestanden als er – also wird das auch in der Zukunft möglich sein. Unser Auto muss einfach noch besser werden.«
>
> **Ralf Schumacher**

nur ein Aprilscherz sein.« Auch bei BMW und Williams ist man der gleichen Meinung: »Eine Regeländerung darf nicht ein Team dafür bestrafen, dass es gute Arbeit geleistet hat. Wir wollen Ferrari in Zukunft wieder aus eigener Kraft schlagen – dafür arbeiten wir. Wir wollen nicht deshalb gewinnen, weil die Besten ein Handicap bekommen.«

Ausnahmsweise einmal sind sich die Teams vor der entscheidenden Sitzung der Formel-1-Kommission am 28. Oktober in London einig. Damit sind diese Ideen dann auch ganz schnell vom Tisch, Mosley muss sich geschlagen geben. Ein paar Änderungen für 2003 gibt es trotzdem, aber sie sind allgemeiner Art und dienen dazu, generell die Spannung zu erhöhen, und zielen nicht auf Ferrari: Das Qualifying wird in Zukunft als Einzelzeitfahren ausgetragen, das Freitagstraining bestimmt dabei die Startreihenfolge für den Samstag und wird dadurch aufgewertet. Die Reifenfirmen dürfen für die verschiedenen Teams je zwei unterschiedliche Reifentypen zu den Rennen bringen – zuvor hatten alle Teams unter nur zwei Mischungen wählen können. Was bei den Fans den Eindruck erwecken soll, man habe ein offizielles Verbot von Stallorder ausgesprochen, löst bei Insidern sowieso nur ein Lächeln aus: Jedes Team hat genügend Möglichkeiten, eine Teamorder so durchzuziehen, dass sie nicht nachweisbar ist.

Ob nun durch die Regeländerungen oder nicht – auf jeden Fall wird die Saison 2003 die spannendste seit Jahren. Schumacher und Ferrari erwischen einen schlechten Start, dagegen scheint Kimi Räikkönen im McLaren-Mercedes auf einem guten Weg. Auch BMW-Williams wird immer stärker, vor allem Juan Pablo Montoya entwickelt sich zum ernsthaften Titelkandidaten. Aber nach den Siegen in San Marino, Spanien und Österreich spielt auch Schumacher im Titelrennen wieder mit, Räikkönen werfen Defekte wie der Motorschaden am Nürburgring zurück.

Aber dann erleiden Ferrari und Schumacher in Ungarn die bitterste Niederlager seit langem. Fernando Alonso gewinnt seinen ersten Grand Prix, Schumacher wird überrundet nur Achter – die Titelverteidigung scheint auf einmal in weite Ferne gerückt. Juan Pablo Montoya und Kimi Räikkönen sehen auf einmal wie die Favoriten aus, auch weil der Michelin-Reifen der

Komplimente
von der Konkurrenz 2001

David Coulthard: »Es ist keine Frage, dass Michael diesen Titel verdient hat. Er hat aus dem, was er hatte, das Optimale gemacht, hat sich keine Fehler geleistet – und das ist der verdiente Lohn.«

Minardi-Teamchef Paul Stoddart: »Schumacher und Ferrari haben uns anderen vorgemacht, wie man in der Formel 1 Erfolg hat – ihre Leistung sollte für alle anderen ein Ansporn sein.«

Alain Prost: »Es ist klar, dass beide, Michael und Ferrari, den Erfolg verdienen, den sie haben, und es ist nur natürlich, dass es jetzt irgendwann passiert ist. ...Von den heutigen Piloten ist er mit Sicherheit einer der besten oder sogar der Beste ... Sicher, so wie Ferrari jetzt organisiert ist, sind die schon sehr stark. Aber das ist ja zumindest zum Teil auch Michaels Verdienst.«

Mit seiner Frau Corinna hat Michael Schumacher die ideale Partnerin gefunden, die ihm den in seinem Beruf so notwendigen Rückhalt bietet und seine Vorstellungen von einem harmonischen Familienleben teilt.

Konkurrenz von Bridgestone allmählich davonzuziehen scheint. Doch dann passiert Merkwürdiges: Auf Grund von Fotos weist – so die offizielle Version – Bridgestone Ferrari darauf hin, dass die Michelin-Reifen – zumindest am BMW-Williams – nach dem Rennen eine größere Auflagefläche als die erlaubten 270 Millimeter aufweisen, angeblich bis zu 286 Millimeter. Ferrari informiert die FIA, und am Dienstag nach dem Rennen ist FIA-Präsident Max Mosley bei Ferrari in Maranello – angeblich ein lange geplantes Routinemeeting. Am Mittwoch teilt FIA-Renndirektor Charlie Whiting allen Teams mit, dass die FIA die Auflagefläche künftig auch nach dem Rennen nachmessen werde und nicht nur, wie bisher, vor dem Start bei einem festgelegten Reifendruck von 1,4 bar, so wie es im Regelbuch stand. Es ist der Beginn hektischer Aktivitäten bei Michelin – und heftiger Proteste von allen Seiten: Man könne nicht auf Wunsch eines Teams mitten in der Saison, drei Rennen vor Schluss, plötzlich von einem Tag auf den anderen, eine Regel massiv uminterpretieren, auch wenn es da vielleicht eine Grauzone gegeben habe. Viele denken hier an die Beispiele, in denen die FIA in der Vergangenheit zugunsten von Ferrari eingegriffen hat.

Beim anschließenden Test in Monza probieren die Michelin-Teams hektisch neue Reifentypen aus – die ganze Planung ist durcheinander geraten. Beim Großen Preis von Italien ist die Atmosphäre immer noch vergiftet. Ross Brawn wird nicht nur von den Medien, sondern auch von seinen Konkurrenten auf der offiziellen FIA-Pressekonferenz scharf angegriffen. Vor allem Ron Dennis und Frank Williams machen klar, was sie von der Ferrari-Politik mit FIA-Hilfe halten: »Man kann Wettbewerb so oder so betreiben«, meint Dennis. »Ich will dabei noch jeden Tag in den Spiegel schauen können.«

»Es war oft gar nicht so schwierig, Michael in einen Fehler zu treiben. Es reichte, genügend Druck zu machen.«
Jacques Villeneuve

Versteinerte Miene nach dem Sieg in Imola 2003 – am Tag nach dem Tod der Mutter

Michael Schumacher lässt das alles kalt. Er gewinnt in Monza genauso wie beim nächsten Rennen in Indianapolis, als ihm zusätzlich auch noch das Wetter ein wenig in die Hände spielt. Somit muss die Entscheidung wieder einmal in Suzuka fallen, im letzten Rennen. Die Ausgangssituation ist klar: Selbst wenn Kimi Räikkönen gewinnt, braucht Schumacher nur einen einzigen Punkt, um sich seinen sechsten Titel zu sichern. Juan-Pablo Montoya, im Sommer als der gefährlichste Gegner angesehen, ist nach einer umstrittenen Strafe für eine Feindberührung mit Rubens Barrichello in Indianapolis aus dem Titelrennen ausgeschieden. Aber es wird schwerer, als alle denken, und als sein sechster Titel feststeht, spürt Schumacher neben der Freude auch eine gewisse Erleichterung. Erleichterung darüber, dass es am Ende gerade noch gereicht hat – in einem Rennen, das in gewisser Weise ein Spiegelbild der ganzen Saison darstellt. Spannend bis zur letzten Sekunde und ab und zu etwas chaotisch. Am Ende sichert sich Schumi mit der Abgeklärtheit von über 13 Jahren Formel-1-Erfahrung doch noch den Erfolg. »Ich fühle mich im Moment einfach nur erschöpft und leer«, sagte er am Ende. »Ich kann meine Gefühle daher gar nicht richtig beschreiben. Es war eines der härtesten Rennen meiner Karriere.«

Schumacher startet vom 14. Startplatz aus – Schuld des plötzlichen Regens im Qualifying. Dann misslingt ein etwas gewagtes Überholmanöver, und er fährt sich am BAR von Takuma Sato die Nase des Ferrari ab, muss sich an der Box eine neue holen – und fällt dabei auf den letzten Platz zurück. Von dort aus muss er sich wieder nach vorne kämpfen – denn an der Spitze des Feldes liegt bald Kimi Räikkönen auf Platz zwei hinter Rubens Barrichello. Und Michael weiß natürlich: »Sollte Rubens doch noch ausfallen, muss ich wenigstens Achter werden.« Auf dieser Strecke, auf der das Überholen sehr, sehr schwierig ist, ist das gar nicht so einfach: »Ich musste hart kämpfen!«

Und es gibt noch einen dramatischen Moment in diesem Rennen, als sich Schumacher hinter dem Toyota-Piloten Cristiano da Matta beim Versuch einer Attacke verbremst. Als er auszuweichen versucht, fährt ihm sein knapp hinter ihm liegender Bruder Ralf ins Heck. Beide landen in der Wiese, Ralf muss an die Box, Michael kann aber weiterfahren. »Allerdings hatte ich danach so einen gewaltigen Bremsplatten. Das hat sich im Auto angefühlt, als würde ich über Kopfsteinpflaster fahren. Ich habe kaum

> »Um ihn zu besiegen, muss man offenbar immer noch drei Punkte mehr machen als normal – weil er eine unheimlich mächtige politische Achse hinter sich hat.«
> Juan-Pablo Montoya

noch was gesehen.« Aber am Ende reicht es, ab der 40. von 53 Runden liegt Schumacher auf dem alles entscheidenden achten Platz, und da auch Barrichello als Sieger vor Räikkönen ins Ziel kam, ist der Titel doppelt abgesichert.

Bei der Zieldurchfahrt reckt Schumacher triumphierend die Faust in den Himmel, im Parc Fermé umarmt er innig seinen Teamkollegen Rubens Barrichello, Ferrari-Rennleiter Jean Todt springt dem alt-neuen Weltmeister jubelnd in die Arme, dann geht der ganz schnell zu seinen Mechanikern, um sich für ihre Arbeit zu bedanken – und dann darf sich Michael Schumacher auch von Ehefrau Corinna das Weltmeisterküsschen abholen. Die einzigen, die den neuen Champion, der in Suzuka mit seinem sechsten Titel Motorsportgeschichte scheibt, einstweilen nicht feiern dürfen, sind die Zuschauer in Suzuka. Denn das strenge FIA-Protokoll besagt, dass eben nur die ersten Drei aufs Treppchen dürfen – auch für historische Taten wird da keine Ausnahme gemacht.

Aber die Fans, die lange genug ausharren, bekommen den strahlenden Weltmeister dann doch noch zu Gesicht: Fast drei Stunden nach dem Triumph, beim offiziellen Ferrari-Teamfoto, als die gesamte Truppe sich dann auch bei ihren Fans bedankt. Mit Schumacher an der Spitze springen Ingenieure, Mechaniker und sonstige Teammitglieder über die Boxenmauer und laufen im ununterbrochenen Blitzlichtgewitter vor der immer noch gut gefüllten Haupttribüne die Zielgerade auf und ab.

Zuvor hatte es im Fahrerlager und in der Ferrari-Box schon wilde Szenen gegeben: Schumi wurde von den Mechanikern auf Händen getragen, in die Luft geworfen und gnadenlos mit Champagner geduscht. Als allmählich die gesamte Boxeneinrichtung zu Bruch zu gehen droht, gehen vorsorglich

Der Weltmeister auf Abwegen: Im Kampf mit Kimi Räikkönen geht es in Australien auch mal ins Grüne.

die Rolltore herunter. Etwas später bekommt Michael, inzwischen zurück im Teambüro, noch ein tolles Geschenk von RTL: ein Spezial-Rennrad im Jan-Ullrich-Design: »Bis

Der Crash mit Bruder Ralf in Suzuka 2003 hätte den Titel kosten können, aber der Ferrari kann weiterfahren ...

jetzt haben wir Michael zu seinen Weltmeistertiteln ja immer seine Rennautos aus den Anfangsjahren geschenkt«, grinst Christian Danner, »aber inzwischen hat er all die, an die man drankommt.«

Das weitere Programm für den Abend des Triumphes steht auch schon fest: Zunächst das schon traditionelle Abendessen mit dem ganzen Ferrari-Team im italienischen Restaurant »La Campanella« direkt an der Strecke und dann die große feucht-fröhliche Karaoke-Party im »LogCabin«, jener Bar aus kleinen Holzhütten, die zum Circuit-Hotel gehört. Vorher allerdings geht es schon im Fahrerlager hoch her: bei der ersten Weltmeisterschaftsparty, die bei Formel-1-Promiwirt Karl-Heinz Zimmermann steigt: Nicht nur, dass nach einigen Bierchen Eier und Tomatenketchup das halbe Fahrerlager zieren, bei Toyota nebenan geht es vollends drunter und drüber, als dort ein

hoher japanischer Manager dem frischgebackenen Weltmeister ein Ei auf den Kopf schlägt und damit eine wilde Keilerei entfacht, in die sich unter anderem auch Olivier Panis einmischt. Dann geht's zurück zu Zimmermann, wo Ralf Schumacher von der im Fernsehen laufenden Wiederholung der Übertragung über das eigene Missgeschick so erbost ist, dass er das Gerät durch die geschlossene Scheibe hinauswirft. Später lieferte man sich auch noch mit Gabelstaplern ein weiteres Rennen.

Eine derart wilde Verfolgungsjagd wird die Weltmeisterschaft 2004 nicht, im Gegenteil: Ferrari ist mindestens so überlegen wie 2002, wenn nicht noch überlegener. Die Kombination aus einem perfekten Auto, den Bridgestone-Reifen und Michael Schumacher ist praktisch unschlagbar. Die Konkurrenz kann nur noch stöhnen. In Ungarn bringen die Roten mit dem siebten Doppel-

... und Michael am Ende jubeln.

sieg des Jahres wie erwartet den Konstrukteurstitel unter Dach und Fach, den sechsten in Folge, den 14. in der Teamgeschichte.

»Wir haben eine tolle Truppe, die auch nach dem superstarken Saisonauftakt nicht nachgelassen und konsequent weiter gearbeitet hat – und heute können wir hier das Ergebnis davon feiern«, schwärmt Schumi. »Vor allem unsere Zuverlässigkeit ist schon etwas absolut Fantastisches.«

Auch die Konkurrenz gratuliert: »Das ist wirklich grandios, was Ferrari in dieser Saison geleistet hat, das muss man neidlos anerkennen«, meint BMW-Motorsport-Direktor Dr. Mario Theissen. »Ich kann die italienische Hymne schon fast nicht mehr von der deutschen unterscheiden, weil ich sie so oft höre.«

Auch Frank Williams gibt sich beeindruckt: »Man kann vor der Leistung von Ferrari in den gesamten letzten Jahren nur den Hut ziehen. Für mich ist das eine der größten Leistungen in der gesamten Sportgeschichte, nicht nur in der Formel 1. Das Traurige ist nur, dass wir darunter leiden müssen.«

Michael Schumacher stellte mit seinem zwölften Saisonsieg nicht nur einen neuen Weltrekord auf – so oft hat noch nie ein Fahrer in einer Saison gewonnen. Er steht auch unmittelbar vor dem Gewinn seines siebten Titels in der Fahrerwertung. »Es ist ein unglaublich schönes Gefühl, nach dem Debakel vom letzten Jahr hier so zurückzukommen«, freut er sich.

In Belgien, zwei Wochen später, reicht dann auch ein zweiter Platz hinter Kimi Räikkönen zum insgesamt siebten Titelgewinn, dem fünften in Folge. Und auch wenn es diesmal nicht die große Euphorie mit Freudentränen und ganz großen Emotionsausbrüchen ist, die Begeisterung ist riesig: »Das ist schon was ziemlich Bewegendes und

Michael Schumacher
im Urteil von Fahrerkollegen

Jacques Villeneuve: »Er ist kein Held und wird nie einer sein. Das Problem ist, dass niemand seine wirkliche Persönlichkeit kennt. Er ist ein Rennfahrer, mehr nicht. Ich bin sicher, dass er nach seinem Rücktritt ziemlich schnell vergessen sein wird. Er wird nie das Charisma und den Mythos eines Ayrton Senna erreichen. «

Damon Hill: » Ich denke, im Sport geht es um Können und Talent, und beides hatte Michael ohne Zweifel. Aber es geht auch um Sportsgeist und darum, keine falsche Einstellung zu verbreiten. Michael hat alles bis ans Limit gebracht, das unterscheidet ihn von früheren Champions. Ich denke, er ist einfach ein Produkt seiner Zeit.«

Rubens Barrichello: »Ich habe keine schlechten Erinnerungen an die Zeit mit ihm, er hat seine Ziele verfolgt, ich meine. Dass die Dinge dann zu seinen Gunsten liefen, hat nichts mit Manipulation von ihm zu tun, sondern das waren politische Angelegenheiten des Teams. «

Bruno Senna: Das Rennen, das Michael dieses Jahr in Monaco gefahren hat, hat mich schon sehr beeindruckt, dieser Kampfgeist, mit dem er sich da nach vorne gearbeitet hat. Aber Monaco dieses Jahr war auch der negativste Eindruck, den ich persönlich je von ihm bekam … Die Frage, wer war besser, Ayrton Senna oder Michael Schumacher, wird natürlich auch mir gerne gestellt. Es ist für mich sehr schwer zu sagen. Ich glaube, dass beide wohl auf gleichem Niveau einzuordnen sind. Aber man kann das so schlecht vergleichen. Jeder hat seine Epoche gehabt, direkt gegeneinander gefahren sind sie ja gar nicht so lange.

hat einen guten Job gemacht, sie haben verdient gewonnen.«

Glücklich und stolz fühlt sich der neue Weltmeister auch deshalb, weil er den Titel gerade in Spa gewonnen hat, auf seiner Lieblings- und Fast-Heimstrecke, auf der er 1991 sein Grand-Prix-Debüt gefeiert und 1992 seinen ersten Grand Prix gewonnen hat. »Das ist für mich sicherlich wichtig, wobei es sicher kein Geheimnis ist, dass es früher oder später wahrscheinlich eh passiert wäre – es sei denn, es wäre was ganz Dummes dazwischengekommen. Aber es ist natürlich immer schön, wenn man es so früh wie möglich schaffen kann, weil der Druck dann von einem abfällt und man die letzten Rennen wirklich nur noch genießen und absolut auf Sieg fahren kann, ohne sich auch nur noch ein kleines bisschen zurückzuhalten.«

Erstaunliches, was wir da geschafft haben in all den Jahren. Ich sag nur 700. Grand Prix für Ferrari und die Zahl umgedreht dann die Zahl meiner Titel.«

Auch das sehr turbulente Rennen, das von Unfällen, Reifenschäden und drei Safety-Car-Phasen gekennzeichnet ist, hat ihm Spaß gemacht: »Es war sehr spannend, ich denke, dass die Zuschauer zu Hause dieses Rennen genossen haben. Man kann nicht immer gewinnen, aber den Sieg hab ich in meinen Augen trotzdem erreicht, indem ich die Meisterschaft gewonnen habe. Mercedes

Während die Fans, die schon vor der Siegerehrung auf die Strecke gestürmt sind, um »ihren Schumi« mit Fahnen, Tröten, Pauken und Trompeten zu feiern, langsam abziehen, geht es bei Ferrari wieder einmal rund, wenn auch nur im eigenen Motorhome hinter verschlossenen Türen. Selbst Sauber-Pilot Felipe Massa, sensationell vor seinem Teamkollegen Giancarlo Fisichella als Vierter angekommen, muss anklopfen, um zum Gratulieren und Anstoßen herein zu dürfen. Wo die Party dann am

Neben dem Rennsport ist der Fußball Michael Schumachers zweite große Leidenschaft.

Abend weitergehen soll – im Dorint-Hotel in Spa – das wollten Schumi und Co. einstweilen geheim halten. Das »Wie« allerdings war kein Geheimnis: »Feucht und fröhlich«, grinst Schumacher und verspricht seinen Fans in Kerpen, in Sachen Promille bald aufzuholen.

Währenddessen überschlägt sich die gesamte Sportwelt in Lobeshymnen. Vielfach wird versucht zu analysieren, was Schumacher wohl so außergewöhnlich macht. Da ist einmal seine hundertprozentige Fixierung auf die Formel 1. In seinem Leben gibt es neben dem Rennsport nur noch seine Familie. Auch nach sechs Weltmeistertiteln arbeitet er noch immer engagierter und fleißiger als die meisten anderen Fahrer. Oft ist er nach Training- oder Testtagen der Letzte, der am Abend die Rennstrecke verlässt.

»Wo er nach all der Zeit, nach all den Siegen, immer noch seine Motivation hernimmt, ist mir schleierhaft«, staunt auch

Im Jahr 2004 ziert Schumachers Konterfei alle FIA-Pässe.

Formel-1-Boss Bernie Ecclestone. »Das bewundere ich unheimlich an ihm.« Die eigene Motivation überträgt sich auch auf das gesamte Team: Schumacher hat die Gabe, seine Mannschaft so zu begeistern, dass sie über Jahre hinweg mit äußerster Konzentration und letztem Einsatz für ihn arbeitet. Mit seinem Fleiß und Einsatzwillen, die sein fahrerisches Naturtalent ergänzen, verschafft er sich Respekt bei seinen Mitstreitern und gewinnt deren Zuneigung. Zwar hatten gerade die Italiener bei Ferrari anfangs einige Probleme, mit dem kühlen, hochprofessionellen Deutschen warm zu werden – auch weil sich dieser mit dem Erlernen der italienischen Sprache so lange Zeit gelassen hatte. Aber in dieser Zeit der großen Erfolge würden seine Mechaniker für ihn durchs Feuer gehen, und das nicht nur, weil er ihnen regelmäßig Prämien beschert.

> »Als ich ihn ganz am Anfang sah, habe ich gleich gesagt, Schumacher ist ein Jahrtausend-Talent ... einmalig, eine absolute Einzelerscheinung! Und auch heute noch ist er der Beste von allen, die derzeit in der Formel 1 unterwegs sind.«
> Niki Lauda 2003

In der Formel 1, in seinem eigenen Team, ist Michael Schumacher auch als cleverer Taktiker bekannt, der es immer schafft, sich selbst in günstige Positionen zu bringen, aus kritischen Situationen gut herauszukommen. Durch sein diplomatisches Geschick und seine Fähigkeit, im entscheidenden Moment den Kopf einzuziehen, etwa in Diskussionen mit Sportkommissaren, kann er manchen Nachteil vermeiden. Damit steht er im Gegensatz zu seinem Bruder oder auch zu Juan-Pablo Montoya, die in solchen Fällen eigensinnig reagieren und dann erst recht den Kürzeren ziehen.

Zu den politischen Fähigkeiten Michael Schumachers gehört es auch zu vermeiden, in einem Team unter gleichen Bedingungen gegen einen anderen Spitzenpiloten antreten zu müssen. Gegen eine solche Konkurrenzsituation wusste er sich immer abzusichern. So kann auch die Frage nie beantwortet werden, wie gut er etwa gegen einen Häkkinen, Villeneuve, Räikkönen oder Alonso bei absolut gleichen Voraussetzungen abgeschnitten hätte. Früher war das anders: Die teaminternen Duelle von Ayrton Senna gegen Alain Prost bei McLaren sind ebenso legendär wie jene von Prost gegen Niki Lauda oder von Nigel Mansell gegen Nelson Piquet oder Damon Hill gegen Jacques Villeneuve bei Williams. Früher traten die Großen ihrer Zunft stets irgendwann unter gleichen Bedingungen gegeneinander an – ohne festgeschriebenen Nummer-1-Status und Stallorder. Michael Schumacher hin-

te er damit auch Erfolg, so 1994 in Australien, als ihm ein Crash mit Damon Hill, für viele Beobachter von ihm provoziert, den ersten Weltmeistertitel sicherte. Was damals die Schumacher Wohlgesinnten noch als unglücklichen Zufall abtaten, erschien spätestens nach dem Weltmeisterschaftsfinale 1997 in Jerez in anderem Licht: Da versuchte Schumacher, seinen Rivalen Jacques Villeneuve mit einem gewaltsamen Manöver aus dem Weg zu räumen – doch diesmal blieb er auf der Strecke: Schumi war draußen, Villeneuve konnte weiterfahren und wurde Weltmeister. Schumacher brauchte Wochen, um zugeben zu können, was alle gesehen hatten: dass der Zwischenfall seine Schuld gewesen war. In späteren Jahren hatte er, auch dank der großen technischen Überlegenheit seiner Ferrari, solche Aktionen zumeist nicht mehr nötig.

Aber seine Probleme im Umgang mit der Niederlage, mit Situationen, aus denen er als Verlierer hervorgeht, sind geblieben. Das zeigte sich wieder beim Großen Preis von Monaco 2004 anlässlich der unglücklichen Kollision im Tunnel zwischen ihm und Juan-Pablo Montoya hinter dem Safety-Car. Da waren sich die meisten Experten darüber einig, dass Schumacher durch seine extremen Manöver zum Bremsen- und Reifenaufwärmen zumindest eine Mitschuld an dem Crash trug. Doch der, obwohl trotz Ausfall immer noch im Titelkampf ungefährdet, schob in einem späten Statement alle Schuld auf den ungeliebten Konkurrenten.

Der Start zum Auftaktrennen 2004 in Melbourne stand quasi symbolisch für die ganze Saison: Die beiden Ferrari fuhren ungehindert vorne weg, der Rest hinterher.

gegen hat seit seiner Zeit bei Benetton immer eine klare Nummer 2 an seiner Seite. Wer erinnert sich schon noch an Martin Brundle, Riccardo Patrese, J. J. Lehto, Johnny Herbert. Und bei Ferrari hatte sich Eddie Irvine genauso unterzuordnen wie später Rubens Barrichello und Felipe Massa. Allerdings hatte kaum einer von ihnen das Potenzial zum Superstar, und wie sich Felipe Massa entwickeln wird, wenn der lange Schatten des Rekordweltmeisters nicht mehr über ihm schwebt, wird die Zukunft zeigen.

Siegen, das bedeutet Michael Schumacher alles. Es bedeutet ihm soviel, dass er dafür auch mehr als einmal an oder über die Grenzen des Erlaubten ging. Und des öfteren hat-

Selbst die italienische Presse kritisierte in diesem Fall Schumachers Mangel an Souveränität. Aber vielleicht glaube er ja, so wird gemutmaßt, sich diese Form von »Lockerheit« nicht erlauben zu können, um seinen Biss und seine Motivation nicht zu gefährden.

Als es Schumacher dann 2005 gelingt, in einer für ihn und Ferrari äußerst unglück-

Michael Schumacher
im Urteil von Fahrerkollegen

▧ Niki Lauda: Siebenmaliger Weltmeister, das kann kein anderer. Wenn man Michael als Rennfahrer betrachtet, dann war niemand so lange an der Spitze wie er. Er hat immer alles gegeben und nie aufgehört. Eine Weltmeisterschaft zu gewinnen ist einfach. Man muss nur im richtigen Auto zur richtigen Zeit sitzen. Aber bei sieben Titeln ...

Aber wenn jemand so gut darin ist, innerhalb von Sekundenbruchteilen eine Entscheidung zu fällen, die über Sieg oder Unfall entscheidet, wie konnte er dann so etwas wie dieses Jahr in Monaco machen? Das war eigentlich völlig normal, wir alle haben sowas gemacht ... Der Unterschied ist, dass er vom Fernsehen eingefangen wurde. Dann war er zwei Tage ruhig und präsentiert dann eine Geschichte, die keine war. Ich verstehe da seinen Konflikt in seinem Kopf nicht. Warum kann er mit seinen Fehlern nicht so umgehen wie mit einem Rennauto?

▧ Felipe Massa: Für mich ist er ein Genie der Rennstrecke. Die Zahlen sprechen ja für sich. In meinen Augen ist er auch der kompletteste Fahrer. Es gibt viele Piloten, die auf einem Gebiet besonders herausragend sind. Entweder sie sind besonders schnell oder sie sind technisch besonders gut. Michael hat all das zusammen, er ist der Beste auf allen Gebieten. Auf der Telemetrie kann man manchmal schon sehen, wie gut er wirklich ist, aber was mich besonders beeindruckt, ist seine Übersicht im Rennen, dass er ganz genau weiß, was er wann tun muss, zum Beispiel vor einem Boxenstopp noch ein paar Zehntel herauszuholen – und das dann auch umsetzen kann. Das sind die Momente, wo er wirklich den Unterschied zu anderen ausmacht – in schwierigen Rennsituationen. Ich hatte leider nie die Chance, mit Ayrton Senna zusammen zu arbeiten und von ihm zu lernen. Ich glaube, dass Senna die gleichen Qualitäten hatte wie Schumacher, er hatte halt nur leider eine kürzere Karriere.

lichen Saison gelassen zu bleiben, glauben alle, dass er nun innerlich zur Ruhe gekommen ist. In diesem Jahr tritt Ferrari zum Saisonstart nicht mit einem neuen, sondern nur mit einem Interims-Modell an, und damit fährt man gnadenlos hinterher. Sicher trägt auch die neue Regel, nach der im Rennen keine Reifenwechsel mehr erlaubt sind, zum Misserfolg der Roten bei, denn Michelin kommt mit der neuen Herausforderung auf Anhieb besser zurecht als Bridgestone. In Italien herrscht Krisenstimmung, woraufhin das neue Modell dann doch in großer Hektik schon beim dritten Rennen in Bahrain eingesetzt wird – und prompt wegen eines Hydraulik-Defekts ausfällt. Das ganze Jahr über bekommt Ferrari das Auto im Zusammenspiel mit den Reifen nicht in den Griff. So steht am Ende der Saison nur ein Sieg und noch dazu ein sehr zweifelhafter. Im Skandalrennen von Indianapolis stehen nur die sechs Bridgestone-bereiften Autos von Ferrari, Jordan und Minardi am Start. Die Michelin-bereiften Teams hatten nach zahlreichen Reifenschäden wegen großer Sicherheitsbedenken den Start verweigert. Aber diese Punkte retten Schumacher und Ferrari immerhin die dritten Plätze in der Fahrer- und der Konstrukteurswertung. Die beiden Titel gehen an Fernando Alonso und Renault.

Als Schumacher dann 2006 merkt, dass er wieder um den Titel mitfahren kann – und sich wohl auch schon mehr oder minder intensiv mit Rücktrittsgedanken befasst, ist es mit seiner Gelassenheit wieder vorbei, bricht sich sein Drang nach dem Erfolg um jeden Preis noch einmal Bahn. Mit seinem fatalen Parkmanöver im Qualifying in Monaco enttäuscht er auch viele seiner größten Bewunderer.

Aber dieses Siegenwollen um jeden Preis ist wohl ein Teil seiner Persönlichkeit – und vielleicht auch einer der Schlüssel zu seinem Erfolg – von Anfang an.

Michael Schumacher mit seinem Physiotherapeuten Balbir Singh und Pressesprecherin Sabine Kehm

Michael Schumacher
über

... den WM-Titel 2001:

Die richtigen Worte in so einer Situation sind nicht einfach zu finden. So ein Sieg, ein WM-Titel, ist natürlich immer etwas Besonderes, aber nichts gegen die Art, wie wir ihn erreicht haben und mit wem. Wie dieses Team zusammenhält, in guten und in schlechten Zeiten, und auch die haben wir gehabt, vor allem in den vergangenen Jahren, nicht so sehr in diesem, das ist einzigartig, das habe ich überhaupt noch nirgendwo in einem Team erlebt, da kommt mir immer wieder die Gänsehaut. Da ist so viel Menschlichkeit, deshalb gibt es für mich nichts Schöneres, als mit meinen Jungs zusammenzuarbeiten, mit ihnen zusammen zu gewinnen oder zu verlieren – auch das tun wir ja manchmal – aber öfters eben zu gewinnen. Dafür möchte ich allen danken. Das lag mir auf dem Herzen, das wollte ich loswerden.

... sein Verhältnis zu Italien:

Das erste Mal, dass ich von Italien hörte, das war noch in der Grundschule. Nach den Ferien haben mir meine Klassenkameraden von ihrem Urlaub in Rimini erzählt – oder auch von Spanien. Für meine Familie waren das unerreichbare Ziele, wir hatten einfach nicht die finanziellen Möglichkeiten. Das hat mich ein bisschen traurig gemacht. Ich selbst war dann zum ersten Mal dort, als ich richtig anfing, auch international Go-Kart zu fahren. Ich war 14 Jahre und fuhr ein Rennen in Parma. Viel von der Stadt habe ich damals nicht mitgekriegt, ich war schließlich zum Rennfahren dort. Ein Jahr später sind wir dann in Jesolo gefahren ...

Und zum ersten Mal versuchen, Italienisch zu sprechen, musste ich, als ich die Kart-Weltmeisterschaft in Le Mans gefahren bin. Mir haben ein paar Teile gefehlt, und der Typ, den ich danach fragen sollte, sprach nur Italienisch. Mit Händen und Füßen und ein paar Brocken, die ich aufgeschnappt hatte, konnte ich ihm schließlich klarmachen, was ich wollte.

Heute bin ich natürlich viel in Italien, auch wenn ich zum Beispiel in Maranello in der Stadt selbst noch nie so wirklich unterwegs war. Mich interessiert viel mehr die Natur rundherum. Dort, in den Hügeln, auch Richtung Apenninen, habe ich auch schon viele Radtouren gemacht. Und in Rom war ich schon ein paar Mal für PR-Aktionen und Fußballspiele und fand es sehr schön. Aber ich habe leider immer gleich so viel Aufmerksamkeit erregt, dass ich mir nie wirklich etwas anschauen konnte.

Ich glaube, die Deutschen denken über die Italiener, dass die heißblütig und emotional sind, einen sehr ausgeprägten Familiensinn haben – und dass das Essen in Italien sehr gut ist. Die Italiener halten die Deutschen dafür für direkt und hart, leicht unterkühlt und sehr gut organisiert. Ich selbst liege irgendwo dazwischen, auf einem Mittelweg. Ich bin ein Deutscher mit einem ein bisschen italienischen Herzen ...

... sein Verhältnis zur Konkurrenz und zur Öffentlichkeit:

Jeder Mensch will geliebt werden, auch ich. Aber das Einzige, was mich interessiert, ist, Rennen zu fahren. Ich war nie in der Lage, mit anderen Fahrern gut auszukommen. Ich weiß nicht, warum. Mein Bruder Ralf ist da offener. Mich wirklich kennen zu lernen, das ist sehr schwierig. Ich kümmere mich natürlich auch um den PR-Bereich von meinem Beruf, aber vielleicht nicht immer gut genug. Ich bin an dem Showgeschäft um den Rennsport herum nicht interessiert. Ich bin kein Superstar, kein Filmstar. Und wenn ein Politiker zur Wahl steht, dann sind auch meistens ungefähr 50 Prozent der Leute für ihn und für seine Partei und die anderen 50 Prozent für einen anderen. Menschen haben nun einmal sehr unterschiedliche Meinungen und das sollte meiner Ansicht nach auch so sein. Ich habe ja auch gemischte Gefühle gegenüber manchen Leuten – und so haben die sie eben auch mir gegenüber. Das ist ganz normal, so funktioniert die Welt eben.

... die Gefühle nach dem 5. WM-Titel in Magny Cours 2002:
Ich war eigentlich das ganze Wochenende über sehr locker, weil ich nicht daran geglaubt habe, dass es hier schon klappt. Deswegen habe ich mich gar nicht mit dem Gedanken an den Titel beschäftigt und deswegen auch keinen Druck gespürt. Erst, als ich dann plötzlich doch in der Position war, in Führung zu liegen und schon alles klarmachen zu können, habe ich dann gemerkt, was für eine gewaltige Last da doch auf meinen Schultern liegt. Ich glaube, diese fünf letzten Runden waren die schlimmsten meiner Karriere. Nur ja keinen Fehler mehr machen, nichts mehr versieben – obwohl es hier ja sowieso nicht so einfach ist, zu überholen ... Und wenn man über die Ziellinie fährt, dann ist das eine ungeheure Erleichterung, dieser Moment, in dem der ganze Druck von einem abfällt, das ist ein unglaublicher Ausbruch von Freude und Emotionen, den man da erlebt.

... den Hunger nach dem sechsten Titel und damit nach dem alleinigen Rekord:
Ja, das ist schon ein großes Ziel. Aber nicht deshalb, weil es mir um den Rekord geht. Sondern einfach, weil ich soviel Freude am Rennfahren und auch am Gewinnen habe, weil ich all das immer wieder erleben möchte und das ja dann auch automatisch wieder zu einem weiteren Titel führen kann. Wir haben eine so gute Basis, dass ich denke, dass wir noch einige Zeit lang so tolle Rennen wie hier fahren.

... Ferrari 2004
Also wenn man Ferrari sagt, dann kann man eigentlich über sehr viel Harmonie reden, über sehr viel Respekt, Disziplin – und das ist etwas, das Ferrari nicht immer, aber speziell in den letzten Jahren ausgezeichnet hat. Aber diese emotio-

nale Seite, die auftritt, wenn man das Wort Ferrari in den Mund nimmt, die ist für mich schon ewig vorhanden – auch wenn ich ganz früher nicht viel damit anfangen konnte. Aber der Name Ferrari hat schon immer einen besonderen Klang gehabt. Das noch anders, noch besser zu formulieren als ich das gerade gemacht habe, das fällt mir schwer, denn das sind Gefühle, die man hat und die nicht immer in Worte zu fassen sind.

... seine Erinnerungen an Spa (2004)
Die größten Erinnerungen sind natürlich die, als ich zum ersten Mal hier war und zuerst mit dem Fahrrad die Strecke angeschaut habe und sie kennen gelernt habe ... Und dann die ersten Erfahrungen mit dem Formel-1-Auto, das ich ja nicht allzu gut kannte. Rausfahren und die Erfahrung zu genießen – das Wort »genießen« war im Vordergrund, denn das war ein so schöner Moment mit so einem tollen Auto, das für die Rennstrecke so klasse war in meinen Augen ... Man hat das ja auch nachher gesehen, wir waren sehr konkurrenzfähig. Hier zu fahren, die Erinnerung daran, Eau Rouge mit Vollgas zu fahren, das waren Erlebnisse, die man nicht vergessen kann.

... die Notwendigkeit, sich zu Hause mit Bodyguards zu schützen:
Nein, also das ist zum Glück nicht notwendig. Man weiß ja nie, wann ich wo auftauche. Und mein Privatleben versuche ich so zu genießen, das ich es ohne Security machen kann. Es gibt natürlich Events, wo man hin muss, wo Security dabei sein muss. Aber nicht um mich zu schützen, sondern um den Event wirklich stattfinden zu lassen oder damit man den Zeitplan auch einhalten kann.

... über die Vorbereitung auf größere Aufgaben – auch für seine jungen Fans:
Die beste Vorbereitung ist die, sich vernünftig vorzubereiten. Wenn es im Sport ist, dass man fit ist für den Event, so wie es beim Rennfahren ist, dass ich gut trainiert habe, dass ich im Kopf klar bin. Und wenn's für die Mathearbeit ist, dann dass man seine Hausaufgaben gemacht hat, geübt hat, dann geht man mit einem guten Gewissen in die Arbeit und kann sie auch gut beenden.

... eigene Vorbilder:
Ich hatte früher immer Toni Schumacher als Vorbild. Ich habe ihn in der Schule als meinen Onkel ausgegeben und habe mich damit groß getan.

Auf dem Weg zu den
ersten Lorbeeren in der
Formel 3 – 1989

Kiesgrube Kerpen –
(k)ein guter Startplatz

Der dritte Weltmeistertitel in Suzuka – vorläufiger Höhepunkt einer Karriere, die am Anfang so gar nichts mit der »großen Welt« zu tun hatte. Ein im Weg stehender Laternenpfahl, die Kartbahn in Kerpen, die weggeworfenen Reifen der reicheren Kart-Kids, die am Schumacher-Gefährt noch gute Dienste tun – um diese Schlaglichter ranken sich die Geschichten der ersten Geh- oder besser Rennversuche des späteren Weltmeisters.

Als kleines Kind fährt Michael begeistert Go-Kart. Das tun viele. Mit vier Jahren schon in einem aus einem Kett-Car und einem Mofa-Motor zusammengebastelten Kart die Gegend unsicher machen, das tun schon weniger. Als Michael dabei einmal unangenehme und schmerzhafte Bekanntschaft mit einem im Weg stehenden Laternenpfahl macht, entscheidet Vater Rolf: »So geht es nicht weiter. Das ist zu gefährlich. Von jetzt an fährst du nur noch auf einer ordentlichen Bahn.«

Also nimmt er den Sprössling mit – wozu ist er schließlich Platzwart auf der Kart-Bahn an der Kiesgrube in Kerpen? Schließlich ist der Junge da unter ständiger elterlicher Aufsicht. Nicht nur Vater Schumacher arbeitet an der Bahn – auch Mutter Elisabeth ist regelmäßig da. Sie versorgt an der Imbissbude die hungrigen Piloten und ihren Anhang mit Würstchen und Pommes frites.

Üben kann Michael also, so viel er will – und schon mit sechs Jahren ist er zum ersten Mal Clubmeister. Regelmäßig fährt er den anderen, meist wesentlich älteren, um die Ohren, obwohl er nie gutes Material hat.

Denn das kostet Geld, und das ist eher knapp im Hause Schumacher. »Ich habe mir die Reifen aus der Mülltonne geholt, die die anderen weggeworfen haben, um sich in Italien neue zu kaufen«, erinnert sich Michael, »aber ich habe trotzdem gewonnen.«

Vater Schumacher sieht die Erfolge seines Jungen mit einem lachenden und einem weinenden Auge. Natürlich erkennt er, dass der Bub verdammt gut ist – und vor allem einen Riesenspaß an der Sache hat. Aber er weiß auch, dass der Spaß im Laufe der Zeit immer teurer werden wird – und dass er da bald an seine Grenzen stoßen wird.

Als einmal ein neuer Motor für 800 Mark fällig ist, scheint der kritische Punkt gekommen: »Tut mir Leid, aber das ist zuviel, den kann ich dir nicht mehr kaufen«, muss er Michael sagen.

> **»Ich habe mir die Reifen aus der Mülltonne geholt, die die anderen weggeworfen haben – aber ich habe trotzdem gewonnen.«**

Bei vielen Go-Kart fahrenden Buben ist so etwas das Ende der Karriere. Bei Schumacher nicht, und das ist eine der Schlüsselszenen, die mit dazu beitragen, aus ihm den großen Sonderfall zu machen, das eine unter den vielen Talenten, die es tatsächlich bis ganz nach oben schaffen.

Denn in der Not finden sich Förderer: Zuerst Gerd Noack, ein Freund des Vaters, der mit einem Tapeten- und Teppichgeschäft zu Wohlstand gekommen ist, dann Jürgen Dilk, der aus der Spielautomaten-Szene kommt und der von Schumacher

Die Umgebung der frühen Jahre: Die Eltern Rolf und Elisabeth, die Imbissbude an der Kartbahn in Kerpen. Jürgen Dilk, Freund und Förderer aus den frühen Tagen, leitet jetzt den offiziellen Michael-Schumacher-Fanclub. Noch heute kommt der Weltmeister gerne auf die alte Kartbahn zurück, auf der er den Grundstein für die Karriere im Formel-Rennsport gelegt hat. In der Formel König schaffte der spätere Champion den Sprung in ein »richtiges« Rennauto.

so begeistert ist, dass er ihm lange weiterhilft – selbst über die Kart-Zeit hinaus – noch heute leitet er den offiziellen Michael-Schumacher-Fanclub.

Damit hat Michael – obwohl nicht aus reichem Haus – gute Voraussetzungen, sein Talent voll zu entfalten. Erstens kann er seine Rennen ohne wirkliche Geldsorgen fahren. Schulden hat er nie gehabt – und er könnte sich das auch nicht vorstellen: »Ich bin dazu erzogen worden, nicht mehr Geld auszugeben, als ich habe.« Er wäre nie auf die Idee gekommen, Kredite aufzunehmen, um seine Rennsportkarriere zu finanzieren, wie dies zum Beispiel einst Niki Lauda getan hat.

Zweitens fühlt er sich seinen Förderern gegenüber verpflichtet, wirklich immer das Optimale zu geben: »Wenn die mir helfen, dann muss ich ihnen doch wenigstens dadurch etwas zurückgeben, dass ich alles tue, was mir möglich ist. Da kann ich mich doch nicht hängen lassen.«

Drittens spielen diese Förderer nicht die Rolle mancher ehrgeizigen Rennsport-Väter,

die ihre Söhne in eine Karriere treiben wollen, die sie selbst nicht geschafft haben. Enttäuschte Väter, die ihre Kinder nach Misserfolgen auch noch heftig schimpfen, sind ein bekanntes Bild an allen Go-Kart-Bahnen. Bei Michael Schumacher macht niemand Druck, muss auch niemand Druck machen. Michael ist fasziniert vom Fahren – und er weiß genau, was er will: Weiterkommen, Erfolg haben. Nach der Realschule, die er eher lustlos absolviert, macht er eine Lehre als Kfz-Mechaniker, »was im Rennsport nur ein Vorteil sein kann. Wenn du dich mit der Technik auskennst, kannst du noch viel besser beschreiben, was ein Auto macht, hast vielleicht auch Ideen, was man verändern und besser machen könnte.«

Nach langen Kart-Jahren, in denen er der Konkurrenz grundsätzlich immer mindestens eine Nasenlänge voraus ist, obwohl er selten das allerbeste Material hat – vor allem international gibt es immer Mäzene oder Väter, die noch deutlich mehr Geld ausgeben können –, will er 1988 endlich ein richtiges Rennauto fahren. Einige Kart-Meistertitel stehen bis dahin auf seiner Erfolgsliste: 1984 wird er zum Beispiel deutscher Junioren-Meister, ein Titel, den er im kommenden Jahr wieder holt, dazu wird er Vizeweltmeister, 1987 schließlich deutscher und Europameister.

Der Umstieg ins Auto klappt – dank erneuter Hilfe von Jürgen Dilk. Eigentlich sind es gleich zwei Autos: Ein Formel König in der deutschen Meisterschaft, ein Formel Ford 1600 für die deutsche und die Europameisterschaft. Der Wechsel fällt Michael nicht schwer. Er gewinnt sofort wieder – in allen Klassen. Sein fahrerisches Talent setzt sich durch, Siege sind schon fast normal.

Aber in den Nachwuchsklassen gibt es immer einige überlegene Meister. Formel-1-Weltstars werden davon nur ganz wenige, weil den meisten die Härte, das Durchsetzungsvermögen, die absolute Zielstrebigkeit fehlen, die neben dem Talent erforderlich sind – oder weil ihr Aufstieg irgendwann eben doch von Geldmangel gestoppt wird, wenn sich keine Mäzene, keine Sponsoren mehr finden.

»Der Junge ist so gut, der hat eine Chance verdient. Alles, was er macht, wirkt so leicht, so spielerisch, so souverän. Der muss etwas Besonderes sein.«
Willi Weber

Der Sprung in die Formel 3 ist immer kritisch: Da sind plötzlich Summen von mindestens einer dreiviertel Million Mark gefragt, die ein Nachwuchstalent für eine Saison in einem aussichtsreichen Team auf den Tisch legen muss. Als Michael Schumacher im Herbst 1988 – mit dem Formel-König-Titel und dem zweiten Platz in der Formel-Ford-Europameisterschaft in der Tasche – vor der Frage steht, wie es weitergehen soll, hat er Glück: das Glück, durch sein Können den richtigen Leuten aufzufallen.

Willi Weber, erfolgreicher Formel-3-Teamchef und gerade mit Joachim Winkelhock deutscher Meister geworden, sucht einen Nachfolger für seinen Star, der bereits Formel-1-Pläne schmiedet. Weber hört sich um, fragt nach Talenten. Er fragt auch Domingos Piedade, den AMG-Mercedes-Geschäftsführer, einen Portugiesen, seit langem auch in der Formel 1 zu Hause, der sich Anfang und Mitte der achtziger Jahre um Michele Alboreto und zeitweise auch ein bisschen um Ayrton Senna gekümmert hat.

Piedade kennt sich in der deutschen Kart-Szene sehr gut aus, weil seine beiden Söhne dort selbst aktiv sind. Seine Empfehlung: »Da gibt es einen, der ist eine Klasse für sich – Michael Schumacher.« Auch Gerd Krämer, der als VIP-Betreuer von Mercedes seit Jahren in der Formel 1 ein und aus geht und mit vielen der Stars befreundet ist, sich aber auch für den Nachwuchs interessiert, bestärkt ihn: »Schau dir den Schumacher mal an.«

Weber tut es – und ist sofort begeistert. Bei einem Formel-König-Rennen auf dem Salzburgring, im strömenden Regen, sieht er sein zukünftiges Juwel zum ersten Mal. Michael geht vom siebten Startplatz aus ins Rennen – und kommt als Erster aus der ersten Runde zurück. Was Weber aber noch mehr imponiert: »Die Präzision, mit

der er fährt, die Sauberkeit seiner Linie, in jeder Runde absolut identisch, seine Fahrzeugbeherrschung.« Noch zweimal schaut er ihn sich an, diesmal in der Formel Ford, in Mainz-Finthen und in Hockenheim. Dann ist er endgültig überzeugt: »Der Junge ist so gut, der

Als Nachwuchs-Sportler unterwegs »mit dem guten Stern auf allen Straßen«: In der Formel 3 1989 und 1990 – und als strahlender Sieger vor Otto Rensing und Jörg Müller.

hat eine Chance verdient. Alles, was er macht, wirkt so leicht, so spielerisch, so souverän. Der muss etwas Besonderes sein.«

Er bietet Michael einen Test in seinem Formel-3-Auto an. Für den ist das mehr als Weihnachten und Geburtstag zusammen. Ein paar Tage später ist es am Nürburgring so weit. Schumacher sitzt zum ersten Mal in einem Formel-3-Auto. Natürlich will er gleich zeigen, was er kann. Er ist auch schnell, aber nach fünf Runden setzt er das Auto an die Leitplanke. »Mein Fehler«, sagt er sofort ehrlich zu Willi Weber. Der reagiert nicht, wie die meisten Teamchefs in einer solchen Situation reagieren würden. Fahrer, die bei ihrem ersten Test etwas kaputt machen, haben ihre Chance oft schon verspielt. Aber Weber nimmt's gelassen: »Wir reparieren jetzt das Auto, viel ist ja nicht dran, und dann fährst du noch mal.«

als der WTS-Stammfahrer... Willi Weber weiß sofort: Seine Ahnung hat ihn nicht getäuscht. In Michael Schumacher hat er ein absolutes Supertalent gefunden.

Er bietet ihm sofort an, für das WTS-Team die deutsche Formel-3-Meisterschaft 1989 zu fahren. Natürlich ist Schumacher begeistert – aber er bleibt Realist. Schließlich weiß er auch, was eine Formel-3-Saison kostet. »Das wäre schon toll«, sagt er. »Natürlich würde ich das lieber tun als alles andere. Aber ich habe kein Geld.« Darüber hat sich Weber schon Gedanken gemacht – und eine Entscheidung getroffen, die sich langfristig sowohl für ihn als auch für Schumacher als Schlüssel zu einer Goldgrube erweisen wird. Er hat soviel Vertrauen in diesen Jungen, dass er eigenes Geld riskiert. Er wird Schumacher die Saison erst einmal finanzieren,

Inzwischen ist sich Michael auch bewusst, »dass ich da zu sehr mit Gewalt an die Sache rangegangen bin, über dem Limit war, was nicht gut gehen konnte. Und vor allem war ich dadurch auch nicht so schnell, wie ich hätte sein können.« Den zweiten Anlauf geht er, von seinem Gefühl her, ruhiger an und ist prompt noch deutlich schneller. Um eineinhalb Sekunden schneller zum Beispiel

das Risiko tragen. Wenn sich dann Sponsoren finden – umso besser...

»Du brauchst bei mir kein Geld mitzubringen, du brauchst nur so weiterzufahren wie bisher«, erklärt er Michael – und dass er ihm sogar ein kleines Monatsgehalt zahlen wolle. Noch am gleichen Abend wird der Vertrag unterschrieben. Nicht nur ein Formel-3-Vertrag für die Saison 1989, sondern auch ein Management-Vertrag zwischen Weber und Schumacher auf zehn Jahre. Gemeinsam wollen sie den Aufstieg nach ganz oben schaffen. Klar dass der Geschäftsmann Weber auch ein bisschen geschäftlich denkt. Wenn er Schumacher schon die Chance gibt, Karriere zu machen, dann will er auch davon profitieren, wenn das Ziel erreicht ist. Das berühmte »Los, das ich damals in der Lotterie gekauft habe, als einziger«, soll ihm ja schließlich auch einen Hauptgewinn bringen.

Auch in der Formel 3 überzeugt Michael Schumacher auf Anhieb – selbst wenn es mit dem Titel in seinem ersten Jahr noch nicht ganz klappt: Punktgleich mit Heinz-Harald Frentzen wird Schumacher Dritter – weil er einen Sieg weniger auf seinem Konto hat. Der Meister heißt Karl Wendlinger – die späteren Mercedes-Youngster sind schon hier unter sich. Im Nachhinein ist Willi Weber über den verlorenen Titel gar nicht so unglücklich: »Auf diese Weise kann Michael noch ein zweites Jahr bei mir in der Formel 3 fahren und hat ein neues Ziel. Wäre er jetzt schon Meister geworden, hätte das nicht mehr viel gebracht – aber ich hätte auch nicht gewusst, wo ich ihn sonst unterbringen soll. So können wir 1990 gemeinsam auf den Titel losgehen.«

»Sobald er ins Auto stieg, war er schnell. Er brauchte keine langen Eingewöhnungszeiten, er hat immer gleich auf Anhieb tolle Zeiten vorgelegt.«
Peter Sauber

Was dann im Folgejahr auch klappt – trotz schlechten Beginns: erst zwei Ausrutscher durch eigene Fehler, dann viel Wirbel auf dem Nürburgring. Dort muss Michael aus der letzten Reihe starten, weil die Sportkommissare feststellen, dass sein Auto im Training untergewichtig gewesen sei.

Unter diesen Bedingungen ist Platz fünf nach toller Aufholjagd zwar ein Erfolg – aber Schumacher hat nach drei Rennen auf den die Meisterschaft anführenden Wolfgang Kaufmann bereits 42 Punkte Rückstand. Und die ersten gehässigen Kommentare lassen natürlich nicht auf sich warten… Aber dann zeigt er allen, dass man einen Michael Schumacher nicht unterschätzen sollte, und findet in eindrucksvoller Manier aus dem ersten kleinen Tief seiner Karriere heraus. Von den nächsten sechs Läufen gewinnt er fünf, einmal wird er Zweiter. »Das Wichtigste war, nicht die Nerven zu verlieren, nach dem schlechten Anfang nichts mit Gewalt zu versuchen, sondern in aller Ruhe konsequent weiter zu arbeiten.«

Nach dem vorletzten Rennen am Nürburgring steht er provisorisch als Meister fest, obwohl er in diesem Rennen ausnahmsweise einmal nicht auf dem Treppchen steht, sondern nur Vierter wird, nachdem ihn Titel-Konkurrent Otto Rensing schon in der ersten Kurve unsanft von der Strecke bugsiert hat. Aber nachdem Rensing zwar vor Schumacher ins Ziel gekommen ist, dabei aber in einige sehr strittige Aktionen verwickelt war und folglich disqualifiziert wird, scheint alles klar. Wirklich feiern kann die WTS-Truppe freilich erst einen knappen Monat später, als ein Protest von VW gegen die Rensing-Disqualifikation abgelehnt wird: Der Regelverstoß des Überholens unter gelber Flagge bleibt bestehen. So kann Michael bereits als Meister ins Saisonfinale in Hockenheim gehen – wo er sich nur einem Gaststarter aus der britischen Meisterschaft beugen muss: einem jungen Finnen namens Mika Häkkinen. Beim internationalen Formel-3-Klassiker von Macau ein paar Wochen später treffen die beiden wieder aufeinander. Diesmal heißt der Sieger Schumacher – Häkkinen fliegt in der letzten Runde bei einer Gewaltattacke auf den führenden Michael in die Leitplanke.

Aber nicht nur der Formel-3-Meistertitel und der international sehr wichtige Macau-Erfolg bringen Schumacher 1990 auf der Karriereleiter weiter. Mindestens genauso wichtig ist der Schritt ins Gruppe-C-Werksteam von Mercedes. Dorthin holt ihn Jochen Neerpasch, der einst als Macher des BMW-Juniorteams bekannt wurde und jetzt drei Mercedes Junioren aufbauen will: Schumacher, Frentzen und Wendlinger. Neben den »alten Hasen« Jochen Mass, Jean-Louis Schlesser und Mauro Baldi sollen die Jungen bei Sauber-Mercedes vor allem eines: lernen, lernen, lernen – auf der Strecke genauso wie daneben. Den Neulingen beizubringen, wie man sich gut verkauft, wie man sich in Gesellschaft bewegt, das Benehmen in eleganten Restaurants, gekonnter Umgang mit den Medien, souveränes Auftreten im Fernsehen – all das, was ein Profi-Sportler heute eben braucht. Für Schumacher, der seine Herkunft aus kleinen Verhältnissen nie verbergen kann und es auch nicht will, ist das eine neue Welt. Aber er will lernen, und er lernt schnell. Der Unterschied zwischen dem Michael Schumacher der Jahre 1990/91 und dem Jungen, der am Anfang seiner Formel-3-Zeit immer etwas unsicher und manchmal auch unbeholfen wirkte, sobald es nicht ums reine Fahren ging, ist enorm. Er lernt sehr gut Englisch, und er erfährt, wie sich ein kommender Star ohne größere Probleme in der Öffentlichkeit bewegt: Geübt werden die souveräne Präsentation und angenehmes Auftreten in Interviews. Rhetorik-Kurse, Training von Live-Situationen vor der Fernsehkamera stehen auf dem Programm. Da wird geschliffen und gefeilt, bis die Youngster sich wie ausgebuffte Medienprofis bewegen.

Auf der Rennstrecke braucht Schumacher weniger Training. Was an ihm auffällt: Er ist immer sofort da. Teamchef Peter Sauber erinnert sich: »Sobald er ins Auto stieg, war er schnell. Er brauchte keine langen Eingewöhnungszeiten, er hat immer gleich auf Anhieb tolle Zeiten vorgelegt. Im Laufe der Zeit sind die anderen dann meistens herangekommen, am Ende waren die Unterschiede sehr oft minimal, aber Michael hat immer erst einmal vorgelegt. Das hat ihn herausgehoben.«

Dass es bis zum ersten Sieg in der Gruppe C eine Weile dauert, tut dem Image keinen Abbruch. Denn Schumacher überzeugt auch so. Und Lehrmeister Jochen Mass, als Betreuer für die Junioren zuständig, lässt keine Gelegenheit aus, seinen Schützling zu loben: »Mir war von Anfang an klar, wie gut er ist, welches Potenzial er hat – und er wird immer besser.«

Erst beim letzten Saisonrennen in Mexiko ist es soweit – unter etwas kuriosen Umständen. Zwar dominieren Mass/Schumacher das ganze Wochenende, haben aber dann Pech, als Jochen Mass bei einsetzendem Regen zu spät an die Box kommt und das andere Mercedes-Paar, Schlesser/Baldi so den Sieg abstaubt. Doch nur für kurze Zeit – denn dann fliegen die beiden gnadenlos aus der Wertung, weil sie gegen das strenge Benzinreglement der Gruppe C verstoßen haben: Exakt 0,1 Liter Sprit zuviel wurde dem Mercedes-Silberpfeil eingefüllt. Michael erfährt von seinem nachträglichen Triumph erst auf dem Rückweg nach Deutschland, wo Testfahrten mit einem AMG-Mercedes für einen Sondereinsatz beim DTM-Finale in Hockenheim anstehen.

Michael Schumacher ist der Mann mit

Gruppe-C-Einsätze für Mercedes. Das Sauber-Team (mit Peter Sauber und Jochen Neerpasch) ist eine gute Schule für die Zukunft – neben und auf der Strecke, hier in Mexiko im Zweikampf gegen den späteren Teamkollegen Martin Brundle.

»Mir war von Anfang an klar, wie gut er ist, welches Potenzial er hat – und er wird immer besser.«
Jochen Mass

der größten Zukunft im deutschen Motorsport. Das zeichnet sich im Lauf der Saison 1990 immer deutlicher ab. Trotzdem hagelt es Kritik, als Willi Weber im Winter 1990/91 nicht mit aller Gewalt versucht, ihn in der Formel 3000 unterzubringen, sondern weiter auf Mercedes und die Gruppe C setzt. Als geradliniger gilt Heinz-Harald Frentzens Weg in die Formel 1. Der kauft sich mit Hilfe eines Sponsors in einem englischen Formel-3000-Team ein.

»Aus der Gruppe C hat doch noch keiner den Sprung in die Formel 1 geschafft«, muss sich Willi Weber immer wieder anhören, von wohlmeinenden Ratgebern nicht weniger als von kritischen Spöttern.

Aber die Theorie hat Haken. Denn erstens gab es nie zuvor ein so gezieltes Nachwuchs-Förderungs-Programm, wie es Mercedes in der Gruppe C durchzieht. Bis dahin waren die Sportwagen immer eher Auffangbecken für im Formel-Sport gescheiterte Fahrer, die so in der Spätphase ihrer Karriere nochmal zu einem relativ gut dotierten Vertrag kamen. Zweitens wissen die Kritiker nicht, dass Mercedes bereit ist, die Jungstars auch aus bestehenden Verträgen herauszulassen, sollte sich für sie plötzlich eine Formel-1-Chance ergeben. Mehr noch: Mercedes hilft im Spätsommer 91 sogar aktiv mit, Michael Schumacher seinen Einstand bei Jordan zu ermöglichen. Und drittens lauern auf dem angeblich so sicheren Weg über die Fomel 3000 viele Fallen. Einmal ein schlechtes Auto erwischt, und schon ist man weg vom Fenster. Auch Heinz-Harald Frentzen verspekuliert sich – zumindest vorerst: Vom Sponsor nach einer Änderung des Marketing-Konzepts fallen gelassen, steht er Ende 1991 vor dem Nichts, findet nur mühsam über Japan den Weg zurück, muss sich mit viel Einsatz wieder hocharbeiten – und hat am Ende das verdiente Glück, dass er 1994 als Letzter der Junioren doch noch den Sprung in die Formel 1, zu Sauber, schafft.

Willi Webers Konzept, »wenn Formel 3000, dann nur mit einem Top-Team, und wenn das nicht klappt, dann lieber gar nicht und voll auf den Weg mit Mercedes setzen«, erweist sich im Nachhinein als richtig. Zumal Jochen Neerpasch dafür sorgt, dass Schumacher einmal Formel 3000 fahren kann – aber ohne das Risiko, bei einem Misserfolg gleich abgeschrieben zu werden. Er besorgt ihm im Sommer 1991 einen Platz für ein Rennen in der japanischen Formel-3000-Meisterschaft. Sollte dabei etwas schiefgehen, würde es sich nicht im Rampenlicht der europäischen Rennsport-Szene abspielen. Aber es geht nicht schief: In Sugo, auf einem Kurs, auf dem Europäer normalerweise gut zurechtkommen, beweist Schumacher wieder einmal, wie schnell er sich auf neue Situationen einstellen kann. Er wird Zweiter hinter Ross Cheever, der schon seit einiger Zeit in Japan fährt und weit erfahrener ist.

Mit dem Mercedes-Teamkollegen und Freund Jochen Mass – und bei einer kurzen Stippvisite in der Tourenwagen-Meisterschaft – natürlich auch im Mercedes.

Sugo war eine wichtige Erfahrung«, sagt er. »Denn die Konkurrenz war ausgesprochen groß: lauter Leute, die schon lange in Japan fahren, die die Verhältnisse kennen, die Autos, die Reifen. Das Wettbewerbs-Niveau in Japan ist sehr hoch, viel höher, als ich vorher gedacht hätte.« Vor allem sei es wichtig gewesen, wieder einmal ein Formel-Auto zu fahren: »Die Kurvengeschwindigkeiten in der Formel 3000 sind fast so hoch wie in der Formel 1. Das war ein guter Eindruck, den ich da bekommen habe. Überhaupt erfordert ein Formel-Auto einen etwas anderen Fahrstil als ein Sportwagen, deshalb war es sehr nützlich, dieses Feeling mal wieder zu erleben.«

1991 bleiben die großen Erfolge für Mercedes zunächst aus. Peugeot und vor allem Jaguar sind nach dem neuen Saugmotoren-Reglement deutlich voraus, weil man dort schon länger an diesem Konzept arbeitet. Ausgerechnet das Heimrennen auf dem Nürburgring wird für die Silberpfeile ein Motoren-Debakel. Für Schumacher ist es dennoch ein denkwürdiges Wochenende – es ist der Zeitpunkt, an dem für ihn endgültig die Weichen in Richtung Weltkarriere gestellt werden.

Er selbst bekommt am Anfang von diesen Vorgängen gar nicht so viel mit: »Ich wusste zwar, dass es Überlegungen in Richtung Formel 1 gibt, aber was da konkret läuft, habe ich eigentlich erst erfahren, als alles schon sehr weit gediehen war. Es war Absicht, dass man mir nichts gesagt hat. Ich sollte mich ausschließlich auf mein Rennen konzentrieren und den Kopf dafür frei haben.«

61

W as Schumacher letztlich die Möglichkeit gibt, mitten in der Saison wie ein Komet am Formel-1-Himmel zu erscheinen, ist die Sturheit des Belgiers Bertrand Gachot. Der Stammpilot von Jordan hatte sich in London auf eine Meinungsverschiedenheit mit einem Taxifahrer über die Verkehrsregeln eingelassen – und versucht, per Tränengas aus der Sprühdose seine Position zu unterstreichen. Die englische Justiz versteht in diesem Punkt jedoch keinen Spaß. Sie statuiert ein Exempel und schickt den Belgier für volle 18 Monate ins Gefängnis – ohne Bewährung. Im Oktober kommt er zwar schon wieder frei – aber da ist sein Formel-1-Sitz längst weg.

Eddie Jordan braucht in dieser Situation schnellstens einen Ersatzfahrer. So etwas spricht sich schnell herum in der Szene. Einer der ersten, die mit dem Iren Kontakt aufnehmen, ist, so sagt er, Gerd Krämer, der natürlich auch mit Weber darüber redet, wobei er einräumt: »Es gab für mich zwei Möglichkeiten. Bernd Schneider oder Schumacher. Ich habe zunächst sogar eher an Schneider gedacht, weil es so aussah, als könnte es für Michael Probleme geben, von Sauber-Mercedes die notwendige Freigabe zu erhalten«. Doch dann kann Willi Weber Jochen Neerpasch davon überzeugen, dass man Michael diese Chance auf keinen Fall verbauen dürfe. Und der setzt diese Meinung auch bei seinen Vorgesetzten durch.

Die Telefondrähte zwischen dem Nürburgring und England glühen. So leicht ist Eddie Jordan nicht davon zu überzeugen, dass er einen absoluten Neuling in sein Auto lassen soll. Und außerdem will er Geld, viel Geld: £ 150 000 für ein Rennen, das sind damals etwa 450 000 Mark.

Eine solche Summe kurzfristig aufzutreiben – mitten im Jahr, wenn bei allen Firmen sämtliche Werbegelder längst verplant und meistens auch schon ausgegeben sind – ist mehr als schwierig. Aber Weber weiß, dass man eine solche Chance nicht versäumen darf. Und Krämer redet ihm zu: »Ich habe ihm gesagt, ihr müsst das unbedingt machen. Notfalls per Bankbürgschaft, per Kredit, irgendwie.« Weber sei bereit gewesen, auch dieses Risiko auf sich zu nehmen, erinnert sich Krämer. Aber den Nachweis muss er dann doch nicht erbringen – Mercedes erklärt sich schließlich bereit, für den Betrag zu bürgen. Schließlich finden sich dann in letzter Minute auch noch zwei großzügige Sponsoren, die die Summe übernehmen, und Michael Schumacher erfährt am Abend nach den Nürburgring-Rennen: »Wir fliegen sofort nach England. Es besteht eine realistische Chance, dass du in Spa fahren kannst.«

Z wei Tage später sitzt er zum ersten Mal in einem Formel-1-Auto. Schon seine ersten Runden verblüffen die Jordan-Crew. Er legt auf Anhieb Spitzenzeiten vor und wundert sich, dass man ihn zur Vorsicht, zum langsam Fahren ermahnt: »Aber ich war doch überhaupt noch nicht am Limit.« Gewöhnungsprobleme kennt er nicht: »Die ersten drei Runden waren ziemlich eindrucksvoll – aber danach war's eigentlich nichts so Besonderes mehr.«

Überraschung! Formel-1-Debüt in Spa auf völlig unbekannter Strecke: Teamchef Eddie Jordan staunt über seinen neuen Fahrer – der die Besichtigungstour erst einmal auf dem Drahtesel absolviert.

Dem Debüt in Spa steht also nichts mehr im Wege, den späteren Wirbel um Verträge, Zusagen, angebliche Vertragsbrüche ahnt noch niemand. Ebenso wenig ahnt Eddie Jordan in diesem Moment, dass sein neuer Fahrer seine Debütstrecke noch überhaupt nicht kennt – Willi Weber hatte ihm das wohl etwas anders dargestellt... Aber obwohl er nur 100 Kilometer von Spa entfernt zu Hause ist – ein Rennen hat Michael auf dem Kurs in den belgischen Ardennen noch nie gefahren.

»Ich habe jetzt mal eine Fahrradrunde gedreht, mir alles so genau wie möglich angeschaut«, erzählt er am Donnerstag vor dem Grand Prix. »Aber im Auto ist's normal sowieso immer ein bisschen anders.« Allzu große Sorgen macht das aber weder Schumacher selbst noch seinem Manager. Nur Eddie Jordan legt die Stirn in Falten. »Michael ist jemand, der neue Strecken unheimlich schnell lernt«, erzählt Willi Weber den Journalisten, die zwar lieber mit

Schumacher persönlich gesprochen hätten, sich aber gedulden müssen: »Keine Zeit im Moment, vielleicht später«, vertröstet der neue Grand-Prix-Pilot die – noch – vorwiegend deutsche Medienmeute, die jedes Mal auf ihn wartet, wenn er sich auf sein Fahrrad schwingt und sich auf den in Spa recht weiten Weg zwischen Box und Motorhome macht. Schließlich findet er doch ein paar Minuten: Ja, das sei schon eine fantastische Chance für ihn, freut er sich – und versucht gleichzeitig, die Erwartungen nicht zu hoch zu schrauben: »Ich will mich erst einmal nur qualifizieren – und wenn ich dann auch noch das Rennen beenden könnte, dann wäre das schon toll.«

Der stressigste Moment steht ihm freilich noch bevor: Am Abend legt ihm Teamchef Eddie Jordan eine Art vorläufigen Vertrag vor, den er unterschreiben soll – sonst dürfe er nicht fahren. Gerd Krämer erinnert sich: »Ich konnte aus privaten Gründen nicht mit nach Spa fahren, saß in Stuttgart in einem Lokal. Dort rief er mich an, nachdem er mit viel Mühe herausgefunden hatte, wo ich war. Er war ziemlich aufgeregt und berichtete, ›der Eddie Jordan hat mir da eine Art Vertrag zum Unterschreiben gegeben, da stehen auch eine Menge Forderungen von ihm an uns drin. Er sagt, wenn ich das nicht unterschreibe, dann fährt morgen der Stefan

Johansson das Auto, der jetzt hier auch mit am Tisch sitzt, mit dem Willi und mir. Was soll ich denn bloß machen?‹ Ich habe ihm gesagt, eine Chance wie diese bekommst du vielleicht nie wieder, unterschreib erst mal und fahr, und dann kann man immer noch weitersehen, wie man da eventuell wieder herauskommt. Daraufhin hat er gesagt: ›Also gut, wenn du das so für richtig hältst, dann unterschreibe ich eben.‹«

Damit ist das Debüt gerettet, und Schumacher kann am Freitagmorgen die ersten offiziellen Formel-1-Kilometer seiner Karriere unter die Räder nehmen. Und die Art und Weise, in der er das tut, nötigt selbst altgedienten Formel-1-Hasen allen Respekt ab. Von Nervosität keine Spur. Eddie Jordan gibt ihm mit auf den Weg: »Mach langsam!« Aber schon in seiner sechsten Runde unterbietet er zum ersten Mal die Zwei-Minuten-Grenze. In der 13. Runde fährt er 1.57,333 – womit sein Name auf dem Zeitencomputer an vierter Stelle erscheint und dort auch eine ganze Weile bleibt. Eine Woge des Erstaunens geht durch die Formel 1: Viele haben den Namen Schumacher, bisher hauptsächlich mit der Gruppe C verbunden, noch nie bewusst wahrgenommen. »Ist der etwa mit eurem Ex-Fußball-Nationaltorwart Schumacher verwandt?«, wird immer wieder gefragt. Am Ende des freien Trainings, als alle mit Qualifikationsreifen auf der Strecke waren, ist Michael Elfter – eine knappe halbe Sekunde hinter seinem erfahrenen Teamkollegen Andrea de Cesaris. Wie er sich fühle, nach seiner tollen Premiere? »Für mich ist das wie Ostern, Weihnachten – und ein Sechser im Lotto, alles zusammen.« Aber er

»Ich will mich erst einmal nur qualifizieren – und wenn ich dann auch noch das Rennen beenden könnte, dann wäre das schon toll.«

weiß auch, wie wichtig das Material für einen guten Anfang ist: »Ohne ein gutes Auto kann man auch eine Strecke nicht ordentlich lernen. Aber wir haben mit diesem Auto eine sehr gute Basis, mussten nicht allzu viel ändern, nicht zu viel an der Abstimmung arbeiten. Das ist einer der Gründe, warum ich die Strecke so schnell in den Griff bekommen habe. Für einen Neuling wie mich ist das natürlich eine tolle Situation.« Den Sprung von der Formel 3000 in die Formel 1 hält er ungefähr für so groß »wie den von der Formel 3 in die Formel 3000« – also durchaus zu bewältigen. Und die staunende Ehrfurcht vor dem Neuland Formel 1 hält sich damit logischerweise auch in Grenzen: »Von den Bremsen bin ich beinahe ein wenig enttäuscht. Jeder hatte mir gesagt, wie unglaublich die Verzögerung so eines Formel-1-Rennwagens sei. Ich finde, sooo toll ist es nun auch wieder nicht.«

Auch Teamchef Eddie Jordan gibt sich angetan, aber nicht unbedingt überrascht: »Ich wusste, wie gut Michael ist.« Besonders gefällt ihm, wie sich der Mann ins Team einfügt, seine Professionalität, sein

biert. Anfangs habe ich sogar gebremst und bin im fünften Gang durchgefahren, erst dann allmählich im sechsten. Aber nie ganz voll«, sagt er, und es hört sich an, als würde ihn das ziemlich stören. Dabei gibt es sicher eine ganze Menge etablierter Formel-1-Piloten, die die Eau Rouge noch nie voll gefahren sind. Aber der Durchschnitt ist für Michael ja auch nicht der Maßstab. »Es war ein Problem, sich an diesen Teil der Strecke zu gewöhnen. Ich weiß, dass es voll geht – aber als Neuling ohne Erfahrung tastet man sich halt langsam heran, weil man nichts kaputt machen will. Aber es ist nicht so, dass ich Probleme habe, mich zu überwinden.«

Auch ohne diese »Mutprobe« fährt er am Freitagnachmittag im offiziellen Zeittraining auf den für einen Neuling sensationellen achten Startplatz. Und das unter erschwerten Bedingungen, unter extremem Druck. Denn fünf Minuten vor Trainingsende hat er noch keine Zeit auf seinem Konto: »Mit dem ersten Satz Qualifikationsreifen bin ich beim ersten Versuch von der roten Flagge gestoppt worden« – Trainingsabbruch, weil der Belgier Eric van de Poele eine ziemlich heftige Leitplankenberührung hatte. Beim zweiten Versuch mit dem gleichen Satz Reifen kommt ihm zum ersten Mal einer der ganz Großen in die Quere, und Michael scheut sich nicht, das auch auszusprechen. »Alain Prost hat mir die Runde kaputt gemacht. Es war in der Schikane, er war auf dem Weg in seine schnelle Runde. Ich habe an meinem optimalen Bremspunkt gebremst, er war knapp vor mir und stieg für meine Verhältnisse ein bisschen zu früh auf die Bremse. Ich hatte zwei Möglichkeiten: Entweder ich fahre ihm ins Heck oder ich nehme den Notausgang. Ich hielt die zweite Lösung für die bessere.«

Als er geradeaus kurz ins Abseits schießt, zeigt er dem dreimaligen Weltmeister die Faust. Die Formel 1 amüsiert sich: Dass da

Einsatz. Der gibt die Komplimente zurück: »Das Verhältnis zwischen dem Team und

Der Neuling will zwar »nichts kaputt machen«, liefert aber einen Top-Einstand – Schumachers siebter Startplatz ist die Sensation von Spa.

mir ist wirklich sehr gut. Man hat mich auf Anhieb akzeptiert, und das ist sehr wichtig für mich. Wir arbeiten gut zusammen, es gibt nicht viel Politik, weil es ein sehr kleines Team ist. Aber es sind eine Menge sehr guter Leute da.«

Nur ein kleines Problem hat Michael an diesem Freitag noch, und das ist seine persönliche Auseinandersetzung mit der »Eau Rouge«, jener berühmt-berüchtigten Kurve von Spa. Eau Rouge – die Kurve, in der 1985 Stefan Bellof tödlich verunglückte, die Kurve, die viele Fahrer für die vielleicht schwierigste in der Formel 1 halten, für die größte Herausforderung überhaupt. Jedes Jahr wieder sorgt die Eau Rouge, die im sechsten Gang gefahren wird, für die gleichen Diskussionen, und die gleiche Frage spaltet die Formel 1: Wer fährt sie voll, wer nicht, wer geht kurz vom Gas? »Heute habe ich sie noch nicht ein einziges Mal voll pro-

einer kommt, der keinen Respekt vor großen Namen hat, aber dabei wirklich etwas kann, bringt frischen Wind in die Szene. Prost tut später so, als wisse er von nichts: »Schumacher? Habe ich nicht gesehen!«

In jener letzten Runde, fünf Minuten vor Schluss, als alles passen muss, passt es auch. Nach 1:53,290 Minuten bleiben die Uhren für den Jordan stehen, das bedeutet den achten Startplatz. Fast eine Sekunde ist Michael damit schneller als Teamkollege de Cesaris, der auf Rang 13 festhängt.

Dabei hält er seine Zeit nicht einmal für optimal: »Ich war nicht absolut am Limit. Das waren keine 100 Prozent, sondern vielleicht nur 98. Aber ich wollte es ein bisschen vorsichtig angehen. Ich wollte mich erst einmal nur qualifizieren, mehr nicht, ja kein Risiko eingehen!«

> **»Jeder, der in seinem ersten Formel-1-Training auf dieser Strecke Achter wird, muß etwas Besonderes sein!«**
>
> **Ayrton Senna**

Am Samstag vormittag setzt er noch eins drauf. Die Eau Rouge fährt er inzwischen natürlich voll, das ist keine Frage mehr. Fast eine Stunde lang steht sein Name auf den Computern ganz oben, führt er das Training an. Am Ende ist er Fünfter. »Es lief jetzt wirklich fantastisch. Und vor allem haben wir eine perfekte Rennabstimmung. Wir haben am Getriebe was verändert und außerdem meine Sitzposition im Auto weiter verbessert. Dadurch fühle ich mich jetzt noch wohler.«

Samstagmittag, 13 Uhr, Abschlusstraining. Die Strecke ist deutlich schneller als am Vortag, das weiß man. Michael muss also noch einmal ein bisschen nachlegen. Die Zeit vom Freitag bedeutet nicht mehr viel. Nach 13 Minuten fährt er raus: 1:51,212, zwei Zehntel langsamer als am Morgen, aber trotzdem gut genug für einen Platz ganz vorn: »Es war eine ordentliche Runde, kein Verkehr, aber an ein paar Stellen nicht ganz am Limit. Ich wollte erst einmal auf jeden Fall eine Zeit stehen haben, beim ersten Anlauf auf Nummer sicher gehen – und dann im zweiten Versuch etwas mehr riskieren.«

Doch als er eine knappe halbe Stunde später mit dem zweiten Satz Qualifikationsreifen auf die Strecke fährt, stellt sich ihm ein anderes Hindernis in den Weg – in Gestalt des Ferrari mit der Nummer 27. Michael läuft in der Schikane auf Jean Alesi auf und muss den Franzosen überholen. »Bis dahin war die Runde schneller – aber dieses Manöver hat sicher fast eine Sekunde gekostet.« Trotzdem fährt er noch 1:51,5 – »eine mittlere 50er-Zeit wäre also drin gewesen«. Sie hätte aber maximal einen Platz gebracht – den Benetton von Nelson Piquet hätte Schumacher damit in Reichweite gehabt. So ist er zunächst Achter, 3,4 Sekunden hinter dem Trainingsschnellsten Ayrton Senna, 0,7 Sekunden vor seinem Jordan-Teamkollegen de Cesaris, der 12. wird. Als dem Zweitschnellsten, Riccardo Patrese, seine Samstagszeit gestrichen wird, weil an dessen Williams-Renault der Rückwärtsgang nicht funktioniert, rücken beide einen Rang auf.

Michael Schumacher steht bei seinem Formel-1-Debüt also auf dem siebten Startplatz, vor sich nur das geballte Formel-1-Establishment: Ayrton Senna, zu diesem Zeitpunkt zweimal Weltmeister, der in Spa die 58. Trainingsbestzeit seiner Karriere aufstellt, der dreimalige Weltmeister Alain Prost, dann Nigel Mansell, der mit Senna um den Titel '91 kämpft, Gerhard Berger, zweiter Mann bei McLaren und mehrfacher Grand-Prix-Sieger, Jean Alesi im Ferrari, der vor Schumacher als das größte Talent der Formel 1 gegolten hatte, und Nelson Piquet, noch ein dreimaliger Weltmeister.

Michael kann es kaum glauben: »Ich weiß selbst nicht, wie ich es erklären soll. Ich habe höchstens davon geträumt, dass es so laufen könnte, aber nie gedacht, dass das wirklich Realität werden würde.« Und dann sagt er einen Satz, der typisch ist für die Schnelligkeit, mit der er sich in neuen Situationen zurechtfindet: »So leicht hätte ich mir das eigentlich nicht vorgestellt.«

Im Aufwärmtraining am Sonntagmorgen wirbelt er die Stars noch weiter durcheinander: Vierter Platz hinter den beiden Williams-Fahrern Mansell und Patrese und hinter Senna, nur 23 Hundertstel hinter dem Brasilianer, aber vor Berger, Prost und Piquet.
Die letzten Stunden vor dem Rennen: Michael versucht, sich vorzubereiten wie immer. Locker bleiben, aber doch konzentriert, entspannt, aber »heiß«, nicht zuviel grübeln, aber doch über alles Notwendige noch einmal nachdenken. Als er zum Auto geht, wirkt er nach außen hin sehr ruhig. Nur Beherrschung – oder ist er wirklich nicht besonders

Beim Debütrennen ausgeschieden, danach im Eiltempo von Jordan zu Benetton: Willi Weber und Jochen Neerpasch stehen hinter dem Deal, und Schumacher muss ihn erklären.

ehe das Grünlicht richtig da war…« Aber leider dauert Michaels Rennen danach nur noch etwa 500 Meter. Dann bleibt er mit defekter Kupplung liegen. »Ich habe hochgeschaltet, hatte aber plötzlich keinen Antrieb mehr,« erzählt er, als er nach einiger Zeit zu Fuß an die Box zurückkommt. Die plötzliche Enttäuschung prägt sein Gesicht, macht es für den Moment älter, härter. Für den Defekt kann er nichts. »Wahrscheinlich ein Montagefehler«, sickert am Abend bei Jordan durch. Die Formel 1 ist leider nicht immer gerecht…
Ja, er sei wahnsinnig enttäuscht, gibt er zu – und bekommt von allen Seiten Trost. Das brauche er doch gar nicht zu sein. Schließlich habe er den überzeugendsten Formel-1-Einstieg seit Senna 1984 hingelegt, und alle hätten schon vor dem Rennen gesehen, dass die Zukunft ihm gehöre.

Dass es nicht bei diesem einen Rennen bleiben wird, ist auch schon klar: »Es sieht so aus, als ob ich auch den Rest der Saison für Jordan fahren würde, wenn Bert-

nervös vor seinem ersten Grand-Prix-Start? »Eigentlich nicht.«
Der klappt dann auch zunächst extrem gut – so gut, dass Nelson Piquet auf der Pressekonferenz fragt: »Kann mir eigentlich mal jemand sagen, was mit diesem Schumacher los war? Der war ja schon an mir vorbei, noch

rand Gachot nicht mehr zum Einsatz kommen kann«, erklärt Michael im besten Glauben am Spa-Wochenende. Doch es kommt ein wenig anders: Denn beim nächsten Grand Prix in Monza steht der Name Michael Schumacher am Donnerstag zweimal auf der Meldeliste: einmal für Jordan, einmal für Benetton. Und als am Freitag das Training beginnt, sitzt er dann endgültig im Benetton – mit einem langfristigen Vertrag.

Statt »Übersteuern, Untersteuern, Pole-Position« oder »Weltmeisterschaftschancen« schwirren jetzt ganz andere Schlagworte durch das Fahrerlager. »Gericht, einstweilige Verfügung, Vertrag, Vertragsbruch, Absichtserklärung« – in allen Sprachen und Tonarten. »In Zukunft müssen wir wohl alle Jura studieren, um über die Formel 1 berichten zu können«, flachsen ein paar Journalisten.

Schon am Montag vor dem belgischen Grand Prix, so Eddie Jordan, habe er Schumacher und Jochen Neerpasch einen Vertrag vorgelegt. Man sei sich über die Details einig gewesen. Unterschrieben wurde da aber noch nichts. Noch vor dem belgischen Grand Prix unterschreibt Michael Schumacher dann zwei Absichtserklärungen, eine auf Deutsch, eine auf Englisch, für Jordan, in denen – laut Eddie Jordan – steht, er wolle noch vor dem Großen Preis von Italien mit dem Jordan-Team einen rechtsgültigen Vertrag über den Rest der Saison 91, dazu die Jahre 1992 und 1993 abschließen – laut Neerpasch nichts als »eine Vereinbarung, über eine Vereinbarung zu verhandeln«. An diesen Absichtserklä-

Benetton stellt ab Monza 1991 Schumis Dienstkleidung, der Boss heißt jetzt Flavio Briatore.

rungen scheiden sich später die Geister. Eddie Jordan, der normalerweise in solchen Dingen als sehr gerissen gilt, hält sie für verbindlich, muss sich aber selbst von englischen Gerichten eines Besseren belehren lassen. Die Auffassung von Jochen Neerpasch und Willi Weber: »Wir hatten nie einen Vertrag mit Jordan, also konnten wir auch keinen brechen«, setzt sich durch.

Auf einmal ist jedenfalls auch Benetton mit im Spiel – und am Dienstag vor Monza bekommt dort Roberto Moreno die Kündigung mit der Begründung, er sei nicht fit genug. Laut Aussage von Tom Walkinshaw haben die Verhandlungen zwischen Benetton und Neerpasch am Montagabend begonnen, »nachdem mich Neerpasch am Wochenende angerufen und gefragt hat, ob ich

Beim letzten Rennen der Saison in Adelaide 1991 fällt Michael Schumacher zwar aus, in der Formel 1 ist er aber schon fast etabliert.

an Schumacher für 1992 Interesse hätte«. Die Gespräche mit Benetton gehen weiter, die mit Jordan werden abgebrochen. Am Mittwoch einigen sich Neerpasch und Schumacher mit Benetton.

Beim ersten Test in seinem neuen Auto macht Michael auf Anhieb wieder einen glänzenden Eindruck. Die bessere Perspektive hat der Kerpener gewiss bei Benetton. Denn so gut Jordan in seinem ersten Grand-Prix-Jahr auch abgeschnitten hat – zu diesem Zeitpunkt im September 1991 steht bereits fest, dass die irische Truppe 1992 die Ford-Motoren verlieren wird und mit Yamaha in eine sehr ungewisse Zukunft gehen muss. Das weiß vor allem auch der allmächtige Formel-1-Boss Bernie Ecclestone, der aus

geschäftlichen Gründen schon so lange auf einen erfolgreichen deutschen Fahrer in der Formel 1 gewartet hat. Weil er befürchtet, dass Schumacher trotz seines Talents bei Jordan untergehen könnte, hat er größtes Interesse daran, dass Michael zu Benetton umdirigiert wird – und hilft auch dementsprechend mit. Wozu ist er schließlich mit Benetton-Chef Flavio Briatore befreundet?

Sportlich sieht die Perspektive bei Benetton im Herbst 91 bereits sehr viel versprechend aus: Seit dem Einstieg von Tom Walkinshaw, der 35 Prozent der Benetton-Anteile gekauft hat, weht dort ein etwas anderer Wind. Es wird härter, disziplinierter gearbeitet. Das Benetton-Image, einst geprägt von Lässigkeit, guter Stimmung und viel Popmusik in der Box, wandelt sich zu

69

mehr Ernsthaftigkeit und auch Professionalität, ohne gleich die kühle Perfektion von Williams oder McLaren zu erreichen. Kein Wunder also, dass auch Neerpasch und Weber bei Benetton »eine größere Zukunft« für ihren Schützling sehen und alles versuchen, diese Chance wahrzunehmen. Mit Sentimentalitäten à la »Treue zu dem, der einem die erste Chance gab«, hält sich in der Formel 1 selten jemand auf. Und nicht zuletzt hätte Schumacher bei Jordan weitere Sponsorgelder mitbringen müssen, während er bei Benetton 1991 zum Nulltarif fährt und ab 1992 Geld verdient.

Kein Wunder auch, dass Benetton versucht, sich das Juwel Schumacher so schnell wie möglich zu sichern, bevor vielleicht doch noch ein anderer zugreift. Um das zu gewährleisten, will man dem Kerpener natürlich auch 1991 schon Einsätze bieten. Das Risiko, ihm einen regulären Vertrag erst für 1992 anzubieten, scheint zu groß.

Nur hat man halt für 1991 schon zwei Fahrer unter Vertrag: den dreifachen Weltmeister Nelson Piquet und eben Moreno. Der ist sicher das »bequemere« Opfer – auch deshalb, weil man ihn für 1992 ohnehin nicht behalten will, während man Piquet durch Schumacher sogar ein bisschen unter Druck setzen und testen könnte – ob der noch motiviert oder vielleicht doch schon ein bisschen zu »satt« ist. Die Begründung für den Rausschmiss freilich – Moreno sei nicht fit genug, um weiter Formel 1 zu fahren – ist schon reichlich zynisch. Schließlich hat der in Spa sogar die schnellste Rennrunde gefahren. »Was zwischen Benetton und Moreno passiert, ist nicht unser Problem. Das müssen die untereinander ausmachen. Uns hat man gesagt, es gäbe da keine Probleme«, weisen Jochen Neerpasch und Willi Weber in Monza jede Verantwortung von sich.

Am Donnerstag versucht Eddie Jordan per einstweiliger Verfügung vor englischen Gerichten durchzusetzen, dass Schumacher doch bei Jordan bleiben muss. Gleichzeitig erwirkt Roberto Moreno vor einem italienischen Gericht eine einstweilige Verfügung, die es ihm ermöglichen würde, Schumachers Start im Benetton zu verhindern, verhandelt aber gleichzeitig mit Jordan. Keiner weiß, wie es weitergeht. Die FISA verlängert die letzte Nennungsfrist für die Teams, die eigentlich am Donnerstag um 18 Uhr abläuft, auf Freitag, 8 Uhr.

In der Villa d'Este in Como, dem Nobelhotel am Comer See, in dem die meisten Stars des Formel-1-Zirkus logieren, hat Flavio Briatore eine heftige Diskussion mit Roberto Moreno und rät ihm dringend, die 500 000 Dollar zu akzeptieren, die ihm Benetton als Abfindung bietet, und nicht auf seiner einstweiligen Verfügung zu beharren. Der Brasilianer gibt schließlich nach: »Ich bin sowieso nicht vor Gericht gegangen, um bei Benetton weiter zu fahren, ich wollte nur meine Rechte verteidigen.« Noch in der Nacht einigt sich Moreno dann mit Eddie Jordan, in Monza für ihn zu fahren: »Ich habe zwar in dieser Nacht nur zwei Stunden geschlafen, war dann früh um sieben an der Strecke, um mir einen Sitz machen zu lassen – aber ich habe mich auf Anhieb wohl gefühlt.«

Moreno also bei Jordan – und Michael Schumacher kann am Freitagmorgen in den Benetton steigen. Erst viel später gibt Weber einmal zu, dass vielleicht einiges von dem, was sich rund um diesen Wechsel abgespielt habe, nicht so schön gewesen sei und dass auch er darüber nachgedacht habe, ob man wirklich sagen könne: »Das Geschäftsgebaren unserer Partner gegenüber anderen geht uns nichts an…«

In Sachen Jordan gegen Benetton
Meinungen zum Wechsel

Michael Schumacher (1991): »Ich möchte gerne ein paar Missverständnisse ausräumen: Es ist nicht so, dass Eddie Jordan von der großen Firma Mercedes über den Tisch gezogen worden ist. Es passierte nichts Unfaires oder Unrechtmäßiges. Tatsächlich bin ich Mercedes und speziell Jochen Neerpasch dankbar, dass sie mir den Weg in die Formel 1 ebneten. Es ist wohl nicht übertrieben, wenn ich behaupte, dass man sich als Rennfahrer solche Berater nur wünschen kann!«

Eddie Jordan (Monza 1991): »Ich habe seit dem Test letzten Donnerstag nicht mehr mit Michael selbst reden können. Ich hege keinen Groll gegen ihn, das möchte ich betonen. Er macht ja nur, was man ihm sagt.«

Ayrton Senna (Monza 1991): »Gegen Schumacher habe ich überhaupt nichts, er kann ja am allerwenigsten dafür. Er ist wahrscheinlich der, der am wenigsten Einfluss auf das hat, was da passiert. Ich habe aber Flavio Briatore die Meinung gesagt, weil ich das Gefühl habe, da sind Dinge nicht korrekt gelaufen. Manche Leute nützen ihre stärkere Position, um andere, schwächere, unter Druck zu setzen. Sie drohen und bringen so einen Fahrer dazu, seine Meinung zu ändern und gewisse Dinge zu akzeptieren.«

FISA-Präsident Jean-Marie Balestre: »Die Schumacher-Affäre gehört nicht zu einem ›Entwicklungsprozeß der Verfaulung der Formel 1‹. Im Gegenteil, die Formel 1 zeigt weiterhin einen zunehmenden Erfolg und eine nie dagewesene weltweite Expansion. Was die Beteiligung der sportlichen Gewalten betrifft, so haben die Funktionäre strikt die Regeln eingehalten. Und vom ethischen Standpunkt aus: So etwas wie in Sachen Schumacher hat es schon öfters gegeben – sogar in der letzten Zeit.«

Bernie Ecclestone: »Es gibt keine Schumacher-Affäre. Ich glaube, da war alles in Ordnung. Er hatte keinen Vertrag mit Jordan. Er fuhr ein Rennen für das eine Team, jetzt fährt er für ein anderes Team. Das ist rechtlich und moralisch vollkommen in Ordnung!«

Das frühere Idol immer fest im
Blick – Schumacher verfolgt
Senna am Monitor.

Zwischen Bewunderung...
...und Feindschaft:
Schumacher und Senna

 onza 1991 – das ist auch der Moment, in dem sich ein Thema manifestiert, das sich wie ein roter Faden durch Michael Schumachers frühe Formel-1-Jahre zieht: der Dauerkonflikt mit Ayrton Senna – für Schumacher der Maßstab, das Ziel, das er anstrebt. »Vor dem Senna habe ich Respekt, aber was die anderen können, kann ich doch schon lange« – ein Zitat aus einem Telefongespräch zwischen Michael und seinem Vater in Monza 1991.

Wenn ein neues Riesentalent plötzlich den Kreis der Etablierten durcheinanderwirbelt, sind Konflikte quasi programmiert. Trifft ein Formel-1-Jungstar, voller Selbstvertrauen und Erwartungen, dann auf einen etablierten »König«, der, ebenfalls mit ausgeprägtem Ego ausgestattet, auf dem Höhepunkt seiner Karriere steht, wird die Situation brisant – vor allem, wenn der Etablierte erkennt, dass dieser »Youngster« das Talent hat, diese Vormachtstellung in absehbarer Zeit zu gefährden. Und wenn andererseits der Youngster das Gefühl hat, nur dieser eine Topstar könne ihm vielleicht für längere Zeit den Weg zum Thron verbauen.

Als ein gemeinsamer Bekannter, der Mercedes-VIP-Betreuer Gerd Krämer, Schumacher an einem Abend dieses Wochenendes in Monza Senna vorstellt, bietet der dreifache Weltmeister ihm noch an: »Wenn du mal Fragen oder Probleme hast, kannst du immer zu mir kommen. Ich habe damals, als ich in die Formel 1 kam, nämlich schmerzlich vermisst, dass sich jemand von den Älteren um die Jungen kümmert.«

Aber Michael geht lieber seinen eigenen Weg, sucht nicht die Nähe seines früheren Idols. Seit er als Zwölfjähriger Senna bei einer Kart-Weltmeisterschaft in Belgien fahren sah, schwärmte er von den Fahrkünsten des Brasilianers. »Fahrerisch war er mein Vorbild, aber persönlich? Dazu kann ich nichts sagen, ich kenne ihn ja kaum«, meint er in Barcelona 1991 vorsichtig.

Außerdem gehen die ewigen Vergleiche »Schumacher, der neue Senna«, die in jeder Zeitung stehen, in jedem Interview aufs Tapet kommen, auf die Nerven. Vor allem dem Deutschen, der immer wieder betont: »Ich bin Michael Schumacher und nicht Senna II.« Aber auch der Brasilianer ist nicht begeistert, ständig gefragt zu werden, ob Schumacher wohl sein Nachfolger werde.

Beim Großen Preis von Brasilien 1992 in Interlagos brechen zum ersten Mal die Emotionen auf: Schumacher liegt rundenlang hinter Senna auf Platz vier, kommt aber lange nicht vorbei, obwohl er deutlich schneller fahren könnte. Am Ende schafft er es doch, Senna fällt kurz darauf aus. Aber Michael ist stinksauer und beschwert sich nachher auf der Pressekonferenz: »Senna hat mit uns ein schmutziges Spielchen getrieben. Speziell in den Ecken, wo man nicht überholen kann, ist er absichtlich langsam gefahren, hat unnötig gebremst. Er wollte offenbar provozieren, mich und die anderen hinter sich in eine unüberlegte Aktion, einen Fehler hetzen. Ich verstehe nicht, was das sollte. So etwas ist eines dreifachen Weltmeisters unwürdig. So etwas sollte der doch nicht nötig haben.«

> »Ich bin Michael Schumacher – und nicht Senna II.«

Nicht nur die Brasilianer unter den Zuhörern – aber die natürlich besonders – schlucken. Das ist starker Tobak – vor allem von einem Youngster in seinem neunten Grand Prix gegen den anerkannten Superstar der Szene. Senna hat zu diesem Zeitpunkt die Strecke längst verlassen, ist per

Starker Tobak auf und neben der Strecke: Schumacher gegen Senna in Brasilien 1992, wo der Krieg der Worte beginnt

Helikopter nach Hause geflogen, kann also nicht mehr direkt auf die Vorwürfe antworten. Das McLaren-Team lanciert jedenfalls sofort eine Pressemitteilung, in der Senna erklären lässt, Elektronikprobleme und damit verbundene Zündaussetzer hätten nach außen hin den Eindruck erwecken können, er hätte unmotiviert gebremst.

Aber Michael lässt sich von seiner Meinung, Senna habe ihn provozieren wollen, nicht abbringen, als er kurz darauf, noch an der Strecke, mit diesen Aussagen konfrontiert wird. Er fühlt sich im Recht, und denkt gar nicht daran, jetzt einen Rückzieher zu machen. Sein Kommentar zu der Senna-Erklärung ist klar, knapp und deutlich: »Blödsinn! Vielleicht hatte er wirklich

Probleme, aber dann wusste er genau, dass er das Rennen nicht beenden würde, und hat deshalb mit uns gespielt.«

Am nächsten Tag sind Michaels Vorwürfe gegen den Nationalhelden Senna natürlich das Thema in den brasilianischen Zeitungen. Der fühlt sich – wieder einmal – persönlich getroffen, ungerecht behandelt, sagt aber öffentlich erst einmal nichts dazu. Interessanterweise kommt es auch zwischen Nigel Mansell und Michael zu einer kleinen Diskussion, gleich nach dem Rennen auf dem Siegerpodest: »Du hast mich einmal, als du mich überrundet hast, beinahe in den Sand gedrückt«, protestiert Schumacher bei Sieger Mansell. Der kontert ziemlich kühl: »Ja, nachdem du mich vorher fast eineinhalb Runden aufgehalten hast...« Schumacher, darauf angesprochen, ist sich freilich keiner Schuld bewusst: »Ich gehe doch nicht völlig vom Gas, nur weil der mich überrunden will. Wenn er so viel schneller ist, dürfte er doch kein Problem haben, vorbeizukommen.« Noch einmal: Es geht nur um eine Überrundung, nicht um einen Positionskampf...

Aber im Gegensatz zu Senna vergisst Mansell die Sache, die auch öffentlich kaum Beachtung findet, schnell wieder. Da bleibt kein Groll zurück. Bei Senna dagegen schon. Michael ist nicht bereit, inhaltlich von seinen Vorwürfen abzurücken, meint ein oder zwei Rennen später nur, er hätte vielleicht etwas diplomatischer vorgehen sollen. Prinzipiell »stehe ich aber zu dem, was ich gesagt habe«. Ob er einmal versucht habe, direkt mit Senna zu reden? »Nein, aber warum sollte ich auch zu ihm gehen?«

Der Brasilianer ist genauso stur. »Ich würde ihm ja erklären, was da passiert ist, er dürfte sich auch die Computeraufzeichnungen von Honda anschauen, da könnte er sehen,

– doch die Runde in der Öffentlichkeit und wird zur Schlagzeile. Und das trägt natürlich nicht dazu bei, die Wogen zu glätten.

Gleichzeitig entwickelt Michael offensichtlich eine massive Antipathie gegen Senna. Schauplatz: wieder Magny Cours, Samstagabend, nach dem Training. Nach einem längeren Interview soll er noch schnell drei oder vier Fotos unterschreiben. In der einen Fotohülle steckt hinter dem Schumacher-Foto ein Senna-Bild. Unwirsch knallt Michael den Umschlag auf den Tisch: »Also den muss ich ja nun wirklich nicht sehen.«

was wirklich los war – wenn er das wollte«, sagt Senna in einem sehr privaten Gespräch im McLaren-Motorhome bei Testfahrten in Magny Cours Anfang Juni, bei ausgeschaltetem Tonband. Gefragt, warum dann er nicht einmal das Gespräch suche, als der Ältere, Erfahrenere, meinte der Brasilianer achselzuckend: »Warum sollte ich? Wenn er etwas will, muss er kommen. Mir kann doch im Prinzip egal sein, was er redet. Er ist doch nur ein dummer Junge...«

Natürlich ist es Senna nicht egal, was Schumacher sagt, und diesen letzten abschätzigen Satz will er wirklich nur privat gesagt haben. Der aber macht später, nach dem Crash beim Frankreich-Rennen, durch eine Indiskretion auf einem Umweg – leider

Am nächsten Tag knallt es dann auf der Strecke: In der ersten Runde reitet Michael in der Haarnadelkurve eine wilde Attacke auf Senna, will sich innen durch ein – im entscheidenden Moment nicht mehr vorhandenes – Loch quetschen. Der Benetton schiebt den McLaren von der Strecke, Senna ist draußen. Im Presse-Zentrum von Magny Cours sind sich die Experten ziemlich einig: »Was Michael da versucht hat, konnte nicht gehen, das war ganz einfach jugendlicher Übereifer.« Schumacher kann weiterfahren, holt sich an der Box einen neuen

»Mir kann doch egal sein, was er redet.«
Ayrton Senna

Frontflügel, verliert viel Boden, versucht von hinten eine Aufholjagd zu starten. Als nach 20 Runden Regen einsetzt, wird das Rennen aus Sicherheitsgründen abgebrochen. In der Startaufstellung zum zweiten Start kommt Senna, schon umgezogen, in »Zivil«, zu Schumacher und hält ihm einen sehr engagierten »Vortrag«. Es geht nicht nur um den Unfall. Den hat er ihm schon fast verziehen: »Ich habe in der Anfangszeit meiner Karriere auch solche Fehler gemacht.« Worum es Senna viel mehr geht: noch einmal um den Vorfall in Brasilien. »Schau, ich komme jetzt auch erst zu dir, um mit dir über das zu reden, was zwischen uns passiert ist. Ich rede mit dir selbst – und nicht mit der Presse. Das hättest du in Brasilien auch tun sollen: Zuerst mit mir reden, wenn du glaubst, ein Problem zu haben.«

Es ist ein Gespräch, das eigentlich seit Wochen überfällig ist, aber es wird jetzt unter ausgesprochen ungünstigen Bedingungen geführt, nämlich emotional aufgeheizt, was vor allem Senna anzumerken ist, der heftig gestikulierend auf Michael einredet. Im McLaren-Transporter verfolgt Sennas ebenfalls schon ausgefallener Teamkollege Ger-

hard Berger die Szene am Fernsehschirm und grinst in sich hinein.

Michael bleibt zumindest nach außen hin ziemlich cool. Aber auch für ihn ist die Situation unangenehm: Erstens muss er sich in aller Öffentlichkeit die Meinung sagen lassen, zweitens steht ihm ja noch der zweite Start bevor. In den nächsten Minuten muss er ein Rennen fahren. Da ist nicht viel Gesprächsbereitschaft zu erwarten. Was hat er Senna auf dessen Vorwürfe geantwortet? Der Brasilianer will sich dazu gar nicht äußern: »Fragt ihn lieber selber...«

Michael gibt problemlos Auskunft: »Ich habe ihm gesagt, dass ich das jetzt nicht für den richtigen Zeitpunkt halte, so eine Debatte zu führen. Wenn er noch was wolle, könne er ja nach dem Rennen noch mal kommen.«

Das tut Senna natürlich nicht, und so schwelt der Konflikt weiter. Michael, der nach dem zweiten Start auch nur bis zur Haarnadelkurve kommt und dort nach einer neuerlichen Kollision ausscheidet, kann nur feststellen, »dass das heute wohl nicht mein Tag war«. Auch später nimmt er den Unfall mit Senna auf seine Kappe, gibt aber zu bedenken: »Ich hab es halt probiert. Wenn es geklappt hätte, wenn ich ihn dort überholt hätte, wäre ich der große Held gewesen. So machen mich alle runter.«

Er fühlt sich gerade von vielen deutschen Medien zu Unrecht und vor allem zu heftig kritisiert, die alte Angst vom »Hochgejubelt und dann Fallen-gelassen-werden« kommt durch. Dass es ausgerechnet eine Auseinandersetzung mit Senna war, die ihm diesen Ärger eingebracht hat, kann er sicher auch nicht so schnell verdrängen.

»Ich habe es halt probiert. Wenn ich ihn überholt hätte, wäre ich der große Held gewesen. So machen mich alle runter.«

Der nächste Ärger ist also vorprogrammiert, und er stellt sich prompt ein: Bei den FOCA-Tests in Hockenheim, zweieinhalb Wochen später. Da kommen sich die beiden einen ganzen Vormittag lang immer wieder mal (zu) nahe, auf der Strecke, in der Boxengasse. Einer fühlt sich vom anderen provoziert. Senna ärgert sich erst über Schumacher, der interpretiert schließlich einen Moment, als Senna ihn auf der Zielgeraden vorbeiwinken will, falsch, vermutet wieder irgendeinen Trick, und tritt schließlich, knapp vor Senna herfahrend, im Motordrom, kurz vor dem Einbiegen in die Boxenstraße, ziemlich überraschend und heftig auf die Bremse. Jetzt vermutet Senna, der gerade noch verhindern kann, auf den Benetton aufzufahren, eine böse Provokation – und verliert ein wenig die Nerven. Wutentbrannt stürmt er seinem Kontrahenten in die Box hinterher, schimpft lautstark, packt Michael auch am Overall. Mechaniker müssen die beiden trennen, um eine mögliche Prügelei zu verhindern.

Der Brasilianer kann sich lange nicht beruhigen. Noch im McLaren-Motorhome macht er seinem Ärger lautstark Luft. »So habe ich ihn noch nie gesehen. Da muss wirklich einiges gewesen sein«, schüttelt sein österreichischer Fitness-Betreuer Josef Leberer den Kopf. Michael kann dagegen schnell wieder lachen: »Vielleicht wollte er mir eine Halsmassage verpassen«, grinst er auf der Pressekonferenz in der Mittagspause.

Mit brasilianischem Temperament liest Senna dem übereifrigen Youngster die Leviten.

Anschließend gibt es doch – endlich – einmal eine vernünftige Aussprache zwischen den beiden Streithähnen. Gut 20 Minuten reden sie im Benetton-Motorhome miteinander, privat, allein. Ergebnis: »Es gab da eine Menge Missverständnisse. Es war gut, dass wir darüber geredet haben. Ich glaube, es ist alles geklärt«, meint Michael. Über Details wolle man öffentlich nicht reden, das habe man so ausgemacht. Bei Senna klingt das ähnlich: »Es war wichtig, miteinander zu reden. Ich hoffe, dass wir die Probleme jetzt aus der Welt geschafft haben.« Später, im Kreis brasilianischer Freunde, erzählt er dann ein bisschen mehr. Dass Michael sich wohl, speziell seit Brasilien, ein falsches Bild von ihm gemacht hätte, sich immer eingebildet hätte, er wolle irgendwelche Tricks gegen ihn einsetzen. Schumacher habe da Dinge gesehen, die gar nicht da waren. Er habe ihm jetzt aber alles erklärt, und Schumacher habe es hoffentlich verstanden.

Im Übrigen könne er durchaus verstehen, dass sich Schumacher in einer schwierigen Situation befinde: »Natürlich, er ist sehr jung, er steht, gerade weil er ein sehr talentierter Fahrer ist, unter Druck. Aber eben deshalb war es wichtig zu reden. Es ist ja nicht nur mein Problem, es ist ja auch seines. Wenn er immer wieder solche Ak-

tionen startet, riskiert er ja selbst einen bösen Unfall. Solche persönlichen Differenzen sind für keinen von uns gut, sie richten nur Schaden an. Deswegen wollte ich sie ausgeräumt haben, und ich hoffe, es ist jetzt gelungen.« Dauerhafter Frieden oder nur ein kurzfristiger Waffenstillstand? Im zynischen Formel-1-Zirkus tippt man eher auf das Letztere und behält am Ende Recht, auch wenn es im weiteren Verlauf der Saison '92 zwischen den beiden keinen Ärger mehr gibt.

Dafür hat Schumacher in Spa, genau ein Jahr nach seinem Formel-1-Debüt, Grund zum Feiern: Bei typischem Spa-Wetter gewinnt er den ersten Grand Prix seiner Karriere, nachdem Sennas Reifenpoker um ein paar Runden danebengeht.

Pünktlich zum Start ist eine Regenfront im Anmarsch: Als die Autos in der Startaufstellung stehen, fallen bereits die ersten Tropfen. Trotzdem fahren alle auf Slicks los.

Michael erwischt keinen optimalen Start, Patrese überholt ihn, auch Alesi, den er sich aber gleich wieder schnappt. Er ist zunächst Vierter, dann Dritter, als Mansell am Ende der dritten Runde an die Box kommt, um sich Regenreifen zu holen. Es wird immer nasser. Am Ende der vierten Runde wechselt auch Michael die Reifen. Das Timing stimmt – er verliert wenig Zeit, fällt zwar kurz bis auf den neunten Platz zurück, gewinnt dann aber schnell wieder Rang um Rang, weil auch die anderen an die Box müssen.

Nur einer bleibt mit sturer Hartnäckigkeit auf Slicks draußen: Ayrton Senna pokert! Sollte der Regen bald wieder aufhören, würde er sich zwei Boxenstopps sparen. Bis dahin muss er im Nassen mit den Trockenreifen zaubern. Aber die Theorie geht nicht auf. Der Regen wird stärker, die beiden

Trotz eines Fahrfehlers findet sich Schumacher beim Regenrennen von Spa plötzlich an der Spitze – und kann es zunächst selbst kaum glauben.

Williams und dann auch Schumacher und Brundle holen Senna ein, gehen an ihm vorbei: »Das war gar nicht so einfach, der hat eine tolle Antischlupf-Regelung, viel Power – und er lässt Gas stehen...« In der 14. Runde muss Senna dann doch an die Box fahren – und ist von da an für Schumacher in diesem Rennen kein Gegner mehr.

Damit scheinen die Positionen erst einmal bezogen. Vorne die beiden Williams, die langsam, aber stetig davonfahren, dann Schumacher und Brundle. »Irgendwann habe ich da schon mal gedacht, das wird ja doch wieder nichts«, wird Michael später lächelnd erzählen.

Der entscheidende Moment kommt in der 30. Runde, als er eigentlich einen Fehler macht: »Ich war in einem ziemlich harten Fight mit meinem Teamkollegen Martin Brundle, der hinter mir ziemlich am Drängeln war. Ich hatte alle Hände voll zu tun, ihn hinter mir zu halten, gleichzeitig beschlug ständig mein Visier. Das ging prompt schief, ich verpasste eine Kurve, Martin konnte innen durchschlüpfen – und ich hatte noch dazu Riesenglück, dass ich überhaupt wieder auf die Strecke zurückkam, ohne irgendwo anzuschlagen.«

Doch als er dann hinter Brundle herfährt, fällt ihm etwas Interessantes auf: »Seine Hinterreifen begannen schon Blasen zu ziehen. Da wir zuvor ungefähr im gleichen Tempo unterwegs waren, konnte ich mir denken, dass meine Reifen wohl auch nicht mehr lange halten würden.« Auf der allmählich abtrocknenden Strecke – der Regen hat inzwischen aufgehört – tut er genau das Richtige: Er kommt sofort zum Reifenwechsel an die Box und holt sich Slicks.

»Mit denen habe ich dann auf Anhieb schnellere Rundenzeiten gefahren als die Williams-Piloten mit ihren Regenreifen.« Dann profitiert er auch noch von einem

79

Missverständnis an der Williams-Box: Der dringend notwendige Reifenwechsel von Mansell und Patrese verzögert sich noch weiter, weil beide über Funk verstehen, sie könnten nicht hereinkommen, weil gerade der andere zum Wechseln da sei. Dadurch verlieren die beiden soviel Zeit, dass Michael bei ihrem Stopp dann automatisch die Führung übernimmt – was dem eine Zeitlang gar nicht auffällt: »Ich konnte mein Boxensignal nicht sehen, weil es durch ein anderes verdeckt war. Erst ein paar Runden später sah ich: Platz 1 – und habe nur gedacht: Upps!«

Schumacher fährt souverän. Von hinten startet Nigel Mansell noch einmal zur großen Aufholjagd. Der neue Weltmeister kommt im Finish auch zeitweise bis auf drei Sekunden heran, aber sechs Runden vor Schluss muss er seine Jagd abbrechen.

> »Ich habe schon immer gesagt, dass Schumacher ein Riesentalent ist. Er wird sicher zum ganz großen Gegner für die jetzigen Starpiloten – wenn er immer das richtige Auto hat.«
> Ayrton Senna

Schlagartig werden seine Rundenzeiten im Schnitt sieben bis acht Sekunden langsamer. »Ein Auspuffdefekt, der mich gut 1500 Umdrehungen kostet.« Aber Michael ist überzeugt: »Ich hätte noch zulegen können, hätte Nigel auch ohne seine Probleme gehalten.« Dass er kurzzeitig auf Mansell Boden verliert, liegt auch an einem seiner »Spezialfreunde«, der ihn beim Überrunden wieder einmal ewig aufhält: Stefano Modena. »Dem sollte man wirklich zu Weihnachten ein Paar Rückspiegel schenken. An seinem Auto hat er nämlich bis jetzt offenbar keine.«

Als er den Italiener endlich hinter sich gelassen hat, fährt er in der 39. Runde prompt die schnellste Rennrunde: 1:53,791. Er ist der einzige, der unter 1:54 bleibt. »Es

Nach den Tränen ein strahlendes Siegerlächeln. Schumacher feiert seinen ersten Grand-Prix-Sieg und widmet ihn den deutschen Rennsportfans.

war unglaublich, aber mein Auto wurde immer schneller. Es lag zuletzt noch besser als im Qualifying.«

Als Mansell immer weiter abfällt, bleibt nur noch die Frage, ob das Auto durchhält. Die Benetton-Mannschaft zittert an ihren Monitoren, Willi Weber kommen diese letzten Minuten »wie eine Ewigkeit« vor. Nur Michael im Cockpit bleibt eher ruhig. Er erlebt im Auto nicht die Agonie vieler klar Führender: Das Lauschen auf jedes Geräusch, das bange Warten, ob nicht doch noch etwas passiert.

»Große Nervosität kam eigentlich nicht auf. Weder um die Technik noch vor einem fahrerischen Flüchtigkeitsfehler. Ich habe mich selbst ein bisschen gewundert. Aber langsam begann ich daran zu glauben, dass es klappen könnte.« Erst in der allerletzten Runde kommen allmählich die Emotionen: »Aber was ich gedacht und gefühlt habe, kann ich nicht beschreiben.«

Nach 44 Runden, einer Stunde, 36 Minuten, 10 Sekunden und 721 Tausendsteln, ist es soweit: Michael sieht als Erster die schwarz-weiß-karierte Flagge. Die Benetton-Mannschaft liegt sich in den Armen, Willi Weber kämpft mit Freudentränen, kann kaum sprechen. Auch Schumacher weint vor Freude auf der Auslaufrunde: »Es war ein unglaubliches Gefühl, ich kann es kaum beschreiben. Es ist total verrückt. Ich weiß nicht, wann ich zum letzten Mal richtig geweint habe. In Hockenheim, als ich da auf dem Treppchen stand, da hatte ich schon einen riesigen Kloß im Hals. Aber heute, auf der Auslaufrunde, da sind mir richtig die Tränen runtergelaufen.«

Freundin Corinna, die das Rennen die meiste Zeit im Benetton-Motorhome verfolgt hatte, stürmt begeistert zum Siegerpodest: »Ich wollte Michael doch noch vor der Siegerehrung gratulieren.« Was hat er gesagt, als sie ihn umarmte? »Nicht viel, nur: ›Super, ich kann's noch gar nicht glauben.‹«

Michaels Eltern haben das Rennen zu Hause am Fernsehschirm verfolgt. Eine Flasche Sekt wird nach dem großen Sieg aber nicht geöffnet: »Wenn wir bei jedem Erfolg von Michael Sekt getrunken hätten, wären wir heute entweder arm oder Alkoholiker«, sagt Vater Rolf in einem ersten Telefongespräch ganz trocken. Mutter Elisabeth war zwei Wochen zuvor ausgerechnet beim ungarischen Grand Prix dabei gewesen, als Schumacher wegen eines gebrochenen Heckflügels von der Strecke kreiselt. »Leider hat sie das falsche Rennen erwischt«, bedauert Michael später.

Bei der Siegerehrung weint er immer noch, jubelt aber gleichzeitig, wie in diesem Jahr noch kein Grand-Prix-Sieger gejubelt hat. Und die vielen deutschen Zuschauer jubeln mit. »Ich widme diesen Sieg den deutschen Fans, die so lange auf einen deutschen Formel-1-Triumph warten mussten«, strahlt

er. 17 Jahre ist es her, seit Jochen Mass in Barcelona 1975 gewann – kein sehr schöner Sieg damals, in einem unglückseligen, unfallüberschatteten Abbruchrennen... Aber jetzt herrscht überall nur Jubel: »Spa ist ja fast ein Heimsieg für mich, näher an Kerpen als Hockenheim.«

Benetton-Teamchef Tom Walkinshaw jubelt über sein »Goldstück«: »Michael hat ein tolles Rennen gefahren, er hat bestätigt, dass er schon ein ganz Großer ist.« Nigel Mansell hat schon auf der offiziellen Pressekonferenz gratuliert: »Eine Klasseleistung von dir, ich kann nur meinen Hut ziehen.« Und auch Ayrton Senna zollt Anerkennung, ungeachtet der persönlichen Differenzen der letzten Zeit: »Ich habe schon immer gesagt, dass Schumacher ein Riesentalent ist und mit zunehmender Erfahrung immer besser wird. Er wird sicher zum ganz großen Gegner der Zukunft für die jetzigen Starpiloten – wenn er immer das richtige Auto hat.«

Aber schon beim ersten Rennen 1993 im südafrikanischen Kyalami kommen sich die beiden wieder in die Quere. Bei Benetton hatte man nach den Wintertests damit gerechnet, zumindest ganz klar die Nummer zwei

Gemeinsamer Erfolg verbindet. Benetton-Mitbesitzer Tom Walkinshaw weiß, was er an seinem jungen Fahrer hat.

hinter Williams zu sein, wenn nicht sogar ein bisschen mehr, nämlich eine Gefahr für die großen Favoriten. McLaren hatte eigentlich niemand auf der Rechnung, auch weil ja lange nicht festgestanden hatte, ob Senna überhaupt fahren würde. Und dann sieht sich Michael Schumacher im Training plötzlich sowohl von Prost als auch von Senna deutlich abgehängt. Er hängt auch im Rennen hinter dem Brasilianer fest, während Prost vorne unwiderstehlich davonzieht. So etwas schafft Druck und im Zweifelsfall die richtige Stimmung für eine schnelle Attacke – vor allem, wenn man die nötige Aggressivität mitbringt, die in der Formel 1 die meisten der echten Spitzenpiloten auszeichnet oder zumindest am Beginn ihrer Karriere ausgezeichnet hat.

In der Box schimpft Schumacher-Manager Weber im ersten Ärger heftig: »Immer dieser Senna!« Als Schumacher an die Box zurückkommt, ist er unansprechbar, rennt auch sofort weiter zur Rennleitung, will gegen Senna protestieren. Die Sportkommissare klären ihn auf, dass ein Protest vom Team kommen muss. Also muss Michael doch erst einmal mit seinen Teamchefs reden, und sowohl Flavio Briatore als auch Tom Walkinshaw versuchen erst einmal, ihn zu beruhigen und machen ihm dann klar, dass ein Protest wohl keine Chance hätte. Letztlich sieht Michael sehr bald ein, dass das Ganze doch eher sein Fehler war, dass er etwas übereilt angegriffen hat-

In Kyalami wollte Schumacher mit Gewalt an dem etwas langsameren Senna vorbei – und kam als Fußgänger an die Boxen zurück.

Erfahrung lenkt die Aggressivität dann später meist in geregelte Bahnen, gepaart mit jugendlicher Ungeduld kann sie aber ins Auge gehen, vor allem gegen einen routinierten und dazu noch extrem harten Gegner. So in Kyalami: Als Schumacher einen Gewaltangriff startet, macht Senna ihm ganz kühl die Tür zu. McLaren-Hinterrad gegen Benetton-Vorderrad – bei dieser kurzen Berührung zieht Schumacher den Kürzeren: Er dreht sich von der Strecke, scheidet aus, während Senna unbehelligt weiterfahren kann und am Ende sicherer Zweiter wird.

te: »Ich hätte auf eine bessere Chance warten sollen, ich hatte ja noch Zeit. Ich hätte sicher Zweiter werden können.« Da gibt ihm Senna sogar Recht: »Er war schneller als ich, keine Frage. Aber an der Stelle nicht schnell genug, um überholen zu können. Dadurch, dass ich ziemliche Probleme mit meinem Auto hatte, hätte er aber später sicher eine Chance gehabt.«

Aber die Fronten werden in Südafrika schon abgesteckt: In Anbetracht der technischen Überlegenheit, die Williams fast über die ganze Saison wahren kann und die öfters zu etwas Langeweile an der Spitze führt, wird der Kampf Schumacher gegen Senna zum großen Höhepunkt, zum Duell des Jahres. Angeheizt durch den Kampf der beiden Teams, McLaren und Benetton, um die besten Ford-Motoren, durch Rangeleien der Teamchefs Ron Dennis und Flavio Briatore, die sich gegenseitig versuchte und tatsächliche Vertragsbrüche, Erpressungen etc. vorwerfen. Kein Wunder, dass die aufgeheizte Atmosphäre auch das Verhältnis der Fahrer zueinander belastet. Dazu kommt, dass Schumacher mit Riccardo Patrese einen Teamkollegen hat, der ihn nicht wirklich fordert. Die beiden Williams sind meistens völlig außer Reichweite – also nimmt er sich Senna, an dem er sich ohnehin insgeheim orientiert, noch mehr als Maßstab. Und

seinem Auto und dem Versuch, möglichst schnell von der Strecke zu fahren, beschäftigt, fährt der Brasilianer Schumacher ziemlich unglücklich vors Auto, aber Michael kommt ohne Berührung vorbei. Diesmal gibt es keinen Krach. Denn Senna entschuldigt sich sofort: »Tut mir Leid. Es war knapp, ich bin nur froh, dass Michael nicht wirklich in Schwierigkeiten gekommen ist.« Der macht allerdings auf der Pressekonferenz ein paar Späßchen, als er gefragt wird, was er von Sennas Aktion gedacht habe: »Vielleicht wollte er eine Pause einlegen, sich ausruhen, vielleicht wird er alt.«

Aber in Sachen Psychokrieg ist Senna noch besser: In Ungarn setzt Benetton-Teamchef Flavio Briatore höchstpersönlich

umgekehrt ist es ähnlich: Der Zweikampf mit Schumacher scheint zeitweise Sennas einzige Motivation.

Echte Feindberührung gibt es allerdings so schnell nicht mehr. Man ergeht sich mehr in kleinen Sticheleien und Wortgefechten. In Kanada holt Michael nach schlechtem Start gegen Ende immer mehr auf Senna auf. Gerade als der Zweikampf in seine entscheidende Phase zu gehen scheint, bleibt Senna plötzlich stehen, »der Motor ist plötzlich abgestorben« – Lichtmaschinendefekt. Mit

das Gerücht in die Welt, er könne sich vorstellen, dass Senna 1994 für Benetton fahren werde. Der nimmt den Ball auf und spielt das Spiel weiter: »Möglich ist alles«, spekuliert er. »Es gibt zwar keine konkreten Verhandlungen. Aber vorstellen könnte ich mir das schon. Ich hätte kein Problem damit, mit Michael in einem Team zu fahren. Er ist jung, schnell, sehr talentiert. Aber ich war dreimal Weltmeister, habe fast 40 Grands Prix gewonnen, er einen. Für mich kein Problem, solange das Team in der Lage ist, zwei gleich gute Autos zu bauen.«

Zu diesem Zeitpunkt steht Senna schon mitten in Verhandlungen mit Williams. Er weiß auch, dass er dort gute Chancen hat, hegt also sicher keine ernsthaften Ambitionen in Richtung Benetton. Das wiederum weiß Schumacher nicht, der prompt heftig reagiert: »Ein Team sollte sich auf einen Top-Piloten konzentrieren, sonst gibt es nur Ärger. Und ich gehe davon aus, dass Benetton hundertprozentig hinter mir steht. Ich will keine Politik im Team. Ich weiß nicht, was das alles soll. Senna hat ein Auto, mit dem er

immer weiter zurückfällt, und jetzt versucht er halt, sich in eine bessere Position zu bringen. Aber Patrese und ich haben bei Benetton die Arbeit gemacht, also sollten wir auch davon profitieren«, ärgert er sich. Vielleicht liegt es an dieser Mischung aus Ärger und Verunsicherung, dass er am folgenden Sonntag bei der Verfolgungsjagd auf den ungeliebten Rivalen zweimal von der Strecke rutscht. Tatsache ist dagegen, dass Senna sich über Michaels Verärgerung nur amüsiert: »Ich habe damit absolut kein Problem.«

»Dieses letzte Gespräch fand in einer sehr harmonischen Atmosphäre statt, und dafür bin ich dankbar. Wir fingen an, in die gleiche Richtung zu denken ...«

Zwei Wochen später, in Spa, droht wieder eine kleine Explosion. Schumacher kommt, obwohl schneller, wieder einmal rundenlang nicht an Senna vorbei. Gerade bei bestimmten »Lieblingsgegnern« kann der McLaren manchmal schon sehr breit werden. Vor allem aber, so beschwert sich Michael, der am Ende knapp hinter Damon Hill, aber vor Prost und Senna Zweiter wird, habe Senna ihn, als er aus der Box gekommen sei, absichtlich in die Wiese gedrängt, »ein unschönes und gefährliches Manöver«. Allgemeines Achselzucken, weil die Szene

im Fernsehen nicht gezeigt wurde. Fotografen, die etwas gesehen haben, finden sich auch nicht. Also steht Aussage gegen Aussage, denn Senna weiß natürlich von gar nichts: »Wenn er so etwas glaubt, dann ist das sein Problem. Da war überhaupt nichts. Im Übrigen: Wenn ich ihn abgedrängt hätte, wäre er in der Leitplanke gelandet.«

Damit ist die Liste der Auseinandersetzungen für das Jahr 1993 erst einmal beendet. Aber im Winter 93/94 und zu Beginn der Saison 94 ist allen klar: Schumacher gegen Senna, das wird die Fortsetzung von Senna gegen Prost in den frühen 90er-Jahren – das große Duell der Formel 1. Bis zum 1. Mai...

Es fällt auf, dass Senna offensichtlich Spannung herausnehmen will. Er geht immer wieder auf Schumacher zu, korrigiert zum Beispiel auf der Pole-Position-Pressekonferenz in Brasilien einen Fragesteller: »Können wir nicht von Konkurrenten statt von Rivalen sprechen?« In Aida kommt es zu einem kurzen Gespräch zwischen den beiden – und dann, noch einmal, am Sonntagmorgen in Imola, als Senna nach der Fahrerbespre-

Imola 1994 – ein Bild mit Symbolkraft: Die rote Flagge nach dem Senna-Unfall markiert auch brutal das Ende einer Epoche.

chung ein paar seiner Kollegen, darunter Schumacher und Berger, zusammenholt. Unter dem Eindruck des Todes von Roland Ratzenberger sucht Senna Unterstützung für einen Kampf um mehr Sicherheit in der Formel 1. »Wir müssen etwas tun«, hat er am Samstagabend zu seinem Freund und Manager Julian Jakobi gesagt. An diesem Sonntagvormittag in Imola vereinbaren die Fahrer ein Meeting für Monaco. »Dieses letzte Gespräch fand in einer sehr harmonischen Atmosphäre statt«, erinnert sich Michael später, »und dafür bin ich dankbar. Wir fingen wirklich an, in die gleiche Richtung zu denken.«

Trotzdem ist es in den Wochen und Monaten nach Sennas Tod nicht immer leicht, Schumacher zu verstehen. Dass er nicht zur Beerdigung nach São Paulo fliegt, bringt ihm international viel Kritik ein. Seine damals veröffentlichte Begründung: »Erstens musste ich an diesem Tag testen, zweitens muss ich auch nicht in die Kirche gehen, um gläubig zu sein, also muss ich auch nicht dorthin gehen, um zu trauern, und drittens hätte ich

in Brasilien auch ein bisschen Angst um meine eigene Sicherheit gehabt. Man weiß ja nie, ob es da nicht irgendeinen Verrückten gibt, der mir ans Leder will.« Was vielen Brasilianern sehr wehtut.

Erst Jahre später sagt er, er sei damals viel zu durcheinander und zu verunsichert gewesen, auch was seine eigene Zukunft anging: »Bevor ich wieder ins Auto stieg, wusste ich überhaupt nicht, ob ich würde weiterfahren können. Ich habe es mir einfach nicht zugetraut, das durchzustehen, wenn ich hingeflogen wäre.« Dann gibt es da einen denkwürdigen Satz aus Monaco: »Es gab eine Ära Lauda, eine Ära Prost, eine Ära Senna – es ist normal, dass jede auf die eine oder andere Art einmal zu Ende geht.« Das wirkt eiskalt – ist der eigene Schutzwall so hoch, muss er so hoch sein?

Die Freude auf dem Siegerpodest in Imola kommt bei manchen nicht so gut an – nichts gewusst oder wirklich nichts geahnt?

Viel später, in Adelaide, als er die Weltmeisterschaft in der Tasche hat, versucht Michael, manches zu relativieren, spricht von seinen Schwierigkeiten, öffentlich Gefühle zu zeigen, mit der Konfrontation mit dem Tod umzugehen. Er widmet seinen Weltmeistertitel Senna – eine Geste, die erst viele betroffen macht, deren Ehrlichkeit aber auch einige – nach allem, was war – in Frage stellen. Freunde sagen damals freilich: »Das war absolut echt. Er hat schon vorher, nach seinem Ausfall, bei Benetton in der Box die ganze Zeit geweint, wusste nicht, wie er damit umgehen sollte.«

Immer wieder fällt in den kommenden Jahren auf, dass er sich dem Thema kaum »normal«, das heißt einigermaßen unverkrampft, stellen kann. Nicht 1995, als er vor dem Rennen in Brasilien, wie man später hört, angeblich ganz allein Sennas Grab besucht. Danach gefragt, verweigert er die Antwort ebenso wie er später irgendwelche Vergleiche meist brüsk zurückweist. »Weil er ein Mensch ist, der generell Probleme damit hat, seine Gefühle in der Öffentlichkeit zu zeigen«, erklären die, die ihn besser kennen. »Weil er immer verkrampft, wenn er, von anderen beobachtet, Emotionen zulassen müsste, deshalb hat er sich diese steinerne Fassade aufgebaut.«

Erst 2000 in Monza bricht sie erstmals auf, lässt er einen Blick in die Seele zu – so tief, dass Schumacher diese Minuten später wohl am liebsten ungeschehen gemacht hätte. Der Druck ist groß gewesen in den vergangenen Wochen, die Anfeindungen der Kollegen, der Misserfolg, die Zweifel, ob es wirklich noch gelingen würde, im Titelkampf zumindest den Anschluss zu halten. Dazu kommen die Emotionen eines Heimsiegs vor 140 000 begeisterten Tifosi, der 41. Sieg in seiner Karriere, mit dem er in der ewigen Statistik zu Senna aufschließt – und die Frage nach der Bedeutung dieser Zahl. Das ist der Moment, in dem das Ventil sich öffnet, Tränen und Gefühle nur so aus ihm herausströmen – noch Minuten nach der TV-Pressekonferenz weint er hemmungslos, »wie ein kleines Kind«, wie Beobachter erzählen.

Das Thema Senna ist für ihn offensichtlich auch nach sechs Jahren noch immer ein Problem, mit dem er nach dem Tod des Brasilianers nie normal umgehen konnte, warum auch immer. »Weil Senna immer sein Idol war, auch wenn er es, seitdem er in der Formel 1 gegen ihn fuhr, nie mehr zugegeben hat und auch nicht mehr zugeben konnte«, glauben manche. »Weil auch er weiß, dass seine eigene Karriere ohne Sennas Tod ganz anders verlaufen wäre«, behaupten andere. »Weil er im Nachhinein gewaltig damit zu kämpfen hatte, dass es zwischen ihm und Senna nie mehr eine Aussprache über die persönlichen Differenzen gegeben hat«, ist auch eine Version. Manche reden sogar von »heimlichen Schuldgefühlen, weil er weiß, dass man damals auch bei Williams die Wahrheit über den Benetton kannte – und die Nervosität und das Chaos dort auch daher kamen.«

Wissen wird man es wohl nie, solange Michael Schumacher nicht selbst darüber spricht – und auch in Monza hat er ja eine entsprechende Nachfrage brüsk zurückgewiesen. Der kleine Riss in der Fassade, er hat sich schnell wieder geschlossen. Er will ihn nicht länger gewähren, diesen Blick auf den Menschen Michael Schumacher, das entspricht wohl ganz einfach nicht seinem Naturell.

Gestörte Beziehungen?

■■■■ Ayrton Senna über Michael Schumacher (1992): »Ich will nicht verheimlichen, dass es zwischen uns manchmal Missverständnisse gab. Jeder hat vom anderen geglaubt, dass der im Unrecht sei oder etwas Dummes gemacht habe. Am Ende war es wahrscheinlich egal, wer Recht hatte oder nicht. Was zählt, ist der Respekt für den Gegner. Wenn der fehlt, gibt es große Probleme. Ich gehe aber davon aus, dass der Respekt zwischen mir und Michael existiert. Ansonsten gibt es keine große Beziehung zwischen uns. Er arbeitet für ein anderes Team, und wir haben nicht die Möglichkeit, neben der Rennstrecke Gemeinsamkeiten aufzubauen. Er ist jung, talentiert und fährt für ein gutes Team. Wenn er das richtige Auto hat, ist er 1994 sicher ein Kandidat für den Weltmeistertitel. Er ist sehr schnell, ein ganz großes Talent, keine Frage. Der größte Unterschied zwischen ihm und mir ist, dass er sich im Moment in einer Phase seiner Karriere befindet, in der ich vor acht oder zehn Jahren war. Er wird mit der Zeit noch wachsen, vorausgesetzt, er hat die richtige Einstellung und macht keine Fehler. Wenn er noch weniger Fehler macht, wird er mehr Selbstsicherheit gewinnen. Das wird sich dann auch positiv auf seine zwischenmenschlichen Beziehungen auswirken. Wenn es ihm gelingt, die besser zu gestalten – nicht nur mit mir, sondern auch zu anderen Fahrern – und wenn er lernt, mit verschiedenen Leuten mit verschiedenen Charakteren umzugehen, hat er eine große Zukunft vor sich. Er ist mittendrin in diesem Prozess. Die Zeit wird zeigen, ob und wie es ihm gelingt, weiter als Fahrer und als Persönlichkeit zu wachsen.«

■■■■ Michael Schumacher über Ayrton Senna:
»Ich möchte auf jeden Fall rechtzeitig in die Formel 1 kommen, um noch gegen ihn fahren zu können.« (Mai 1991)

»Seit ich ihn 1980 in Belgien bei der Kart-WM gesehen habe, ist er fahrerisch mein Vorbild. Nicht als Person, darüber kann ich nichts sagen, dazu kenne ich ihn zu wenig.« (September 91)

»Wir hatten ein sehr gutes Gespräch – ich glaube, die Probleme zwischen uns sind ausgeräumt.« (Juli 1992)

»Er ist sehr schnell – mehr möchte ich nicht sagen.« (August 1993)

»Man sollte uns wirklich nicht vergleichen, auch nicht in der Statistik. Man weiß ja nicht, was Senna noch alles erreicht hätte, wenn er mehr Zeit gehabt hätte.«
(September 2000)

Benetton

Zwei Titel, viele Zweifel und ein bisschen Zwielicht

Benetton – lange war das in der Formel 1 das Team der bunten Farben und der lauten Pop-Musik, des liebenswürdigen Durcheinanders und der fröhlichen Ab-und-Zu-Erfolge. Aber spätestens mit der Ankunft Michael Schumachers, von dem Moment an, in dem Teamchef Flavio Briatore plötzlich den ganz großen Erfolg am Horizont heraufziehen sieht, ändert sich das. Es beginnt schon 1992 und 1993 – auch wenn das nur die Vorbereitungsjahre sind für das, was in der nächsten Zukunft kommen soll. Professionalität, Cleverness und ein absoluter Siegeswille halten Einzug – strahlen aus von der Spitze nach unten auf den Rest des Teams. Erfolg um jeden Preis ist die Devise, und alle spielen mit, müssen mitspielen oder wissen vielleicht auch gar nicht immer im Detail, was wirklich gespielt wird. So addieren sich am Ende zum realen Erfolg viele Zweifel, verborgene oder später auch recht deutlich geäußerte Kritik und die Frage, was der Erfolg um jeden Preis eigentlich wert ist – und das nicht nur bei der Konkurrenz, sondern auch bei neutralen Beobachtern. Das schmälert nicht die fahrerische Leistung Schumachers, der schon 1994, in einem Katastrophenjahr für die Formel 1, zum neuen Superstar der Szene aufsteigt und diese Rolle dann 1995 noch deutlicher übernimmt und ausfüllt.

Am Anfang scheint alles noch so einfach. Für Michael Schumacher gibt es nur ein wenig Druck von außen. Er spürt die hohe Erwartungshaltung derer, die ihn immer damit konfrontieren, dass er es sei, der Spannung in die 94er Weltmeisterschaft bringen,

den großen Favoriten Ayrton Senna im Williams-Renault herausfordern könne.

Michael versucht von Anfang an, diesem Druck aus dem Weg zu gehen: »Ich glaube nicht, dass wir die Williams in diesem Jahr auf die Dauer wirklich schlagen können«, sagt er im März, beim Testen in Imola. »Es wäre schon schön, wenn wir sie ein bisschen jagen könnten – und dabei ein, zwei oder drei Rennen gewinnen. Aber ich bin überzeugt, dass die auch in diesem Jahr das beste Auto haben – und vor allem den stärkeren Motor. Obwohl wir wirklich besser vorbereitet sind denn je: Unser neues Chassis ist tatsächlich sehr gut, fährt sich teilweise sogar besser als das alte, aktive, und auch der neue Motor ist eine deutliche Verbesserung: mehr Leistung und besseres Drehmoment.« Von dieser Haltung lässt er sich auch nicht abbringen, als er beim ersten – und letzten – gemeinsamen Test der Favoriten in Imola in letzter Minute die offiziell schnellste Zeit vorlegt:

Blick nach vorne – und nach oben: Michael Schumacher, Flavio Briatore und Signore Benetton junior ganz auf einer Linie...

»Aber wir waren dabei hundertprozentig am Limit, die Williams sicher nicht.«

Wer die Stimmung bei Williams in diesem Winter spürt, das Vertrauen, das alle in den FW16 setzen, die Selbstsicherheit, mit der man dort in die neue Saison geht, kann Schumachers Zurückhaltung gut verstehen. Auch wenn Senna immer wieder versucht, seine Favoritenrolle öffentlich abzuschwächen: »Durch das neue Reglement ist sicher alles etwas enger zusammengerückt, man muss abwarten...« Michaels eigenes Ziel vor Saisonbeginn steht jedenfalls fest: »Wir wollen in diesem Jahr zumindest die klare Nummer 2 in der Team-Wertung werden. Was dabei für mich selbst herausspringt, muss man sehen.«

Doch schon beim ersten Rennen in Brasilien stellt sich heraus: Williams ist – zumindest noch nicht – da, wo alle das Team erwartet haben – oder Benetton ist viel besser als gedacht. Im Training muss sich Schumacher zwar noch hinter Senna anstellen, im Rennen aber überholt er den Brasilianer beim Boxenstopp. Denn die Benetton-Crew braucht fürs Reifenwechseln und für das – die Zeit entscheidende – Nachtanken etwa zwei Sekunden weniger. Schumacher über die Schlüsselszene des Rennens: »Senna auf der Strecke zu überholen, wäre sehr schwierig geworden, auch wenn ich in einigen Passagen schneller war. Aber so konnte ich ihn kontrollieren, nachdem ich einmal vorne lag.« Auch Schumachers zweiter Stopp ist schneller als der seines Kontrahenten. Bei dem verzweifelten Versuch, sich doch wie-

»Ich war mir nach Aida immer noch sicher, dass Senna diesen Titel noch holen würde, es würde halt nur spannender werden...«

der heranzukämpfen, zehntelsekundenweise heranzukommen, seinen Heim-Grand-Prix vielleicht doch noch zu gewinnen, dreht sich Senna, permanent über dem Limit seines Autos fahrend, in der 56. Runde von der Strecke. Schumacher ist erleichtert: »Ich glaubte zwar immer noch, ihn unter Kontrolle zu haben, aber hundertprozentig sicher konnte ich nicht sein. Das hat mir die Sache schon einfacher gemacht, der Druck war weg, ich hatte einen Riesenvorsprung auf Hill, konnte alles ganz ruhig angehen lassen.« Senna sucht nicht nach Entschuldigungen: »Es war mein Fehler. Ich war etwas über dem Limit, das Heck des Autos ist weggegangen...« Allzu dramatisch sieht er die Situation noch nicht: »Mir war klar, dass wir hier auf dieser extrem welligen Strecke mit unserem Chassis Probleme bekommen würden. Ich denke, dass das auf Kursen mit ebenerem Belag besser aussehen wird. Das war ein Rennen – und es kommen noch 15.«

Hochprozentig, aber nicht ganz sauber? Die Tankstopps bei Benetton sind umstritten, Insider glauben, dass von Anfang an etwas faul war.

Und die Schlüsselszene, die längeren Tankstopps? Da sagt er einen Satz, der erst viel später, im Sommer, eine ganz andere Bedeutung bekommen wird und der einigen wieder einfällt, als die Benetton-Filteraffäre aufkommt: »Da ich ja einmal davon ausgehen will, dass die Tankanlagen alle mit der gleichen Geschwindigkeit funktionieren, müssen wir wohl eine ganze Menge mehr Sprit gebraucht haben...«

In Aida, als Senna, der im Training wieder knapp vorne war, schon am Start von Mika Häkkinen aus dem Rennen befördert wird, holt sich Michael den zweiten Sieg – völlig ungefährdet. Auf einmal steht es im Titelduell 20 : 0 für ihn – und er staunt selbst: »Wenn mir das jemand vor Saisonbeginn prophezeit hätte, ich hätte ihn für verrückt erklärt.« Und am Saisonende, in Adelaide,

betont er: »Ich war mir auch da, nach Aida, immer noch sicher, dass Senna diesen Titel am Ende holen würde. Es würde halt nur spannender werden...« Während der Saison, im Sommer, als die ersten Fragen nach dem Wert dieses Weltmeistertitels aufkommen, klingt das zeitweise anders. Da kommt ein trotziges: »Ich habe ja in den ersten Rennen des Jahres bewiesen, dass ich Senna schlagen kann«, als Antwort.

Noch etwas beginnt in Aida: Die Debatten und Gerüchte um den Einsatz verbotener elektronischer Hilfen, vor allem der Traktionskontrolle. Ferrari hat man im freien Training damit erwischt. Der Benetton kommt einigen ebenfalls spanisch vor. Aus McLaren- und Williams-Kreisen kommen die ersten Verdächtigungen. Auf dem Rückflug von Aida sagt Ayrton Senna zu seinem Freund und Manager Julian Jakobi: »Ich weiß, dass ich gegen ein illegales Auto fahre.«

ann kommt Imola, das Wochenende, von dem viele vorher glaubten, es würde den Anfang einer Wende im Titelkampf bringen – und das dann mit seinen Tragödien die Welt der Formel 1 und auch die Welt des Michael Schumacher für immer verändert. Am Samstag stirbt im Training Roland Ratzenberger, der erste Formel-1-Tote seit Elio de Angelis Testunfall im Mai 1986. Und dann am Sonntag, um 14.17 Uhr, der Unfall von Ayrton Senna... Dass Schumacher das – neu gestartete – Rennen gewinnt, sein dritter Sieg in Folge, interessiert eigentlich niemanden mehr, genauso, wie erst einmal völlig untergeht, dass die FIA die Elektronikboxen der drei erstplatzierten Autos beschlagnahmt hat... Die Formel 1 weint am Abend des 1. Mai um ihren Größten – und weiß, dass sie nie mehr dieselbe sein wird.

»Auch wenn ich die WM anführe – die Rolle des Anführers sollte man anderen überlassen, die mehr Erfahrung haben.«

Auch Michael Schumacher findet sich nunmehr in ungewohnten Rollen wieder: nicht nur als unangefochtener Weltmeisterschaftsfavorit ohne echten Gegner, sondern plötzlich auch als Aushängeschild, als Galionsfigur einer Formel 1, die sich plötzlich in den größten Schwierigkeiten seit Jahren befindet, die einer fragenden und heftig kritisierenden Öffentlichkeit Antworten schuldig ist, die sehr schnell weitreichende Entscheidungen für die Zukunft treffen, die sich vor allem mit Sicherheitsproblemen auseinandersetzen muss, die jahrelang eigentlich niemand mehr wirklich ernst genommen hatte. In dieser Rolle fühlt er sich noch nicht besonders wohl – auch wenn er als einer der vier Sprecher der – in Monaco neu gegründeten – Fahrergewerkschaft GPDA natürlich auch da im Blickpunkt steht: »Man darf nicht vergessen, dass ich erst mein drittes kom-

plettes Jahr in der Formel 1 bin. Auch wenn ich die Weltmeisterschaft anführe – in diesem Bereich sollte man die Rolle des Anführers anderen überlassen, die mehr Erfahrung haben. Das soll aber nicht heißen, dass ich mich aus der Verantwortung stehlen möchte. Ich möchte mithelfen. Für die Führungsrolle bin ich aber noch nicht bereit.«

Auf der Strecke eilt er dafür von nun an umso ungefährdeter von Triumph zu Triumph. Er gewinnt in Monaco, wo er – vielleicht als einziger aller Fahrer – schon wieder eine optimale Leistung bringen kann. Denn der Schock von Imola sitzt bei den meisten noch sehr tief. Dass er bei der Siegerehrung auf dem Podest ein strahlender Sieger ist, dass sein erster Satz auf der Siegerpressekonferenz lautet: »Es war ein phantastisches Wochenende für mich und die deutschen Fans«, kommt bei manchen nicht besonders gut an – nicht zu einem Zeitpunkt, da sein früherer Teamkollege bei Mercedes, Karl Wendlinger, nach seinem schweren Trainingsunfall noch um sein Leben kämpft, nicht zwei Wochen nach Imola, nicht gerade in Monaco, wo Senna der König war und insgesamt sechsmal gewann, davon die letzten fünf Jahre in Serie.

Unter den Dächern von Monaco, 1994: Michael Schumacher, das neue Aushängeschild der Formel 1, macht sich nicht nur Freunde.

Erklärungsbedarf bei Benetton: Flavio Briatore und sein »Gegenspieler« bei der FIA, der technische Delegierte Charlie Whiting.

ge Erfahrung habe. Ich kann meinen Vorsprung eine Sekunde pro Runde ausbauen – oder nur eine halbe mit wesentlich weniger Risiken. Ich schone mein Material und bin mir sicherer, dass ich ins Ziel komme.« Außerdem käme ihm persönlich das neue Reglement mit den Tankstopps entgegen, weil es die Rennen über die komplette Distanz gesehen wesentlich schneller macht und damit auch die Anforderungen an die Piloten höher schraubt: »Man muss konstant schnell sein, die Belastungen nicht nur für das Auto, sondern auch für den Fahrer, physisch und psychisch, werden noch höher.« Und dass Schumacher schon damals zu den fittesten Formel-1-Piloten überhaupt gehört, streitet niemand ab – genauso wenig wie seine mentale Stärke, die natürlich mit jedem Erfolg noch größer wird.

Ruhe kehrt in der Formel 1 noch lange nicht ein: In Barcelona probt vor allem Schumachers Teamchef Flavio Briatore unter dem Vorwand der Sicherheit den Aufstand gegen die FIA – und sieht zunächst wie der Sieger aus. Da FIA-Präsident Max Mosley scheinbar vor ihm zu Kreuze kriecht, kann man mit Autos, die nach den in Monaco beschlossenen Regländerungen am Vormittag noch viel zu gefährlich waren, am Nachmittag auf einmal problemlos ein Qualifikationstraining fahren. Aber vielen ist auch klar: Jetzt hat sich Briatore einen Feind geschaffen. Bei passender Gelegenheit wird er das zurückbekommen. Auf der Strecke gewinnt Schumacher zum ersten Mal in diesem Jahr nicht. Ein defektes Getriebe verhindert den fünften Sieg in Serie. Aber auch der zweite Platz ist unter diesen Umständen noch eine tolle Leistung.

Fragt man Schumacher in dieser Zeit nach seinem Erfolgsgeheimnis, dann betont er immer wieder die optimale Arbeit des Teams über den Winter und auch während der Saison, »wo wir unser Auto ständig weiter verbessern«. Ihm selbst, so glaubt er, helfe, »dass ich schon so lange im Motorsportgeschäft bin – und auf der Strecke doch eini-

Die Weltmeisterschaft scheint nur noch Formsache: Er gewinnt dann auch die nächsten zwei Rennen in Kanada und in Frankreich. Dort, in Magny Cours, gelingt ihm ein absoluter Traumstart. Aus der zweiten Reihe, zwischen Damon Hill und Nigel Mansell hindurch, katapultiert er sich an die Spitze. Hill kann sich nur wundern: »Ich hatte den zweitbesten Start meines Lebens – und trotzdem hat mich Schumacher von hinten überholt…« Es wundern sich auch andere: Was im Frühjahr schon einmal zum Thema zu werden schien und dann durch die Imola-Tragödie für einige Zeit völlig in den Hintergrund trat, wird auf einmal wieder zum Thema. »Fährt Benetton mit verbotener Traktionskontrolle?«, fragt die englische Fachzeitschrift Autosport, für viele eine Art »Bibel der Formel 1«, zwischen dem französischen und dem englischen Grand Prix.

> »Ich hatte den zweitbesten Start meines Lebens – und trotzdem hat mich Schumacher von hinten überholt …«
> Damon Hill

Mangelnder Einblick? Die geheimnisvolle Elektronik-welt bei Benetton kann oder will die Rennbehörde FIA nicht verstehen.

glaube, das ist dieses Jahr schon öfters vorge-kommen.«

Wie auch immer – Schumacher kassiert für das Manöver eine Fünf-Sekunden-Stop-and-Go Strafe, abzusitzen an der Box, was auf allen Zeitenmonitoren auch klar angezeigt wird. Aber Benetton-Teamchef Flavio Briatore redete sich später heraus: »Auf dem Blatt Papier, das wir bekamen, stand nur ›Fünf-Sekunden-Zeitstrafe‹. Wir dachten, das ist eine, die später dazu addiert wird.« Jedenfalls kommt Michael nicht innerhalb der geforderten drei Run-den herein. Daraufhin disqualifi-zieren ihn die Sportkommissare und wollen ihn mit der schwar-zen Flagge an die Box holen. Schwarze Flagge, das heißt im Rennsport unwider-ruflich: »In der nächsten

Aber bis daraus wirk-lich Ärger wird, dau-ert es noch ein paar Wo-chen – was nicht heißt, dass in England, in Sil-verstone, alles harmonisch abliefe. Der Ver-druss beginnt in der Einführungsrunde, als Schumacher Damon Hill kurzfristig über-holt: »Er war auf einmal so langsam, ich woll-te nicht so hart bremsen. Und mir war nicht bewusst, dass das verboten ist. Ich weiß zwar, dass man, wenn man mal hinten ist, nicht auf seine ursprüngliche Startposition zurück-fahren darf, aber so was, wenn man in der ersten Reihe steht? Ich

Runde an die Box.« Aber auch darauf reagiert Schumacher nicht: »Ich habe die Flagge nicht gesehen«, meint er später, »nur die Tafel mit der Zahl ›5‹ – und nicht verstanden, was das heißen sollte – und die Box hat mir nichts gesagt.«

In der Zwischenzeit läuft Briatore zu FOCA-Chef Bernie Ecclestone in den FOCA-Bus – und als er wieder herauskommt, gibt es keine Disqualifikation mehr. Die inzwischen mehrfach überfahrene schwarze Flagge ist vergessen. Schumacher muss zwar nachträglich zu seiner Strafe hereinkommen, darf aber weiterfahren – und wird noch Zweiter hinter Damon Hill. Kommentar des Schweizer Ex-Formel-1-Piloten und heutigen Fernsehkommentators Marc Surer: »Eine schwarze Flagge zu ignorieren ist ein schweres Vergehen. Darüber hätte sich Michael eigentlich im Klaren sein müssen. Er ist es, der im Zweifelsfall seine Lizenz riskiert.« Dass das nicht ohne Folgen bleiben kann, ist eigentlich klar. Aber die Sportkommissare in Silverstone geben sich milde: »Ernste Ermahnung für Schumacher und das Team – und 25 000 Dollar Geldstrafe.«

Aber jetzt spielt FIA-Präsident Max Mosley nicht mehr mit. Er zitiert den Fall vor das World Council, den Weltrat der FIA – und am Dienstag vor Hockenheim kommt das böse Erwachen für Michael Schumacher, die von der internationalen Fachwelt geforderte harte Strafe. Zwei Rennen Sperre, dazu der Verlust der Punkte aus England, außerdem 500 000 Dollar Strafe für Benetton wegen Unkenntnis des Reglements. Schumachers Argument, die schwarze Flagge nicht gesehen zu haben, findet die FIA unglaubwürdig. Und flapsige Äußerungen von Michael im Vorfeld, er wisse gar nicht, was die FIA überhaupt von ihm wolle, das ganze Theater sei doch nur heiße Luft, stimmen die hohen Herren sicher auch nicht freundlicher.

Daraufhin herrscht Panik in Hockenheim – kann »Schumi« etwa bei seinem Heim-Grand-Prix nicht starten? Freilich gibt es von Anfang an die Möglichkeit, gegen diese Entscheidung Berufung einzulegen und damit Schumachers Start in Hockenheim zu sichern. Damit liegt die Frage »Fährt Schumi oder fährt er nicht« ausschließlich in seiner und Benettons Zuständigkeit – was aber offensichtlich große Teile jener »Fans«, die

Und noch eine Affäre: Die berühmte Schwarze Flagge von Silverstone – wirklich nicht gesehen oder absichtlich weggeschaut?

im Winter 93/94 hatte man eine Regelung eingeführt, nach der alle Teams in der Lage sein müssten zu beweisen, dass ihre Auto zu jeder Zeit den Vorschriften entsprachen.

In schönem Einklang mit seinem Teamchef Flavio Briatore kann Michael Schumacher die ganze Aufregung nicht verstehen: »Die FIA-Erklärung besagt doch eindeutig, dass der Benetton ein legales Auto ist.« Andere Experten kommen zu gegenteiligen Interpretationen. Denn schließlich führt der Bericht auf drei Seiten eindeutig auf, dass es über die Elektronik-Box des Autos möglich ist, ein automatisches Startprogramm aufzurufen, das unter anderem die verbotene Traktionskontrolle

> »Man hat mir gesagt, dass da alles in Ordnung war, ich vertraue Flavio.«

enthält und dass sich Benetton im Laufe der Untersuchung in permanente Widersprüche verwickelt habe. Ein Auszug aus dem Bericht des technischen Delegierten der FIA, Charlie Whiting: »Analysen der Software haben ergeben, dass ein System namens ›launch control‹ (Startkontrolle) enthalten ist. Dieses System ermöglicht es dem Fahrer, wenn es aktiviert ist, einen Start mit einer einzigen Aktion durchzuführen. Das System kontrolliert Kupplung, Schaltmanöver und die Motorleistung nach einem vorher festgelegten Muster.«

in Hockenheim mit Randale drohen, sollte ihr Held nicht starten, gar nicht mehr realisieren. Benetton wartet bis Donnerstagmittag – dann können alle aufatmen: Berufung eingelegt – die Verhandlung soll dann nach Spa stattfinden. »Ich kann doch meine Fans hier nicht bestrafen«, sagt Schumacher.

Kaum ist das Thema vom Tisch, kommt der nächste Hammer. Am Freitagabend in Hockenheim legt die FIA ein vierseitiges Papier über die Untersuchung der »Black box« von Schumachers Auto in Imola vor, das viele massive und konkrete Vorwürfe enthält, allerdings auf der ersten Seite zu dem Ergebnis kommt, man könne nicht beweisen, dass all die gefundene verbotene Elektronik auch eingesetzt worden sei. Deshalb habe man von einer Strafe, die auf Ausschluss von der Weltmeisterschaft hätte lauten müssen, abgesehen. Damit führte man die eigenen Regeln ad absurdum; denn erst

Die Beteuerungen von Benetton, man habe dies alles stets nur zu Testzwecken benutzt, kommentieren Ingenieure anderer Teams, wie Jordan-Konstrukteur Steve Nichols, nur mit einem Grinsen. Und Jahre später, mitten in den Konfrontationen zwischen McLaren und Ferrari, zwischen Häkkinen und Schumacher, als mitunter der Eindruck entsteht, die Engländer würden gegenüber den Italienern von der FIA benachteiligt, spricht McLaren-Chef Ron Dennis als erster und einziger unter der Formel-1-Prominenz das aus, was damals schon hinter vorgehaltener Hand gemunkelt worden ist, was sogar ein damaliger Benetton-Mechaniker unter dem Siegel der Verschwiegenheit einem befreundeten Ex-Piloten verraten hat: »Jeder weiß doch, dass der 94er-Benetton illegal war.« Schumacher selbst schwört immer wieder Stein und Bein, er habe nie regelwidrige Hilfsmittel benutzt. Interessanterweise dauert es bis Suzuka, ehe Schumacher – nach seinen Traumstarts in der ersten Saisonhälfte – wieder einmal einen Start gewinnt …

Hockenheim wird für Benetton jedenfalls zum Desaster: Schumacher fällt, an zweiter Stelle liegend, mit Motorschaden aus – zur großen Enttäuschung der 150 000 Zuschauer im seit langem ausverkauften Motodrom. Und das Auto von Jos Verstappen verwandelt sich beim Nachtanken an der Box in einen Feuerball. Dabei haben die Betroffenen alle unglaubliches Glück; denn

den Filter entfernt, um schneller tanken zu können.« Die Konkurrenz ist empört, Forderungen nach einem Ausschluss von Benetton aus dem Wettbewerb werden laut. Paolo Stanzani, kaufmännischer Direktor im Team von Minardi, spricht offen aus, was viele denken: »Es ist unfassbar, die spielen mit Menschenleben!«

Schumacher stellt sich – noch – vor sein Team: »Man hat mir gesagt, dass da alles in Ordnung war. Ich vertraue Flavio.« Zumindest wenn er im Auto sitzt, scheint ihn das ganze Hin und Her nicht zu berühren. Sein souveräner Sieg in Ungarn – ungeachtet des ganzen Wirbels um sein Team und ihn – ist vielleicht eine seiner stärksten Leistungen überhaupt. Er gewinnt auch zwei Wochen später in Spa – zumindest auf der Straße. Denn sofort nach dem Rennen geht der Ärger wieder los: Am Benetton entspricht die Holzplatte am Unterboden, seit

Ahnt Briatore bereits, dass der Jubel nicht von Dauer ist? Manche Fans haben zu den Benettonskandalen 1994 jedenfalls ihre Meinung …

es kann so schnell gelöscht werden, dass der Holländer und fünf Mechaniker nur leichte Verbrennungen erleiden.

Zum Skandal wird der Unfall erst, als die FIA entdeckt, dass Benetton die Tankanlage manipuliert und verbotenerweise einen Sicherheitsfilter entfernt hat. Flavio Briatore gibt in Ungarn vor italienischen Journalisten sogar ganz locker zu: »Natürlich haben wir

Hockenheim vorgeschrieben, um die Aerodynamik zu verschlechtern und die Autos langsamer zu machen, nicht dem Reglement. Von den ursprünglich 10 Millimetern Stärke sind – angeblich großflächig – nur noch 7,4 statt der vorgeschriebenen mindestens 9 mm vorhanden – Disqualifikation! Dahinter stand gewiss kein Vorsatz – aber zu hohes Risiko: Alle Trainings in Spa fanden im Nassen statt, das Rennen im Trockenen. Es waren also keine genauen Abstimmungswerte vorhanden, und man hatte das Auto offenbar zu tief gesetzt. Dass es aufsetzte, hatte Schumacher in der Aufwärmrunde festgestellt. »Daraufhin haben wir es einen halben Millimeter höher gesetzt.« Das war zu wenig.

> »Das war kein Freispruch. Benetton hat ja selbst in der Verhandlung auf schuldig plädiert.«
> Max Mosley

In den folgenden Wochen sind Benetton und Schumacher vor der FIA in Paris Stammgäste. Die Sperre für zwei Rennen wegen der Flaggenaffäre bleibt bestehen, ebenso die Disqualifikation von Spa, gegen die Benetton in die Berufung gegangen war. Dafür kommt man in der Tankaffäre straffrei davon, und Schumacher, der zuvor schon laut darüber nachgedacht hat, dass sein Vertrauen in das Team leiden könnte, falls es in dieser Sache verurteilt würde, erklärt: »Ich bin sehr froh, denn jetzt sieht man ja, dass die Vorwürfe gegen das Team unbegründet sind. Wir sind wieder freigesprochen worden.«

FIA-Präsident Mosley relativiert: »Ein Freispruch war das nicht. Benetton hat in der Verhandlung ja selbst auf schuldig plädiert.« Das aber war der entscheidende Schachzug des von Benetton aufgebotenen englischen Staranwalts: So musste das Verfahren anders geführt werden, konnten einige bekannte Fakten nicht berücksichtigt werden.
Schumacher nimmt das Ganze jedenfalls zum Anlass, mit Benetton ernsthaft über seine Zukunft zu diskutieren. Der bestehende Vertrag wird aufgelöst, ein neuer abgeschlossen – nur bis Ende 95 und natürlich zu besseren Konditionen. Man spricht von 16 bis 17 Millionen Dollar für ein Jahr. Ob Michael damals weiß, was ein englischer Benetton-Mitarbeiter später, nach seinem endgültigen Abschied von der Formel 1, ganz privat einer Freundin erzählt? Dass

nämlich die ganze Affäre ein Deal zwischen Benetton und der FIA gewesen sei? Benetton lässt sich in Belgien disqualifizieren, dafür wird die Tankaffäre unter den Tisch gekehrt. Denn bei einem Schuldspruch hätte der Ausschluss vom Wettbewerb folgen müssen. So hatten beide Seiten gewonnen: Benetton durfte weiterfahren, die FIA bekam auf diese Weise ihren spannenden Titelkampf.

Die Zwei von der Zankstelle: Der Händedruck mit Damon Hill ist nur für's Foto und wurde von Ecclestone quasi erzwungen.

In Monza und in Portugal muss Schumacher also pausieren. Damon Hill liefert seine zwei »Pflichtsiege« ab und kommt damit in der Wertung bis auf einen Punkt heran. Vor dem Rennen in Jerez beginnt nun der »Psychokrieg«. Schon beim Testen in Portugal versammelt Schumacher die englische Presse um sich, die in Kompaniestärke angereist ist, weil Nigel Mansell zum ersten Mal seit langem wieder im Williams sitzt, und lanciert ein paar gezielte Attacken gegen seinen Kontrahenten: »Er muss mich erst einmal schlagen. Das hat er das ganze Jahr über noch nicht geschafft. Und ich sehe doch, wie ihn meine guten Testzeiten fertig machen.« Auch menschlich scheint er nicht viel von dem Engländer zu halten: »Ein paar Dinge, die er in England gesagt hat, haben mir überhaupt nicht gefallen. Damon hätte schweigen und sich wie ein Gentleman verhalten sollen.« In der Tat hatte Hill öffentlich an der Legalität des Benetton in der ersten Saisonhälfte gezweifelt. Und zur fahrerischen Leistung seines Gegners meint er geringschätzig: »Wenn Senna jetzt noch im Williams sitzen könnte,

würde er mit diesem Auto Kreise um mich fahren« – Sätze, für die er sich später in Adelaide entschuldigen wird. Die Spannung steigt: Einmal begegnen sich die Konkurrenten während dieses Tests beim Frühstück im Hotel: »Michael saß in der einen Ecke des Raumes, ich in der anderen. Es gab kein Gespräch. In so einer Situation ist es schwierig, freundlich miteinander umzugehen«, sagt Hill. Da weiß er noch nichts von Schumachers Verbal-Attacke.

Mit der wird er erst am Freitag in Jerez konfrontiert – und er kontert, zumindest äußerlich, recht gelassen: »Ich halte das für ziemlich unreifes Gerede. Ich glaube nicht, dass die Formel 1 die Konfrontation zweier Hauptdarsteller auf diesem Niveau braucht. Wir haben dieses Jahr mit Senna einen großen Champion verloren, und ich wollte eigentlich, dass wenigstens diese letzten drei Rennen echter Sport werden.«

Zumindest pro forma kommen sich die beiden Streithähne am Samstagmittag dann wieder ein bisschen näher. Auf Drängen auch von FOCA-Chef Bernie Ecclestone stellen sich die beiden gemeinsam zu einem offiziellen Foto. Die große Versöhnung ist's laut Schumacher nicht, »aber warum sollen wir uns nicht zusammen fotografieren lassen?«

»Wenn Senna jetzt noch im Williams sitzen könnte, würde er mit diesem Auto Kreise um mich fahren ...«

»... ziemlich unreifes Gerede. Ich glaube nicht, dass die Formel 1 ständig die Konfrontation zweier Hauptdarsteller auf diesem Niveau braucht.«

Damon Hill

Auf der Strecke sind sie sich am Sonntag nur in den ersten Runden nahe, dann dominiert Schumacher klar. Hill hat – auch durch einen weiteren taktischen Fehler seines Teams – keine Chance mehr. »Das ist das Größte, auf diese Art zurückzukommen«, strahlt Michael nachher. »Nach meiner Sperre mussten wir hier den Titelkampf praktisch neu beginnen – und wir haben das optimal geschafft. Es war ein perfektes Wochenende: Das fing an mit dem Sieg meiner Fußballmannschaft am Freitag, der Trainingsbestzeit am Samstag und jetzt diesem klaren Sieg.« Es sei nicht nur sein eigener Sieg gewesen, sondern auch der des Teams: »Es hätte ja auch sein können, dass sich der ganze Ärger der letzten Wochen da negativ auswirkt. Aber ich habe schon beim Testen gemerkt, dass eher das Gegenteil der Fall ist. Wir sind stärker denn je.«

Mit dieser Einstellung kommt er auch nach Suzuka – dorthin, wo schon so viele Entscheidungen gefallen sind. In einem chaotischen Regenrennen hat Hill zurückgeschlagen und mit drei Sekunden Vorsprung gewonnen. »Diesmal haben wohl ausnahmsweise wir die falsche Strategie gehabt, einen Boxenstopp zu viel«, meint Michael sichtlich enttäuscht. Das Duell steht 92:91 – wieder nur noch ein Punkt Vorsprung – Herzschlagfinale also in Australien.

Für Schumacher beginnt es mit einer Schrecksekunde: Im ersten Zeittraining fliegt er bei Tempo 180 bei der Jagd auf die Trainingsbestzeit von Nigel Mansell von der Strecke – ausgerechnet in der »Senna-Schikane«. In der zynischen Formel-1-Welt

werden prompt ein paar bissige Kommentare laut: »Da hat wohl jemand von oben den Michael rausgeschubst...« Passiert ist aber nichts, und Michael nimmt's gelassen: »Ich musste halt absolut auf's Ganze gehen. Mein Auto ist hier zumindest bis jetzt noch nicht ganz so gut, wie ich vorher dachte – und da kann so was schon passieren.«

Auch am Sonntag vor dem Start in das »bisher wichtigste Rennen meiner Karriere« gibt er sich ruhig: »Alles läuft ab wie immer.«

Dass ihm Damon Hill vom Start weg im Nacken sitzt, sein Tempo mitgehen kann, wundert nicht nur die Zuschauer. Auch Schumacher hat, wie er später zugibt, nicht damit gerechnet. Die Entscheidung fällt in der 36. Runde und im direkten Kampf. Schumacher, von Hill gejagt, macht einen Fehler, landet an einer Mauer, fährt mit beschädigtem Auto auf die Strecke zurück und kollidiert in der nächsten Kurve mit Hill. »Ich hatte Probleme mit der Lenkung meines Autos. Außerdem habe ich Damon einfach zu spät gesehen«, versucht er den Zwischenfall zu erklären. »Das war die Fortsetzung dessen, was wir in früheren Jahren schon in Suzuka gesehen haben«, wettert dagegen Ex-Rennfahrer und Eurosport-Kommentator John Watson. »Ich denke schon, dass Schumacher da absichtlich reingezogen hat. Hill mitzunehmen war seine letzte Chance, doch

noch Weltmeister zu werden. Jetzt ist er es, und sehr bald wird keiner mehr danach fragen, wie es dazu gekommen ist.« »Die normale Reaktion eines jeden Rennfahrers«, wiegelt Alain Prost im französischen Fernsehen TF 1 ab. Einig ist sich die Fachwelt freilich in dem Urteil, dass Damon Hill mit etwas mehr Geduld und Übersicht den Unfall wohl hätte verhindern können. »Er hätte nur warten müssen, er musste da doch gar nicht unbedingt vorbei. Schumacher hätte ja eh' nicht zu Ende fahren können«, meint zum Beispiel Heinz-Harald Frentzen. So sind beide draußen, Schumacher Weltmeister, bei Benetton fließen Sekt und Freudentränen, aber sonst kommt nirgendwo so richtig Jubel auf. Jochen Mass, Ex-Formel-1-Fahrer, Schumacher-Freund und RTL-Kommentator, fasst es in einem Satz zusammen: »Ein Ende, das irgendwie hundertprozentig zu dieser ganzen Saison passt.« Es ist der erster Weltmeistertitel für Michael Schumacher, der erste für einen deutschen Formel-1-Piloten überhaupt. Aber die Schatten, die darüber hängen, lassen sich nicht wegdiskutieren. Und drei Jahre später, nach Jerez 1997, werden viele, die Schumacher 1994 noch energisch verteidigten, recht nachdenklich.

Die Saison 1995 beginnt, wie 1994 endete – mit Ärger. Erst geht es ums Gewicht. Michael Schumacher wiegt am Donnerstag vor dem Rennen 77 Kilo, danach nur noch 71,5 – die Erklärungen über »zu viel essen«

und »Flüssigkeitsverlust« sind widersprüchlich und eher fadenscheinig. Das Resultat: hochgezogene Augenbrauen und der Verdacht auf Tricksereien mit dem Gewicht. Dann gewinnt Schumacher – in diesem Jahr mit dem Renault-Motor im Heck des Benetton und damit nach allgemeiner Überzeugung technisch noch besser bedient als 1994 mit dem Ford-Cosworth – zum Saisonauftakt den Großen Preis von Brasilien vor David Coulthard im Williams. Dann freilich liefert die FIA ihr nächstes Glanzstück: Zunächst werden beide disqualifiziert, weil die Spritproben sowohl bei Benetton als auch bei Williams nicht in Ordnung sind. Gerhard Berger im Ferrari wird zum Sieger erklärt. Zwei Wochen später hebt die FIA das Urteil wieder auf: Die Piloten dürfen ihre Punkte behalten. Nur den Teams werden sie in der Konstrukteurswertung abgezogen. Dazu gibt es eine saftige Geldstrafe von 200 000 Dollar.

Die FIA-Funktionäre beglückwünschen sich zu ihrem salomonischen Urteil, »weil die Fahrer nicht für einen Fehler des Teams verantwortlich gemacht werden können.« Auch sei der verwendete Sprit an sich auch regelkonform und auch nicht leistungsfördernd gewesen. Er habe lediglich nicht der vorher abgegebenen Vergleichsprobe entsprochen.

> **»Ein Ende, das irgendwie hundertprozentig zu dieser ganzen Saison passt...«**
>
> Jochen Mass

Doch aus der Szene werden Unkenrufe laut. Das sei ja nun ein Freibrief, mit einem nicht ganz »sauberen« Sprit Rennen zu fahren. So werde der Weltmeistertitel jedenfalls käuflich – und wenn die FIA ihre selbst aufgestellten Regeln bei der erstbesten Gelegenheit wieder über den Haufen werfe, laufe sie gefahr, ihre Glaubwürdigkeit zu verlieren.

Michael Schumacher ärgert sich über den ganzen Zirkus: Nun steckt er schon wieder mitten in einer Affäre, wird das Image vom »Schummel-Schumi« einfach nicht los, obwohl er diesmal mit der ganzen Sache überhaupt nichts zu tun hat. Und über den ganzen Diskussionen um die Tricks der Teams wird seine Leistung auf der Strecke kaum mehr gewürdigt: »In Brasilien habe ich so gekämpft, dass ich anschließend starke Magenschmerzen hatte, habe wirklich alles gegeben. Aber davon redet keiner!«

Wenn jemandem einmal ein Makel anhängt, kann er sich eben nicht so leicht wieder reinwaschen – besonders wenn er sich über Jahre in einer Umgebung bewegt, der man alles Mögliche zutraut. Schließlich ist das Benetton-Topmanagement jener Jahre im Hinblick auf Sportlichkeit, Fairness und absolute Gesetzestreue nicht gerade über alle Zweifel erhaben. So gräbt auch die italienische Presse über Briatore einige alte Geschichten aus, in denen von Verbindungen zur illegalen Glücksspielszene und Ähnlichem die Rede ist. Selbst das Wort »Mafia« taucht da und dort unter der Hand auf. Und von Tom Walkinshaw wissen schon seine früheren Konkurrenten aus der Touren- und Sportwagenszene, dass sich der ganz gerne einmal zumindest am Rande der Legalität bewegt. Man kennt ihn – wohlwollend betrachtet – als ganz gerissenes Schlitzohr in Bezug auf Reglementauslegungen, und mancher erinnert sich, dass man ihn auch schon dort ab und zu bei einer Unkorrektheit erwischt hat. Mit dem Cheftechniker Ross Brawn haben die beiden dazu einen Konstrukteur, der sich nicht nur mit Michael Schumacher optimal versteht und dessen Wünsche und Forderungen perfekt umsetzen kann, und zwar sowohl technisch als auch taktisch. Sie haben mit ihm auch einen Mann, der neue Ideen, die vielleicht bei genauem Studium des Reglements, das nicht immer so präzise formuliert ist, wie es sein sollte, kommen, entsprechend interpretieren und umsetzen kann. Und man hat, wenn es hart auf hart geht, offensichtlich auch tüchtige Anwälte, die das Team aus kritischen Situationen immer wieder herauspauken.

Aus der Sicht von Benetton ist dies – zumindest unter dem reinen Erfolgsaspekt – eine optimale Konstellation, aber für Michael Schumacher und sein Management müssten sich eigentlich Fragen stellen. Hat man das wirklich nötig? Braucht ein Fahrer, der inzwischen von nahezu allen Experten als der derzeit Beste anerkannt wird, dessen fahrerisches Talent, dessen Leistungen über jede Kritik erhaben sind, eigentlich ein solch zwielichtiges Umfeld?

Tom Walkinshaw, Ross Brawn und Flavio Briatore – gerissen, clever oder mehr? Das Trio legt das Regelwerk durchaus kreativ aus.

Sicher, in Deutschland werden diese Fragen kaum laut gestellt, schon deshalb nicht, weil ja der große Erfolg da ist. Wenn Michael Schumacher, wie im Frühsommer zwischen Spanien und Frankreich, drei von vier Grand Prix gewinnt, in Kanada überlegen in Führung liegend nur durch einen technischen Defekt an der Getriebesteuerung auf Platz fünf zurückgeworfen wird, besteht kein Grund zu unken. In England landet er im Kampf um die Spitze gemeinsam mit seinem Weltmeisterschaftsrivalen Damon Hill neben der Strecke. Hill hat vor heimischem Publikum ein gewagtes Überholmanöver versucht, das prompt für beide danebenging – womit die Formel-1-Welt

wieder einmal viel zu diskutieren hat. War es Absicht oder nicht? Könnte vielleicht gar ein Revanchefoul für Adelaide dahinter stecken oder war es doch ein ganz normaler Rennunfall? War es Dummheit von Hill? Zuviel Druck beim Heimrennen, oder doch auch eine Teilschuld Schumachers? So sehen es jedenfalls die Sportkommissare, die eine ernste Verwarnung an beide aussprechen – vielleicht, weil sie aus einer bestimmten Kameraeinstellung schließen, dass Schumacher die Tür für Hill erst leicht auf- und dann doch wieder zugemacht habe.

Die Emotionen kochen jedenfalls hoch – auch und vor allem bei den Fans. In England haben übereifrige Rennsport-Hooligans Hill bereits per Transparent zum »gezielten Schumacher-Abschuss« aufgerufen, und jetzt, nachdem der Crash tatsächlich passiert ist und natürlich vor allem in Deutschland gerne in dieser Weise interpretiert wird, steht Hockenheim auf dem Programm.
Michael Schumacher versucht, die Gemüter zu beruhigen und die Stimmung nicht unnötig aufzuheizen: »Ich sehe es eigentlich als ganz normalen Rennzwischenfall an«, meint er, nachdem sich die erste Erregung etwas gelegt hat, »und ich möchte, dass es auch alle anderen so sehen, gerade die deutschen Medien.«

Die Morddrohungen, die es 1994 in Hockenheim gegen Hill gegeben hat, als ihn einige Verrückte unter den sogenannten Fans quasi zum »Staatsfeind Nummer 1« erklärt haben, sind noch nicht vergessen, Schumacher will diesmal klugerweise das Feindbild nicht auch noch mit aufbauen.

Aber so, wie das Wochenende dann abläuft, haben sie überhaupt keinen Grund, dem Engländer böse zu sein. Der holt sich zwar am Samstag noch die Pole-Position vor Schumacher, aber dann gelingt dem Kerpener am Sonntag der erste Heimsieg seiner Karriere.

Als er es endlich geschafft hat, zerdrückt Michael auf dem Siegerpodest ein paar Tränen, reckt immer wieder die Faust in den Himmel, jubelt den Fans zu, die kurzfristig die Strecke gestürmt haben. Er kann es kaum fassen, dass er zum ersten Mal einen Grand-Prix in Hockenheim gewonnen hat: »Dieser Sieg ist für mich fast so bedeutend wie mein Weltmeistertitel. Die Emotionen sind im Moment sogar noch tiefer, hier, vor diesem Super-Publikum. Ich finde noch keine Worte, das zu beschreiben. Es ist verrückt, hier zu Hause, es hat hier noch nie einen deutschen Sieger gegeben. Es ist ein Traum, eigentlich kann man so etwas nicht träumen, das ist Gänsehaut, da kommen einem die Tränen, das ist wie auf Wolke sieben.«

Das Duell mit Damon Hill, auf das alle gewartet haben, dauert nur bis zum Anfang der zweiten Runde. Da fliegt Hill in der ersten Kurve von der Strecke, nachdem sich sein Williams plötzlich merkwürdig ruckartig nach innen gedreht hat. »Ich bin ganz normal gefahren, hatte nicht einmal das Gefühl, absolut am Limit zu sein. Irgendetwas hinten schien blockiert zu haben«, sagt der tief enttäuschte Engländer, »aber ich weiß wirklich nicht, was es war. Vielleicht ein Bremsproblem.« Viel später räumt Williams ein, dass es sich um einen Antriebswellen-Defekt gehandelt habe.

David Coulthard, der zweite Williams-Pilot, macht jetzt Druck: »Ich musste ganz schön fighten, um bei unserer Zwei-Stopp-Strategie« – Coulthard stoppt nur einmal – »auch nach dem zweiten Stopp vor ihm zu bleiben«, sagt Michael. Es klappt – und danach können die 120 000 Fans im seit Monaten restlos ausverkauften Motodrom von Hockenheim völlig unbeschwert ihrem Liebling »Schumi« zujubeln, froh ihre Fahnen schwenken, ihre Feuerwerkskörper abschießen. Den einzigen Fehler des

Triumph im Fahnenmeer: Michael Schumachers erster Heimsieg beim Grand Prix in Hockenheim legt tiefe Emotionen frei.

103

Tages leistet er sich dann nach der Zieldurchfahrt: »Ich wollte den Fans zuwinken – und dabei habe ich den Motor abgewürgt.« Ein Abschleppwagen zieht Michael und den Benetton dann zur Ehrenrunde um die Strecke.

Über keinen Sieg hat sich Schumacher bisher so gefreut wie über den von Hockenheim. Die letzten Runden sind ein ganz besonderes Erlebnis: »Normalerweise lauscht man gegen Ende des Rennens aus Angst vor einem Defekt nur noch auf alle Geräusche seines Autos. Aber in Hockenheim habe ich nur noch den Jubel der Fans und die unzähligen Böllerschüsse gehört. Es war unglaublich!«

Heimrennen haben in der Formel 1 ihre eigenen Gesetze: Nur wenigen Fahrern gelingt es, zu Hause zu gewinnen. Absoluter Rekordhalter ist Alain Prost, der in Frankreich sechsmal gewann. Jim Clark siegte immerhin fünfmal in England. Andere aber fuhren diesem besonderen Erfolg sehr lange hinterher: Niki Lauda brauchte elf Anläufe, bis er 1984 sein Heimrennen gewinnen konnte, und Ayrton Senna immerhin acht, bis ihm das Gleiche 1991 in Interlagos endlich gelang. Und manche Fahrer, auch absolute Spitzenpiloten, haben es nie geschafft: Jacky Ickx zum Beispiel hat nie den belgischen Grand Prix gewonnen, Graham Hill nie den englischen, Ronnie Peterson nie den schwedischen.

Begeisterung auf und vor dem Podest in Hockenheim 1995 – Schumi kann mit seinen Fans um die Wette jubeln ...

Auch privat kann Michael Schumacher zwischen dem deutschen und dem ungarischen Grand Prix feiern: seine Hochzeit mit Corinna auf dem Petersberg in Bonn, gemeinsam mit gut achtzig Freunden. »Einzeln sind wir Worte, zusammen ein Gedicht«, steht auf den Einladungskarten.

Und damit die berufliche Zukunft genauso rosig aussieht wie die private, haben Manager Willi Weber und er schon einmal die Weichen für einen Teamwechsel gestellt. Sie wollen weg von einem Aufsteiger, dem das Zwielicht ebenso anhängt wie der Erfolg, hin zu der traditionsreichsten Equipe der Formel 1 überhaupt: zu Ferrari – ein Mythos nicht nur in Italien, sondern auf der ganzen Welt, untrennbar mit der Formel 1 verbunden – und mit einem ganz anderen Image: dem unvergleichlichen Flair von edlem Stil und alter Klasse, von Heldensagen und Legenden, von perfekter Technik und Ästhetik.

Nur der Erfolg in der Formel 1 lässt seit langem sehr zu wünschen übrig: Schließlich ist es zu diesem Zeitpunkt 16 Jahre her, dass Ferrari mit Jody Scheckter einen Fahrer-Titel gewonnen hat. Alain Prost, Nigel Mansell, Gerhard Berger und Jean Alesi, sie alle sind an der Aufgabe gescheitert, das Ferrari-Symbol, das »Cavallino rampante«, das »springende Pferd«, das zuletzt doch sehr stark lahmte, wieder richtig in Trab zu bringen.

Am Mittwoch nach dem Rennen in Budapest, bei dem Schumacher mit einer defekten Benzinpumpe ausscheidet, wird der Handel offiziell. Die Frage nach dem »Wa-

Das Wunder von Spa: Erst ein Crash im Training und ein Start vom aussichtslosen Startplatz 16, dann doch wieder ein Sieg.

rum« beantwortet Schumacher vor allem mit der Suche nach der neuen Herausforderung, »ein solches Team, das doch alle Möglichkeiten haben müsste, das aber zuletzt offenkundige Probleme hatte, wieder nach oben zu bringen.«

Zu zeigen, dass er nicht nur im Benetton gewinnen kann, spielt sicher auch eine Rolle, die Chance, das eigene Image zu verbessern, ganz gewiss auch die Summe, die im neuen Vertrag steht. Von über 30 Millionen Mark pro Jahr ist zunächst die Rede, aus denen dann in den Spekulationen sehr schnell Dollar werden.

Spekuliert wird auch über Schumachers neuen Teamkollegen, nachdem Gerhard Berger, nicht gerade ein bekennender Schumacher-Fan, es vorzieht, Jean Alesi zu Benetton zu folgen, so dass die Ferrari-Fahrerriege einen kompletten Platztausch vollzieht. David Coulthard, der sich sehr gut mit Schumacher versteht, ist ein Wunschkandidat, geht dann aber doch zu McLaren, und am Ende kommt einer, der flotte Sprüche klopft, die er aber nie einlösen kann: das »Großmaul« Eddie Irvine.

Doch bevor Michael seinen Dienst in Italien antreten kann, muss er erst noch die Pflichtübung erfüllen, den zweiten Weltmeistertitel für Benetton unter Dach und

Fach zu bringen – diesmal einen, an dem es sportlich nicht mehr viel zu mäkeln geben soll. In Spa startet er nach einem bösen Unfall im Abschlusstraining von Platz 16 und gewinnt bei typischem Ardennenwetter trotzdem: mit cleverer Taktik, einer gewagten Reifenstrategie, seinem besonderen Talent, mit Slicks auf feuchter Bahn zu zaubern, – und mit ein paar sehr harten Manövern gegen Damon Hill, der sich später bitterlich beschwert: »Es gibt Grenzen des Erlaubten! Mir einfach ins Auto zu fahren, halte ich für inakzeptabel.« Schumacher verteidigt sich: »Es kommt darauf an, wann. In langsamen Kurven kann man schon mal mit den Rädern aneinander geraten. Da passiert doch nichts dabei, das ist kontrollierbar.« Den Sportkommissaren gefällt's freilich auch nicht so gut: ein Rennen Sperre auf Bewährung wegen gefährlicher Fahrweise!

Das bringt Michael auf dem Weg zum Titel nicht wirklich aus dem Konzept – vor allem weil auch Hill in den folgenden Rennen eher durch Fehler und Schwächen auffällt. Beim Grand Prix von Europa auf dem Nürburgring legt Schumacher mit einem spektakulären Sieg bei gleichzeitigem Ausfall seines Rivalen, der neben der Strecke stehend applaudiert, als

»In langsamen Kurven kann man schon mal mit den Rädern aneinander geraten. Da passiert doch nichts dabei, das ist kontrollierbar.«

sich Michael an Jean Alesi im Ferrari vorbeiquetscht, den Grundstein zum zweiten Weltmeistertitel, bevor der Formel-1-Zirkus zu seiner Fernost-Tournee aufbricht. In Aida muss er das »Werk« dann eigentlich nur noch vollenden, und er tut es souverän. Denn während bei Schumacher und Benetton Selbstbewusstsein und Sicherheit proportional zum Erfolg steigen, bricht bei Williams und Hill Panik aus.

Länger als das Rennen selbst wird die Party danach: Bis morgens um vier tanzen Michael und sein Team im Restaurant an der Strecke auf den Tischen, baden in Bier und Champagner. Das bleibt nicht ohne Folgen: Schumacher kämpft zwei Tage lang gegen einen heftigen Kater – und Benetton-Boss Flavio Briatore muss die Brieftasche zücken: 20 000 Mark kostet die Renovierung des arg in Mitleidenschaft gezogenen Restaurants. »Dieser Titel bedeutet mir noch mehr als mein erster, weil ich das ganze

Mit vollem Einsatz zum zweiten Titel in Aida – die Mütze wird noch von Hand korrigiert! Den Chef freut's, auch wenn der Mitarbeiter geht.

er den Rekord von Nigel Mansell von 1992 einstellt, bedeutet auch den Konstrukteurstitel für Benetton – ein Abschiedsgeschenk von Schumacher für das Team der ersten Phase seiner Formel-1-Karriere – das Team, das er mit nach vorne brachte, das ihm aber auch alles gab, um zu gewinnen, einschließlich einer unumstrittenen Nummer-1-Position mit allen Privilegien. Seine Wünsche – kein Einblick für seinen Teamkollegen in seine Datenaufzeichnungen – werden konsequent erfüllt, worüber sich Teamkollege Johnny Herbert beschwert. »Wobei ich nicht direkt Schumacher den Vorwurf mache, dass er das verlangt, sondern dem Team, dass es das so einfach akzeptiert hat.« Schon im Winter 1994/95 hatte sich Olivier Panis gewundert: »Schumacher durfte bei uns bei Ligier einmal testen, um den Renault-Motor auszuprobieren, den wir schon im Auto hatten, Benetton aber noch nicht. Wir haben ihm also einen Gefallen getan – und dann hat er sich geweigert, mir seine Daten zu zeigen und Details zu diskutieren. Wer so gut ist, hat das doch nicht nötig.«

Jahr über so hart darum kämpfen musste«, erklärt Schumacher. »Denn vom Material her war ich gegenüber den Williams doch meistens eher im Nachteil als im Vorteil.«

Eine Woche später in Suzuka ist der neue Weltmeister wieder in absoluter Toppform: Die zehnte Pole-Position seiner Karriere und Saisonsieg Nummer neun, mit dem

Dass Schumacher – alles zusammen genommen – 1995 der Beste war, stellt niemand in Frage. Dass es an dem Benetton in dieser Saison im Gegensatz zum Vorjahr wohl keine Unregelmäßigkeiten zu bemängeln gab, auch nicht. Dass er auf dem Weg ist, die dominierende Figur der Formel 1 in der zweiten Hälfte der neunziger Jahre zu werden, genauso wenig. Dass seine Persönlichkeit mit der sportlichen Leistung noch nicht ganz mitgewachsen ist, merken die, die näher hinschauen. Da gibt es noch viele Sprünge, Wechsel, Ungereimtheiten.

Da ist einerseits der Michael Schumacher, der sich für Sicherheit einsetzt, Verantwortungsbewusstsein zeigt, einer der ganz wenigen in der Formel 1, der sich sogar über einen tödlichen Unfall in der Formel 3000 Gedanken macht, den des jungen Brasilianers Marco Campos in Magny Cours. Einer, der auch beim Saisonfinale in Adelaide, als

sich Mika Häkkinen bei einem Trainingsunfall schwere Kopfverletzungen zuzieht, sehr betroffen ist, bessere Sicherheitsmaßnahmen fordert, sich in der Fahrergewerkschaft GPDA engagiert. Und dann ist da eben auch der Michael Schumacher, der in Spa ein paar Feindberührungen mit Damon Hill als »ganz normal und ungefährlich« klassifiziert.

Da ist die Perfektion auf der Strecke – und ein gewisses Talent, in alle möglichen Fettnäpfchen zu treten, mit unglücklichen Äußerungen vor allem über seinen Rivalen Hill. Die einfache Herkunft, der schnelle Aufstieg, die ständige Abhängigkeit von Förderern, Geldgebern, Managern und Teamchefs, die versuchen, das Supertalent nach ihrem Geschmack, also möglichst pflegeleicht zu formen, dazu der Versuch, das eigene Innere zu schützen, um nicht angreifbar zu sein – diese Kombination hat offensichtlich ihre Spuren hinterlassen, eine merkwürdig künstliche, glatte, profillose Fassade geformt, hinter die zu blicken schwierig ist. Schon damals ist sie vor allem dann kurz aufgebrochen, wenn Schumacher von seinem Wunsch nach Kindern, nach einer echten Familie sprach, »denn das ist das Größte, was man haben kann«. Da bleiben die Taktik, die Politik, die kleinen Spielchen dann wirklich außen vor, kann der Zuhörer sicher sein, dass jedes Wort ehrlich gemeint ist.

Wenn Michael innerhalb von zehn Minuten verschiedenen Leuten Widersprüchliches erzählt oder seine Angriffe auf Hill nicht auf den großen Pressekonferenzen, sondern lieber im kleinen deutschen Kreis platziert hat, ist das Gedankenlosigkeit gewesen, fehlende Erfahrung – oder doch Taktik, um den Gegner aus dem Konzept zu bringen? Das alles hätte ein Schumacher bei seinem Können doch gar nicht nötig gehabt. Und diejenigen seiner Fans, die ihm nicht nur kritiklos zujubeln, sondern auch für ihn selbst das Beste wollen, haben sich damals gewünscht, der Wechsel zu Ferrari möge einen Reifungsprozess in Gang setzen und ihrem Idol zu etwas mehr Souveränität im Umgang mit Menschen verhelfen.

Noch ganz in jungfräulichem Weiß, damit kein Sponsor meckern kann – bei ersten Tests für Ferrari im Winter 1995

Wunder dauern etwas länger

 ichael Schumacher aus dem rheinischen Kerpen und das italienische Traditionsteam von Ferrari – dass diese beiden so unterschiedlichen Extreme zusammenfinden, daran hat auch der Schwabe Willi Weber großen Anteil. Denn der denkt schon 1995 zusammen mit seinem »Ziehsohn« darüber nach, wie man ein paar Fliegen mit einer Klappe schlagen könnte: in Zukunft deutlich mehr Geld verdienen, sportlichen Erfolg haben – und damit Geschichte schreiben, den eigenen Namen mit einem der ganz großen der Formel-1-Geschichte zu verbinden.

Zumindest Schumachers Manager ist die Dimension der Firmenhistorie schon damals voll bewusst. Der Fahrer braucht etwas länger, um sie voll zu erfassen – getreu seinem Motto, er habe mit der Formel-1-Geschichte vor seiner Zeit nicht allzu viel am Hut – eine Haltung, die sich freilich im Lauf der Zeit auf wundersame Weise ändert. Schließlich weiß man ja, wie viel die Historie den Italienern bedeutet ...

So ist es also Willi Weber, der im Sommer 95 konkrete Verhandlungen über einen Wechsel von Michael Schumacher zu Ferrari aufnimmt, für seinen Schützling schon damals, wie es hinter vorgehaltener Hand heißt, eine Gehaltssumme von 30 Millionen Mark herausschlägt – und damit hilft, die Traumpaarung zu schaffen, die die Formel-1-Fans in den kommenden Jahren faszinieren und in Atem halten soll.

Mitte August 1995, nach dem Großen Preis von Ungarn, wird das inzwischen schlechtestgehütete Geheimnis der Formel 1

bestätigt, im Dezember beginnt Schumacher seine Arbeit in Maranello, im Januar 1996 kann er sich der Öffentlichkeit erstmals offiziell als Ferrari-Fahrer präsentieren. Dabei gibt er sich vorsichtig optimistisch: »Dieses Jahr hoffe ich gar nicht erst auf den WM-Titel. Ich hoffe, dass ich vielleicht das eine oder andere Rennen gewinnen kann. Aber generell wird es ein Lehrjahr werden, ein Jahr mit viel Entwicklungsarbeit, so dass wir dann 1997 wirklich angreifen können.«

Nach den ersten drei Rennen ist er Sechster in der Weltmeisterschaft, 26 Punkte hinter dem deutlich führenden Damon Hill – für ihn aber keine große Enttäuschung, sondern vielmehr eine Bestätigung dessen, was er – zumindest öffentlich – schon im Vorfeld der Saison 1996 immer verkündet hat: Jeder sieht, dass es für Ferrari noch eine Menge Arbeit gibt. Auch wenn Schumacher in Melbourne und Buenos Aires zumindest in der Anfangsphase der Rennen in der Lage ist, den Williams zu folgen – in Wahrheit ist der Abstand deutlich: Denn beide Male hat Schumacher eine andere Boxenstrategie, hat drei Stopps im Gegensatz zu nur zwei von Williams geplant, ist deshalb mit einem etwas leichteren Auto als seine großen Konkurrenten unterwegs.

Vor dem ersten Auftritt mit Ferrari in Deutschland, am Nürburgring, gibt er sich zuversichtlich: »Ich glaube, wir kommen Schritt für Schritt näher«, erzählt er immer wieder, als wolle er sich selbst und auch Fer-

> Ich hoffe, dass ich das eine oder andere Rennen gewinnen kann. Aber es wird ein Lehrjahr werden.«

Der knapp bemessene neue Arbeitsplatz des Weltmeisters – das Ferrari-Cockpit – steht ganz im Zeichen der Elektronik.

cher dann auch strahlend nach dem Rennen fest. »Ich hatte mir einen zweiten Platz höchstens erträumt, ein dritter wäre realistisch gewesen. Ich habe in den letzten Runden, als ich so knapp hinter Jacques lag, immer wieder an letztes Jahr gedacht, als sich kurz vor Schluss doch noch eine Chance auftat zu gewinnen. Ich habe ein bisschen darauf gehofft, dass das diesmal auch passieren würde, aber es ging dann eben doch nicht. Jacques hat nicht den geringsten Fehler gemacht – und hinsichtlich der Endgeschwindigkeit hatte ich einfach keine Chance gegen ihn, nicht einmal die Möglichkeit, auf gleiche Höhe zu kommen«, meint Schumacher, dem nicht nur

rari damit überzeugen, dass die notwendigen Fortschritte auch tatsächlich gemacht werden. »Man kann nicht sagen, dass es ein großes Grundproblem an dem Auto gibt«, meint er optimistisch. »Es sind viele, viele Kleinigkeiten, Details, die wir verändern und verbessern müssen.«

Doch es gibt auch unter den erfahrenen Formel-1-Experten einige, die sich fragen, ob die allgemeinen Probleme des italienischen Rennteams so schnell gelöst werden können. So wird nicht nur in der italienischen Presse die Frage aufgeworfen, warum etwa Chefdesigner John Barnard nie bei den ersten Rennen aufgetaucht ist, wo doch ein komplett neues Auto zu betreuen war. Das alte Ferrari-Problem, dass die Firmenpolitik die Praktiker lähmt, dass eher gegeneinander als miteinander gearbeitet wird, wenn die Erfolge ausbleiben – es steht zumindest drohend am Horizont.

Doch dann scheint erst einmal alles besser zu werden: Platz zwei am Nürburgring – mit neuem Getriebe und Unterboden – nur ganz knapp geschlagen von Jacques Villeneuve, der in seinem erst vierten Grand Prix bereits seinen ersten Sieg feiert. »Ich glaube, wir sind heute alle Sieger«, stellt Schuma-

Nicht überragend schnell, aber noch recht anfällig: Der Ferrari von 1998 ist noch nicht das absolute Traumauto ... Aber Schumacher macht Druck.

100 000 Fans zujubeln, sondern dem auch Bundesarbeitsminister Norbert Blüm nach dem Rennen persönlich gratuliert. Große Freude auch bei Ferrari-Präsident Luca di Montezemolo, der an der Boxenmauer mitfiebert wie in jenen alten Zeiten, da er, Mitte der siebziger Jahre in der Ära Niki Laudas, noch Ferrari-Rennleiter war. »Der zweite Platz ist doch ein fantastisches Ergebnis«, betont Schumacher immer wieder. »Das zeigt doch, dass wir mit Ferrari auf dem richtigen Weg sind. Aber noch sind wir kein echtes Siegerteam. Es wird noch ein bisschen dauern, bis wir aus eigener Kraft gewinnen können. «

Nach seinem persönlichen Anteil am Erfolg gefragt, gibt sich Schumacher am Nürburgring bescheiden: »Ich habe immer gesagt, 50 : 50. Dabei bleibe ich, auch wenn das manche Leute im Moment vielleicht anders sehen und mir einen höheren Anteil zuschreiben wollen.« Tatsache ist: Gerade in der Eifel lief »Schumi« wieder zu Glanzform auf, fuhr ein auch taktisch sehr cleveres Rennen und war dabei die ganze Distanz über deutlich sichtbar am absoluten Limit: »Zweimal bin ich in der Schikane sogar geradeaus gefahren, habe da etwas Zeit verloren, aber das passiert, wenn man an die Grenzen geht.«

Und es kommt noch besser: Drei Rennen später, in Spanien, gewinnt Schumacher seinen ersten Grand Prix für Ferrari – was viele eigentlich eher zwei Wochen zuvor in Monte Carlo erwartet hätten. Doch dort kann er seine sensationelle Pole-Position –

111

eine halbe Sekunde vor Damon Hill – nicht nützen, verliert das Startduell gegen den Engländer und anschließend offenbar die Nerven. Nach weniger als zwei Minuten, noch in der ersten Runde, hängt der Ferrari in der Leitplanke: »Ich bin am Start schlecht weggekommen, die Räder haben durchgedreht, die Strecke war noch sehr nass und dadurch extrem glatt!« Am meisten aber ärgert er sich über sich selbst: »Dann bin ich in der Kurve nach dem Loews-Hotel auf die Randsteine gekommen, die sind lackiert und dadurch glatt. Ich bin weggerutscht und in die Leitplanke geschlittert. Es war komplett meine eigene Dummheit.«

»Das Schwierigste ist, damit fertig zu werden, dass man selbst einen Fehler gemacht hat«, meint Michael, als er ins Fahrerlager zurückkommt. »Jetzt fragt keiner mehr danach, wie toll es im Training gelaufen ist. Was zählt, ist das Rennen. Und das war halt

stehen. »Keinen Pfennig hätte ich darauf gewettet, hier zu gewinnen«, gibt er zu, »weder im Trockenen, noch – nachdem ich Sonntag früh den Regen sah – im Nassen.«

Doch schon nach dem Aufwärmtraining hat sich sein Gefühl etwas verbessert: »Da ging das Auto auf einmal schon recht gut. Wir haben dann noch die eine oder andere Kleinigkeit geändert, und im Rennen war es absolut perfekt. Offenbar reagiert unser Auto sehr sensibel auf das Zusammenspiel zwischen Wetter und Strecke. In Monaco waren wir im Trockenen sehr gut, im Nassen nirgends, hier war er genau umgekehrt.«

Die plötzliche Chance durch die geänderten Verhältnisse – Schumacher nutzt sie souverän. Er deklassiert förmlich die Konkurrenz und siegt schließlich mit 45 Sekunden Vorsprung auf Jean Alesi und Jacques Villeneuve, obwohl er einen ganz schlechten

sehr kurz...« Die Enttäuschung ist ihm deutlich anzumerken. Sogar seinem Haussender RTL verweigert er zunächst ein Interview, wischt Reporter Kai Ebel einfach zur Seite. Und weil an so manchen Tagen alles schief geht, würgt er dann bei dem Versuch, per Motorrad nach Hause zu flüchten, erst einmal den Motor ab...

In Spanien wendet sich das Blatt, und das in einem Rennen, vor dem Michael eigentlich gar nicht damit gerechnet hat, ganz oben zu

Start erwischt: »Das war ein Desaster, ich ließ die Kupplung kommen und nichts passierte. Ich weiß nicht, wie viele Leute mich überholt haben, bestimmt sieben oder acht. Und im Regen da hinten zu sein, das ist wahnsinnig kritisch. Ich hatte gewaltige Angst, dass ich irgendwo reinfahre, dass sich vor mir jemand dreht – man konnte ja absolut nichts sehen. Aber dadurch, dass das Auto so gut ging, konnte ich mich dann doch ziemlich schnell an die Spitze vorarbeiten. Und unsere Boxen-

Im Regen von Barcelona auf dem Weg zum ersten Ferrari-Sieg.

stopp-Strategie mit zwei Stopps« – die er als einziger gewählt hat – »war auch absolut richtig.«

Seine Fahrwerksabstimmung ist es übrigens auch: Als einziger im ganzen Feld hat er auf eine komplette Regenabstimmung gesetzt – ein Roulettespiel. Denn die Satellitenbilder, die den meisten Teams zur Verfügung stehen, zeigen: Die Strecke liegt genau an der Wettergrenze. Hätte sich das massive Regenfeld nur noch um ein paar Kilometer weiter verschoben, wäre es tatsächlich trocken geworden – und dann wäre mit der Regenabstimmung kein Blumentopf mehr zu gewinnen gewesen. Dahinter stand bei Ferrari die Überlegung, dass man im Trockenen ohnehin keine Chance hatte. Also musste man auf den einen Joker setzen, den man hatte – und es funktionierte.

Trotzdem muss Schumacher um seinen Sieg zittern: »Nach der Hälfte des Rennens habe ich ausprobiert, wie unser Motor als Acht- oder Neunzylinder funktioniert. Da war wohl ein Elektronikproblem. Ich hatte schon die Befürchtung, dass das nicht bis zum Ende gut geht – aber er hat gehalten.«

Vielleicht hilft Schumi ja auch die königliche Inspiration. Denn am Mittag darf er noch den spanischen König Juan Carlos um die Strecke chauffieren, und auf dem Podest sieht er ihn wieder: »Da habe ich ihm schon gesagt, dass er mir offensichtlich Glück bringt und dass ich ihn jetzt wohl auch nach Montreal einladen muss …«

Schumacher hat in der spanischen Sintflut sein fahrerisches Ausnahmetalent wieder einmal eindrucksvoll unter Beweis gestellt und nicht nur Rennleiter Jean Todt, sondern auch Ferrari-Chef Luca di Montezemolo, der das Rennen zu Hause in Bologna am Fernseher verfolgt hat, begeistert. Jetzt setzt er seine Hoffnung darauf, dass er bei Ferrari ein Team hat, das komplett hinter ihm steht, das

sich hundertprozentig auf ihn konzentriert, weil sich alle von ihm den Fortschritt erwarten. Bei den in der Woche nach Barcelona anstehenden viertägigen Testfahrten in Imola, bei denen eine Reihe neuer Teile ausprobiert werden, bestreitet Schumacher den gesamten Test allein. Teamkollege Eddie Irvine kommt überhaupt nicht zum Fahren – offiziell, weil es nur ein Auto gibt. Inoffiziell will man sich eben nur auf Schumacher konzentrieren. Getestet wird unter anderem auch eine hochgezogene Frontpartie, wie viele andere Top-Teams sie haben. »Einige dieser Sachen werden uns gerade für Montreal viel bringen, und die Strecke dort sollte uns eigentlich grundsätzlich eher entgegenkommen als Barcelona«, glaubt Michael.

Aber vorerst hilft alles nichts: Ob es daran liegt, dass König Juan Carlos natürlich nicht nach Kanada kommt? Jedenfalls beginnt dort ein Sommer voller Pannen, der Schumacher und Ferrari auf eine harte Probe stellt. Drei Ausfälle hintereinander mit jeweils drei spektakulären Defekten: weggeflogene Antriebswelle in Kanada, Motorschaden in der Aufwärmrunde in Kanada, und dann kommt als Tiefpunkt Silverstone. Dort schafft er es zwar im Gegensatz zum Rennen in Frankreich, den Start noch zu bestreiten, aber schon in der dritten Runde ist

> »Ich weiß nicht, wie viele Leute mich überholt haben. Und im Regen da hinten zu sein, das ist wahnsinnig kritisch, ich hatte gewaltige Angst, dass sich vor mir jemand dreht – man konnte ja absolut nichts sehen.«

auch diesmal Feierabend: Das Getriebe des Ferrari streikt. Die Ursache ist ein Leck, das an einem externen Zufluss im Hydrauliksystem entstand – durch einen nicht richtig befestigten O-Ring. Es war nicht der erste

Fehler bei Ferrari – aber Schumacher stellt sich weiter vor seine Truppe: »Es ist so schade, wir hatten beim Testen keinerlei derartige Probleme, auch im Training nicht – und dann ausgerechnet im Rennen. Noch schlimmer als für mich ist es für meine Mannschaft. Für das Team wird eine Welt zusammengebrochen sein.«

Der zweimalige Weltmeister betont dabei immer wieder, dass er von der momentanen Situation weder überrascht noch darüber verärgert sei: »Ich habe erwartet, dass es nicht leicht werden würde. Ich wusste im Voraus, was auf mich zukommt. Also, warum soll ich mich jetzt beklagen? Jeder hier bei Ferrari arbeitet sehr hart, und ich hoffe wirklich, dass wir in absehbarer Zeit zusammen den verdienten Erfolg haben werden.«

Rundum wird inzwischen freilich scharf geschossen. Die italienische Presse fordert mal wieder den Kopf von Rennleiter Jean Todt. Ferrari-Berater Niki Lauda gibt auch seinen Kommentar dazu: Er verlangt als Konsequenz der Defektserie, die in gleicher Weise auch den zweiten Ferrari-Fahrer Eddie Irvine betrifft, Entlassungen. Das Team sei viel zu groß, erklärte Lauda. Man müsse die Mannschaft »verkleinern und damit effektiver machen«.

Selbst die Konkurrenz beginnt bereits zu lästern. Tyrrell-Technikchef Harvey Postlethwaite, früher jahrelang bei Ferrari, versucht es auf den Punkt zu bringen. Seine Meinung: »Der Fisch stinkt vom Kopf her. Montezemolo bringt auch keine Ordnung rein. Bei Tyrrell haben die Leute im Werk am Montag nach einem Rennen früh um acht eine Jobliste mit allem auf dem Tisch, was in der kommenden Woche zu tun ist. Bei Ferrari weiß das doch am Mittwoch noch keiner.« Auch er kritisiert Todt: »Der kommt aus dem Rallye-Sport. Der ist einfach kein Formel-1-Mann, kennt die Details der Szene zu wenig. Das wird nie etwas.« Michael Schumacher ist da natürlich anderer Meinung: »Gerade Todt ist für das Team ungeheuer wichtig. Er ist es, der die Mannschaft zusammenhält.«

Die Gründe für die Probleme von Ferrari kennt er freilich auch, auch wenn er öffentlich nicht viel darüber redet: Um konkurrenzfähig zu sein, geht Ferrari technisch in vieler Hinsicht ans absolute Limit. So hat Konstrukteur John Barnard wohl angeordnet, einige Teile, mit denen es in früheren Jahren schon Probleme gegeben hatte und die daraufhin verstärkt worden waren, am 96er-Auto wieder dünner und damit etwas leichter zu machen. Einige Defekte könnten darauf zurückzuführen sein; denn manches wird später wieder rückgängig gemacht. Überhaupt stimmt hier die Kommunikation

»Ich habe erwartet, dass es nicht leicht werden würde, ich wusste im Voraus, was auf mich zukommt. Also warum soll ich mich jetzt beklagen?«

114

den vorher, im Aufwärmtraining, auftreten können – und damit kaum Schaden angerichtet. Aber in hinterhältiger Weise haben die Teile bis zum Rennbeginn gehalten.

Schumachers Geduld und Solidarität gegenüber seinem Team werden im Laufe der Saison aber zumindest noch teilweise belohnt. Immerhin gelingen ihm noch zwei weitere Siege: der erste in Spa, auf seiner Lieblingsstrecke, und dann ein ganz besonders schöner in Monza. Es ist ein ganz besonderes Wochenende. Denn in der Startaufstellung verrät er vor laufenden RTL-Kameras ein süßes Geheimnis: »Ich werde Vater. Corinna ist in der 14. Woche. Wir sind sehr glücklich, auch wenn wir wissen, dass es eine sehr schwierige Zeit werden wird«, strahlt er, setzt den Helm auf, steigt ins Auto und fährt einem Sieg entgegen, »der für mich unvergesslich bleiben wird. In Monza mit einem Ferrari zu gewinnen, das ist einfach das Größte. Nach meinem Boxenstopp habe ich gemerkt, dass ich vor Alesi lag, als ich wieder rauskam. Das hat man schon an den Massen der geschwenkten Fahnen gesehen.«

Einer der schönsten Tage in seinem Leben sei das gewesen, jubelt ein völlig gelöster Schumacher. »Und dass ich dann auch noch heute mein Glück verkünden konnte, Vater zu werden, war noch ein zusätzliches Geschenk.« Er sei sich dessen durchaus bewusst, dass sich dadurch auch sein Leben verändern werde: »Ja, mehr Freizeit werde ich zum Beispiel haben, auch weniger Schlaf – da muss ich halt dann während der Rennwochenenden ein bisschen mehr schlafen.« Ob er auch im Auto mal an sein Kind gedacht habe? »Ich hatte während des Fahrens ein bisschen Zeit, und ich habe daran gedacht. So habe ich zum Beispiel überlegt, na ja, wenn du jetzt abfliegst, dann kannst du wenigstens nachher sagen, du hast dabei an den Kleinen – oder an die Kleine – gedacht. Aber so ist es ja dann zum Glück nicht gekommen.«

Lohn für Geduld und Solidarität mit dem Team: Spa ist zwar immer ein gutes Pflaster für den Mann aus Kerpen gewesen, aber mit einem Ferrari ist der Sieg noch mal so schön.

nicht: Das Verhältnis zwischen dem Chefkonstrukteur John Barnard, der in England arbeitet, und der mittleren Ingenieursebene in Italien ist und bleibt gespannt. Nicht alles, was Barnard zu Hause am Computer austüftelt, findet den Beifall der Praktiker vor Ort. Und auch im Werk unterlaufen Fehler. Sowohl Schumachers Motorschaden in Frankreich als auch der Defekt von Silverstone waren auf Fehler zurückzuführen, die nicht an der Strecke, sondern im Ferrari-Werk gemacht wurden. In Frankreich war es ein von der deutschen Firma Mahle gelieferter Kolben, der bei Ferrari fehlerhaft nachbearbeitet wurde, in Silverstone ein – von einem neuen Mitarbeiter – nicht ordentlich festgezogener Dichtungsring. Und wenn schon nichts läuft, dann kommt meist auch noch Pech dazu. Denn gerade die beiden letzten Defekte, deren Ursachen ja im Auto bereits vorhanden waren, hätten natürlich auch ein paar Run-

Der Gegner im Titelkampf 1997 heißt Jacques Villeneuve. Das Rennen bleibt bis zuletzt offen – aber zum direkten Duell kommt es nie.

Das Rennen ist für ihn gar nicht so schwierig. Denn die Konkurrenz eliminiert sich in Monza reihenweise selbst. »Aber wir waren heute auch erstaunlich gut dabei. Ich glaube, ich hätte sogar mit Damon Hill um den Sieg kämpfen können. Ich hatte eigentlich nur am Start kleine Probleme: Die Kupplung war mal wieder nicht besonders gut, ich bin schlecht weggekommen, aber dann lief alles problemlos. Die Ferrari-Fans haben unheimlich lange gewartet, und ich bin wahnsinnig glücklich, dass ich ihnen den ersten Heimsieg seit 1988 schenken kann.«

Platz drei in der Weltmeisterschaft hinter dem Williams-Duo Hill und Villeneuve am Saisonende – das ist für Schumacher »gut im Plan. Mir war ja klar, dass wir kaum im ersten Jahr den Titel holen werden.« Aber 1997 soll das schon anders aussehen. Schließlich hat Ferrari alle Möglichkeiten. Das Budget wird von FIAT Jahr für Jahr beinahe nach Belieben aufgestockt, immer mehr neue Spitzenkräfte werden verpflichtet. Generalstabsmäßig wird die »Operation Weltmeisterschaft« geplant. Das Wichtigste geschieht schon im Winter: Auf Schuma-

chers Betreiben gelingt es, sein Techniker-Duo aus goldenen Benetton-Zeiten zu Ferrari zu holen. Ross Brawn wird in Maranello technischer Direktor, und im Februar 1997 stößt dann auch noch der Designer und Aerodynamik-Spezialist Rory Byrne dazu, der eigentlich eine längere schöpferische Pause am Strand in Thailand hat einlegen wollen.

Konstrukteur John Barnard, zu seinen besten Zeiten in den achtziger Jahren als größtes Genie der Formel 1 gefeiert, inzwischen nach einigen Flops aber umstritten und vor allem als launische Diva gefürchtet, hat zwar den 97er-Ferrari noch gebaut, wird aber noch vor Saisonbeginn endgültig in die Wüste geschickt. Das Erfolgsteam Schumacher – Brawn – Byrne ist wieder zusammen, dazu Jean Todt als Rennleiter, der alles zusammenhält – jetzt müssten doch eigentlich alle Voraussetzungen für den Erfolg gegeben sein. Schumacher selbst ist bester Stimmung. Am 20. Februar ist er Vater geworden: Um genau 6.13 Uhr hat Töchterchen Gina-Maria das Licht der Welt erblickt.

»Die Ferrari-Fans haben unheimlich lange gewartet, ich bin wahnsinnig glücklich, ihnen den ersten Heimsieg seit 1988 schenken zu können.«

Zum ersten Mal in seiner Karriere fällt es ihm ein bisschen schwer, zum Saisonauftakt nach Australien zu fliegen. Aber zunächst überwiegt dann doch die Vorfreude auf das neue Auto. Doch trotz eines glücklichen zweiten Platzes in Melbourne hält die gute Laune nicht allzu lange. Viel schneller, als ihm lieb ist, muss Schumacher erkennen, dass der F310 B, jener letzte Ferrari, den John Barnard verantwortet, wieder nicht der große Wurf ist. Es fehlt am mechanischen Grip, und dieses Manko muss man durch eine

Abtrieb fördernde Flügeleinstellung ausgleichen, und darunter leidet natürlich die Höchstgeschwindigkeit.

Der Titelfavorit heißt bald Jacques Villeneuve. Mit Heinz-Harald Frentzen, der in Imola vor Schumacher seinen ersten Grand Prix gewinnt, hat der bei Williams einen neuen Teamkollegen bekommen. Aber es ist ein kurioses Jahr, in dem das Pendel immer wieder hin- und herschwingt. In Monaco stellt sich Williams selbst ein Bein, weil man die beiden Fahrer im strömenden Regen mit Trockenreifen auf die Strecke schickt. So gewinnt Schumacher überlegen und übernimmt erstmals in diesem Jahr die Führung in der Weltmeisterschaft, nur um sie in Barcelona gleich wieder zu verlieren. Aber ab Kanada ist er dann erneut vorn – und bleibt es bis in den Herbst. Der Ferrari ist etwas besser geworden, aber bei Williams, wo man den Verlust des Aerodynamik-Genies Adrian Newey verkraften muss, der sich in Richtung McLaren verabschiedet hat, geht es zeitweise drunter und drüber, aber nichts voran, und Villeneuve mault: »Das Schlechteste für Williams war, dass ich im Training zum ersten Rennen zwei Sekunden Vorsprung hatte. Danach hat man sich zurückgelehnt...«

Das Verblüffendste in dieser Saison: Zum direkten Duell der Titelkandidaten auf der Strecke kommt es nie, Schumacher und Villeneuve stehen nicht ein einziges Mal gemeinsam auf dem Podium. Und als sich die Saison ihrem Ende zuneigt, als der Formel-1-Zirkus zum ersten Mal seit zehn Jahren wieder nach Österreich kommt, sind weder der Williams noch der Ferrari die schnellsten im Feld – sondern der McLaren. Aber das beunruhigt den Kerpener einstweilen wenig: Denn erstens glänzen die McLaren noch nicht gerade durch Zuverlässigkeit, und zweitens scheinen zehn Punkte Vorsprung bei noch vier Rennen kein schlechtes Polster.

Doch dann kippt alles noch einmal: Villeneuve gewinnt in Österreich und am Nürburgring, und bei Schumacher geht schief, was nur schiefgehen kann. Auf dem A-1-Ring überholt er Heinz-Harald Frentzen unter gelber Flagge. Die logische Zehn-Sekunden-Strafe wirft ihn auf Platz sechs zurück. Und in der Eifel, in seinem offiziell 100. Grand Prix – eigentlich ist es erst der 99., denn 1996 in Frankreich ist er schon in der Aufwärmrunde ausgeschieden – schießt ihn ausgerechnet sein Bruder Ralf am Start aus dem Rennen. Aus zehn Punkten Vorsprung sind schlagartig neun Punkte Rückstand geworden, und was genauso bedenklich ist: Es scheint, als könne der Ferrari vom Speed her nicht mehr mithalten, vor allem im Training.

Alles gelaufen, glauben viele – aber sie irren sich. Denn es geschieht das erste jener Ferrari-Wunder, über die sich die Konkurrenz auch in den kommenden Jahren noch ein paar Mal wundern wird. Denn im entscheidenden Moment, immer wenn es wirklich darauf ankommt, wenn eigentlich alles schon verloren scheint – wie jetzt in Japan, wo Villeneuve Weltmeister werden könnte, wenn er vor Schumacher punktet – in diesem Moment zaubert Ferrari eine Sekunde aus dem Hut und einen neuen Frontflügel herbei, der freilich bei genauer Beobachtung während der Fahrt verdächtig flexibel wirkt. Bei Williams herrscht darob Verdruss,

Vom 100. GP am Nürburgring über den Sieg von Suzuka bis zum Drama von Jerez – die Spuren von Villeneuves Rad am Ferrari sagen alles.

»weil man uns das gleiche verboten hat, als wir es beantragt haben. Und Ferrari wurde das Teil genehmigt, aber nur für Suzuka. In Jerez dürfen sie es nicht mehr verwenden. Alles sehr merkwürdig …«

Schumacher steht jedenfalls neben Villeneuve in der ersten Reihe, aber der hat sich durch eine grandiose Dummheit schon zuvor um alle Chancen gebracht. Zum sage und schreibe vierten Mal in diesem Jahr überfährt er im freien Training eine gelbe Flagge, obwohl er noch unter Bewährung steht. Und dann zeigt er sich auch noch stur und uneinsichtig. Sollte das von Williams kolportierte Gemunkel, die FIA favorisiere einen Weltmeister Ferrari oder zumindest eine Entscheidung im letzten Rennen in Europa zu bester Fernsehzeit, tatsächlich der Wahrheit

entsprochen haben – Villeneuve hätte den Funktionären in die Hände gespielt. Prompt kassiert er die fällige Sperre für ein Rennen, darf aber dann unter Vorbehalt starten, weil Williams in die Berufung geht, obwohl man selbst nicht so recht an einen Erfolg glaubt. Mit großer taktischer Mithilfe seines Teamkollegen Eddie Irvine, der an entscheidender Stelle den Prellbock spielt, gewinnt Schumacher den Grand Prix. Villeneuve wird, frustriert und ziemlich lustlos, nur Fünfter.

Damit hätte Schumacher nur noch einen Punkt Rückstand, doch der verwandelt sich in einen Zähler Vorsprung, als Williams die Berufung zurückzieht und die Punkte freiwillig abgibt, weil man in einer Berufungsverhandlung eine noch härtere Strafe, etwa eine Sperre für's Finale befürchtet. Schließlich wäre es nicht das erste Mal, dass so etwas passiert. So hat Michael also beste Voraussetzungen, den erträumten dritten Titel zu gewinnen, als es nach Jerez geht – ins Traumfinale der Organisatoren, Sponsoren und Fans.

Doch dieses Rennen wird zum absoluten Tiefpunkt in Schumachers Karriere bei Ferrari. Der Rammstoß gegen Jacques Villeneuve, bei dem er selbst im Kiesbett landet, der Kanadier aber weiterfahren kann, kostet ihn nicht nur den Titel, sondern auch weltweit sehr viele Sympathien – vor allem, weil es Tage dauert, bis er – offenbar auf Druck von Ferrari – die Schuld daran auch eingesteht.

Zuvor versucht er allen Ernstes, auch noch seinen Kontrahenten für den Zwischenfall verantwortlich zu machen, und viele Insider fragen sich nun, ob denn 1994 nicht auch eine vorsätzlich unfaire Attacke dahintersteckte, als Schumacher mit einem Crash gegen Damon Hill den Titel holte. Selbst in Deutschland verliert Michael zeitweilig an Popularität. Auf den Motorshows im Winter 1997 liegen seine Fan-Artikel wie Blei an den Ständen der Händler. Dass die FIA ihm als Strafe für den Angriff von Jerez offiziell den Vize-Weltmeistertitel des Jahres und die Punkte der Saison aberkennt, ist nur noch das Tüpfelchen auf dem i.

1998 soll dann endlich alles besser werden. Die Konkurrenz heißt nicht mehr Williams und Villeneuve, sondern McLaren-Mercedes und Mika Häkkinen. Doch in der ersten Hälfte der Saison scheint es so, als sollte diesmal für Schumacher absolut nichts drin sein. Die Silberpfeile fahren ihre Konkurrenz in Grund und Boden, Häkkinen holt einen Vorsprung von bis zu 22 Punkten heraus. Doch dann sieht Michael wieder Licht. Ein Ausfall der McLaren in Kanada, ein unter etwas zweifelhaften Umständen wiederholter Start in Magny Cours, den er im Gegensatz zum »ersten Versuch« gewinnt, ein Sieg »in der Boxengasse« in Silverstone nach eigentlich zu spät absolvierter Stop-and-Go-Strafe – so kommt er wieder heran.

In Ungarn gelingt ihm in Zusammenarbeit mit Ross Brawn ein Meisterstück, das die vielen deutschen Fans am Hungaroring begeistert feiern. Noch während des Rennens wechseln sie die Boxenstrategie, und Schumacher bringt eine fahrerische Spitzenleistung: Fast zwanzig Rennrunden fährte er mit weniger Sprit an Bord nahezu im Qualifying-Tempo und hat dabei auch noch das Glück, dass ein Ausrutscher in die Wiese nur ein paar Sekunden Zeitverlust nach sich zieht.

Nach seinem 32. Grand-Prix-Triumph kann Michael zu Recht strahlen, und auch in Sachen Weltmeisterschaft keimt neuer Optimismus: »Das war einer meiner größten Siege. Wir haben den Anschluss geschafft. Als ›Wende‹ sehe ich das aber nicht. Wir brauchen keine Wende. Wir haben immer an den Erfolg geglaubt, haben hart dafür gearbeitet – und das hat sich jetzt ausgezahlt.«

Die Boxenstrategie in Ungarn 1998 ist ein Meisterstück und entscheidet das Rennen, doch zum Titel mit Ferrari reicht es noch nicht.

Trotzdem ist dieser Sieg für Außenstehende nach dem Verlauf der ersten Hälfte des Rennens ziemlich überraschend. Denn zu Beginn scheint für Häkkinen und Coulthard noch alles nach Plan zu laufen: Aus der ersten Startreihe können sie die Führung übernehmen, Mika an der Spitze, David dahinter als »Schutzwall« gegen Michael Schumacher, der zunächst keine Chance hat, vorbeizukommen. Der erste Boxenstopp bringt noch keine Veränderung, erst beim zweiten kommt Bewegung in die bis dahin recht eintönige Angelegenheit. Denn Michael hat im Zusammenspiel mit seinem Renningenieur und Top-Strategen Ross Brawn erkannt: »Mit der gleichen Strategie wie die McLaren haben wir keine Chance.« Und der entscheidet: »Wir gehen auf drei Stopps.«

Damit wird der zweite Stopp um entscheidende Sekunden kürzer – man muss ja nur für 18 Runden Sprit einfüllen. Da er auch gut getimed ist, kann Schumacher zunächst an Coulthard vorbeigehen. Als dann ein paar Runden später Häkkinen an die Box kommt, schafft auch der es nicht, vor Michael wieder herauszukommen – wohl auch deshalb, weil dessen McLaren-Mercedes zu diesem Zeitpunkt bereits Handlingprobleme entwickelt. Eine Stabilisatorführung sei gebrochen, stellt McLaren nach langen Untersuchungen fest.

Zu diesem Zeitpunkt wäre Schumachers Sieg vielleicht noch zu verhindern gewesen, hätten die McLaren-Strategen schneller reagiert: Coulthard, mit seiner Zweistopp-Strategie und nicht optimal haftenden Bridgestone-Reifen schon mit Handicap unterwegs,

> **»Die ganze Saison war ein sehr schöner und spannender Kampf. Wir haben uns harte Duelle geliefert, aber zwischen Michael und mir ist es nie über die Grenze gegangen.«**
> **Mika Häkkinen**

verliert unnötig Zeit. Die McLaren-Box braucht fast sechs Runden, um Coulthard, der hinter dem langsamer werdenden Häkkinen festhängt, freie Fahrt zu gewähren. Am Ende fehlen dem Schotten bei Schumachers drittem Boxenstopp 4,5 Sekunden, um vorne zu bleiben. Wäre ihm das gelungen, hätte Schumacher erst einmal vorbeikommen müssen – was ja selbst bei hohem Geschwindigkeitsüberschuss gerade auf dem Hungaroring nicht einfach ist. Ob die kryptische Äußerung von Mercedes-Sportchef Norbert Haug, man habe in der zweiten Rennhälfte als Team keine gute Leistung geboten, wohl darauf gemünzt war?

So aber hat Coulthard gegen den wie entfesselt davonziehenden Schumacher keine Chance mehr. »Ich glaube, einer unserer Vorteile war heute auch die Reifenwahl«, meint der nach dem Rennen. »Ich bin das Risiko eingegangen, eine härtere Mischung zu nehmen und damit im Qualifying etwas langsamer zu sein – dafür aber im Rennen dann richtig angreifen zu können.« Die etwas weicheren Bridgestones bauen schneller ab – sicher auch einer von vielen Gründen für Schumachers überraschenden Sieg.

Es bleibt jedenfalls spannend, und in Spa sieht es schon so aus, als stehe die Wende in der Weltmeisterschaft endgültig bevor. Startchaos im Regen, ein Unfall, in den 13 Autos verwickelt sind, Abbruch. Beim Neustart gibt es wieder Feindberührungen, Häkkinen ist draußen – und Schumacher ganz schnell vorn. Überlegen zieht er dem Feld davon, hat schon über 30 Sekunden Vorsprung, als er auf den überrundeten David Coulthard aufläuft – und was dann passiert, ist im wahrsten Sinne des Wortes ein eigenes Kapitel wert. Tatsache ist: Es kracht. Schumacher, der erst seinen Dreirad-Ferrari spektakulär noch an die Box schleppt und dann wütend heftige Verbalattacken auf den Schotten reitet, hat zwar die Schlagzeilen des

Tages für sich, aber nicht die Punkte und schon gar nicht die Führung in der Weltmeisterschaft.

Die behält Häkkinen auch bis zum Finale in Suzuka. Schumacher hat, wie 1997, durchaus noch Titelchancen, aber er ist in der schlechteren Position. Bei vier Punkten Rückstand würde selbst ein Sieg nicht reichen, wenn Häkkinen Zweiter wird. Er weiß, dass er ein kleines Wunder braucht, aber nach seiner Trainingsbestzeit am Samstag herrscht im Ferrari-Lager das Prinzip Hoffnung. Wie sang doch einst Katja Ebstein so schön – »Wunder gibt es immer wieder ...«

In Suzuka freilich gibt es kein Wunder, und wie schon 1997 ist es Schumacher letztlich selbst, der gleich zu Beginn die letzte Chance vergibt, indem er den Motor am Start abwürgt. Das bedeutet einen Start von hinten – hoffnungslos gegen ei-

Ferrari ist mit Michael Schumacher auf dem richtigen Weg, doch der ist noch lang.

nen wie entfesselt fahrenden Mika Häkkinen. Selbst wenn am Ferrari nicht nach 32 Runden ein Reifen geplatzt wäre, hätte Michael keine Chance gehabt. Trotzdem ist er nicht unzufrieden oder übermäßig enttäuscht: »Erstens haben wir den Titel nicht hier verloren. Und zweitens glaube ich, dass wir stolz auf das sein können, was wir in dieser Saison geleistet haben.«

In Italien sieht man das freilich etwas anders. Allmählich kommen dort Kritik und Fragen auf: Soviel hat man investiert und es dann wieder nicht geschafft – wie lange soll man denn noch auf den Titel warten? Bekommen etwa auch Schumacher, Todt und Brawn Ferrari nicht richtig in den Griff? Braucht man wirklich ein Wunder, um den Titel noch einmal nach Maranello zu holen? Und wann soll das dann geschehen? »Sehr bald« versprechen alle Verantwortlichen bei Ferrari – aber es dauert noch zwei Jahre.

Schumi-Teddy mit Gipsbein –
eine rührende Liebeserklärung
der traurigen Fans

Silverstone 1999
Betriebsunfall oder
Wendepunkt?

Formel 1 und Risiko, das gehört zusammen – auch für Michael Schumacher. Bis zum 11. Juli 1999 hatte er sich noch nie ernsthaft verletzt. Aber Unfälle lassen sich eben nicht ausschließen. Früher oder später muss sich jeder Formel-1-Fahrer mit der Frage auseinandersetzen, ob er bereit ist, dieses Risiko einzugehen oder nicht.

Zum ersten Mal tut sich Michael 1991 in Japan im Training weh. »Das war ein ziemlich böser Crash – aber ich bin gleich darauf wieder ins Auto gestiegen und danach um eine halbe Sekunde schneller gefahren. Solange ich weiß, warum ein Unfall passiert ist, ist es okay für mich.« In dieser Beziehung hat er 1995 in Imola mehr Probleme, als er mit dem Benetton heftig neben der Strecke und in der Leitplanke landet, »... denn da haben wir nie herausgefunden, was eigentlich los war.«

Imola – das ist ein Schlüsselwort für Risiko, Angst, Tragödie in der Formel 1. Die tödlichen Unfälle von Roland Ratzenberger und Ayrton Senna 1994 haben Michael Schumacher wohl doch mehr belastet, als es den Anschein hatte. »Ich musste über meine Zukunft nachdenken, darüber, ob ich weiter Rennen fahren will. Es war das erste Mal, dass ich mit so einer Situation konfrontiert wurde. Erst nach einem Test in Silverstone hatte ich das Gefühl, dass ich weitermachen kann. Es war sehr wichtig für mich zu erfahren, ob ich noch das Feeling für ein Rennen habe, oder ob ich im Auto sitze und denke, ›das ist alles zu schnell für mich, die Mauer ist so nah, ich kann hier sterben...‹ Ich nahm mir

vor, nicht übers Limit zu gehen und mir der Gefahren bewusst zu bleiben, aber trotzdem wollte ich versuchen, schnell zu sein. Die Antwort, die ich nach zwei Runden in Silverstone auf diese Frage erhielt, war positiv.«

Auch 1995, als Mika Häkkinen in Adelaide mit Tempo 200 in eine Mauer kracht und sich so schwere Kopfverletzungen zuzieht, dass die Formel 1 um sein Leben bangt, fällt es Michael nicht leicht, wieder ins Auto zu steigen. Teamchef Flavio Briatore erkennt das – und bringt ihn in den FOCA-Bus zu Bernie Ecclestone, wo er sich die Videoaufzeichnung aus Mika Häkkinens Inboard-Kamera anschauen kann. »Das hat mir gezeigt, dass ein technischer Defekt« – ein Reifenschaden – »die Unfallursache war. Danach konnte ich wieder fahren. Aber wenn ich gesehen hätte, dass ein so guter Fahrer wie Mika einen so folgenschweren Fehler machen kann, hätte ich gewusst, dass ich dasselbe Risiko auf mich nehme wie Mika. Bevor ich nicht genau wusste, was wirklich vorgefallen ist, fühlte ich mich ganz leer.«

Mit dieser Grundeinstellung unterscheidet sich Michael von manch anderem Formel-1-Piloten. Der Perfektionist Schumacher kann mit dem außerhalb seiner Macht stehenden Risiko eines Defekts besser leben als mit der Vorstellung, selbst einen Fehler zu machen.

»Was mich wirklich beunruhigt, ist, wenn ich keine Erklärung für einen Unfall finde. In Imola 1995 bin ich abgeflogen und weiß nicht, warum. So etwas hasse ich.«

Und weil es eben nie möglich sein wird, technische Defekte völlig auszuschließen, ist es für ihn umso wichtiger, sich verstärkt um die Absicherung der Strecken zu kümmern. »Klar, das war mir schon immer wichtig, aber Imola 1994 hat da etwas verändert. Ich habe mehr über alles nachgedacht. Das ist auch eine Frage des Alters. Wenn man älter wird, denkt man über viele Dinge mehr nach und ist nicht mehr so verbissen.«

In Silverstone 1999, als Schumacher zum ersten Mal wirklich einer existenziellen Gefahr ins Auge blickt, kommen einige Faktoren zusammen: ein versuchtes Überholmanöver in der Startrunde gegen seinen Teamkollegen Eddie Irvine, ein technischer Defekt, eine nicht optimale Streckenabsicherung an der Unfallstelle. Beim Anbremsen der Stowe-Kurve aus Tempo 300 schießt der Ferrari geradeaus, fliegt unkontrolliert über ein Kiesbett, bohrt sich durch die Reifenstapel bis in die Leitplanke. Die Aufprallgeschwindigkeit beträgt immer noch 107 Kilometer pro Stunde, wird die Datenaufzeichnung später ergeben.

cke: »Michael hat einen Beinbruch erlitten, ist aber sonst in guter Verfassung und voll ansprechbar. Er wird zur weiteren Behandlung ins General Northampton Hospital geflogen«, informiert Rennarzt Dr. Sid Watkins. Dort wird dann festgestellt, dass – außer einem Schien- und Wadenbeinbruch am rechten Bein – keine größeren Verletzungen vorliegen. Von dem Schnitt an der Ferse, der ihm später noch einigen Ärger machen wird, ist noch nicht die Rede. Am späten Nachmittag wird der Patient dann operiert.

Bruder Ralf wird seines dritten Platzes im Rennen nicht recht froh. In der Pressekonferenz sieht er den Crash seines Bruders zum ersten Mal: »Der Aufschlag sieht böse aus. Man denkt ja immer, dass einem selbst oder dem eigenen Bruder so etwas nicht passiert.«

> »Wenn ich in Ungarn wieder fahren könnte, dann würde ich mir schon noch Titelchancen ausrechnen.«

Der Schrecken hat die Formel 1 wieder einmal eingeholt, als Schumacher nicht aussteigt und auch die herbeieilenden Streckenposten Schwierigkeiten haben, ihn aus dem Auto zu befreien. Bange Minuten, als eine aufblasbare Trage gebracht wird und die Posten während der Bergung anfangen, die Unfallstelle mit großen Tüchern gegen die Blicke Neugieriger abzuschirmen. Als Michael auf der Trage liegt und auf dem Weg zum Rettungswagen den Zuschauern zuwinkt, ist zumindest klar, dass er keine gefährlichen Verletzungen erlitten hat.

Bald danach kommen beruhigende Nachrichten aus dem Medical Center an der Stre-

Spekulationen über die Unfallursache gibt es reichlich. Ferrari-Technikchef Brawns erste Vermutung: »Ich habe den Eindruck, dass die Hinterradbremsen nicht funktionierten.« Das deckt sich mit dem, was Ferrari nach den internen Untersuchungen bekannt gibt. Einer der Mechaniker habe vergessen, eine Belüftungsschraube im Bremssystem festzuziehen.

Tatsache ist: Im Titelduell zwischen Ferrari und McLaren treiben sich die Top-Teams

Der Crash: Bange Minuten in Silverstone 1999. Beim Heim-Grand Prix in Hockenheim müssen die Fans auf ihren Helden verzichten.

in extreme Grenzbereiche. Der Druck ist groß, und so passieren auf beiden Seiten Fehler, die man sonst eher bei den Hinterbänklern vermuten würde. Silverstone ist nur die Spitze des Eisbergs, andere Schlampereien bei Ferrari machen nur keine Schlagzeilen – entweder weil sie im freien Training passieren, wie die Panne mit der Radaufhängung, die sich in Barcelona selbstständig macht, oder aber, weil Schumacher aus Solidarität etwas auf seine Kappe nimmt, das technische Gründe hatte – Ursachen und Details bleiben Betriebsgeheimnis!

Auf der anderen Seite soll Mika Häkkinens Abflug im Rennen in Imola auf einen Defekt zurückgehen, was Fahrer und Team später öffentlich heftig dementieren. Wenigstens gibt es keine Diskussionen, nach-

dem Häkkinen in Silverstone ein Rad verliert; denn der hat schon nach dem ersten Boxenstopp einen Defekt signalisiert.

Die Öffentlichkeit bewegt Schumachers Beinbruch natürlich viel mehr – und das Datum seines Comebacks. Plötzlich werden eine Menge Schnellkurse in Orthopädie angeboten, Chefärzte entdecken die Boulevardzeitungen als Forum. Die Spekulationen reichen von »in drei Wochen in Hockenheim« bis »in diesem Jahr überhaupt nicht mehr.« Als Eddie Irvines Zitat »Wer weiß, ob er überhaupt noch mal zurückkommt?« die Runde macht, hat Ferrari-Chef Luca di Montezemolo genug. Im Privatflugzeug begibt er sich an den Genfer See, wo Schumacher sich erholt, um mit seinem teuersten Angestellten persönlich zu reden. »Ich wollte ihm bei der Frage, was er wirklich vorhat, in die Augen sehen«, teilt Montezemolo danach den italienischen Zeitungen mit – und was er sieht, beruhigt ihn offensichtlich: »Michael will so schnell wie möglich wieder fahren. Ich gehe davon aus, dass er in Monza wieder im Auto sitzt.«

In Hockenheim grüßt Michael vor dem Start seine Fans von der Videowand aus seinem friedlichen Schweizer Garten, mitten in die Starthektik hinein. In einer zweiten RTL-Schaltung nach dem Rennen sagt er: »Wenn ich in Ungarn wieder fahren könnte, dann würde ich mir schon noch Titelchancen ausrechnen.« Insgeheim plant er zusammen mit Jean Todt und Ross Brawn tatsächlich schon einen Comeback-Versuch in Budapest. Aber der geht schief. Einen Testversuch in Monza muss Schumacher vorzeitig abbrechen: »Psychisch habe ich überhaupt keine Probleme, aber das Bein tut noch zu weh.« Alle Weltmeisterschaftschancen sind damit perdu, und irgendwie wird man das Gefühl nicht los, dass es Schumacher daraufhin auch nicht mehr ganz so eilig hat, wieder ins

Cockpit zurückzukommen – und seinen Teamkollegen Eddie Irvine die Früchte jener Arbeit ernten zu lassen, die er vier Jahre lang fast ganz allein erledigt hat.

Erst in Malaysia klettert Michael – wohl auf Druck von Ferrari-Präsident Montezemolo – wieder ins Cockpit. Auf einmal ist der Ferrari eine Sekunde schneller als die Konkurrenz. Mit einer Pole-Position, einer überlegenen Führung im Rennen und dem selbstlosen Geschenk des Sieges an Eddie Irvine feiert er ein strahlendes Comeback. Das Theater um die regelwidrigen Windabweiser des Ferrari, die Disqualifikation und deren äußerst umstrittene Rücknahme eine Woche später lassen ihn kalt. Er verhält sich, als wolle er sagen: »Ich habe meinen Teil getan.« In Japan verhilft er seinem Team zur Konstrukteursweltmeisterschaft. Irvine zum Sieger der Fahrer-Wertung zu machen, gelingt nicht: »Mika war einfach zu stark«, argumentiert Michael, als einige italienische Medien ihm vorwerfen, er habe es wohl auch nicht mit letztem Einsatz versucht.

Aber der Unfall wird erst einmal verdrängt. Erst als die Formel 1 im April 2000 wieder nach Silverstone zurückkommt, wird er noch einmal zum Thema. Probleme auf der Unglücksstrecke? Michael selbst sieht das locker: »Ganz sicher nicht«, betont er überzeugt, und mit seinen Bestzeiten bei den Testfahrten in der Woche vor dem Grand Prix unterstreicht er das eindrucksvoll. »Der Unfall ist ja auf Grund eines technischen Defekts passiert – dieses Problem an den Bremsen, das wir im Nachhinein aufklären konnten. So etwas kann überall vorkommen, das hat mit der Strecke nichts zu tun.«

Das Einzige, was ihm noch Sorgen macht, sind die Sicherheitsbedingungen in jener Kurve, in der sein Ferrari damals in die Reifenstapel krachte. Und wirklich zeigt sich bei den Tests, dass die Stelle immer noch kritisch und nicht optimal abgesichert ist. Denn als Ricardo Zonta an gleicher Stelle abfliegt, wird er gleich über Reifenstapel und Leitplanke hinweg katapultiert. Schumacher führt daraufhin bis zum Rennwochenende ernste Gespräche mit den Verantwortlichen und erreicht, dass man die Sicherheitsmaßnahmen noch einmal überdenkt.

Im November 2000 muss er sich noch das Metall aus dem Bein entfernen lassen. Generell sieht er manche Konsequenzen des Unfalls

sogar positiv: »Ich bin so fit wie nie zuvor«, erklärt er im Frühjahr 2000. »Ich habe einen Check machen lassen, und die Ergebnisse waren fantastisch.« Vor allem mental habe er profitieren können: »Ich hatte einen tollen, entspannten Winter. Das war sicher wichtig. Die lange Pause hat mir gut getan. Durch so etwas wird man wieder freier im Kopf…«

»Meine Einstellung zum Rennfahren hat sich durch den Unfall nicht geändert. In Suzuka, als der Titel auf dem Spiel stand, habe ich nicht eine einzige Sekunde darüber nachgedacht. Ich bin die ganze Zeit absolut voll gefahren.«

Kreislaufversagen, quasi einen Herzstillstand, spürte, wie ihm alles entglitt, er nichts mehr tun konnte.

Die Ärzte hatten diese plötzliche Komplikation zwar sofort wieder im Griff, es war nur eine Zeitspanne von wenigen Sekunden, die Michael ohnmächtig war, aber das Erlebnis des »Sich-ausgeliefert-Fühlens« hat ihn in jedem Fall tief getroffen.

Zunächst hatte er freilich den ersten Schock nach dem Crash überwinden müssen. Engen Freunden erzählt Corinna Schumacher, dass es über eine Woche gedauert habe, bis Michael über ein Erlebnis reden konnte, über das er bis jetzt kaum öffentlich gesprochen hat. Als die FIA-Ärzte ihn aus dem zerstörten Ferrari befreit hatten und ihn auf einer Trage zum Krankenwagen brachten, erlitt er durch den Schock ein

»Jemand, der so körperbewusst ist wie Michael, der immer darauf vertraut, sich selbst und seinen Körper absolut kontrollieren zu können, der bekommt natürlich ein Problem, wenn er merkt, dass es Situationen gibt, in denen das nicht funktioniert«, versuchen Freunde Schumachers Reaktion zu erklären. Gedanken ans Aufhören legte er nach gut zehn Tagen aber doch zu den Akten. »Nach dieser Entscheidung hat ihn das traumatische Erlebnis wahrscheinlich sogar noch besser gemacht«, glauben viele aus seinem engsten Umfeld. »Weil es ihn als Menschen verändert hat, weil er jetzt auch andere Werte erkennt als zuvor.« Der etwas lockerere, offenere und entspanntere Michael Schumacher des Jahres 2000 sei das Resultat.

Grußbotschaft aus der ruhigen Schweiz ins Motodrom – mit Hilfe eines Fernsehsenders und per Videowand.

Das rote Triumvirat –
und ein Präsident

er Erfolg ist nie der Erfolg eines Einzelnen, sondern immer der des ganzen Teams« – von dieser Philosophie rückt Michael Schumacher niemals ab. Also ist es für ihn überaus wichtig, das komplette Team so geschlossen wie möglich hinter sich zu wissen, vor allem die Schlüsselfiguren. Bei Ferrari sind das der Rennleiter Jean Todt und der technische Direktor Ross Brawn. Mit Schumacher zusammen bilden sie das Triumvirat, das in Maranello unübersehbar die Richtung vorgibt – und wohl auch in Zukunft vorgeben wird. Denn Todt und Brawn verlängern im Februar 2001 ihre Verträge bis ins Jahr 2004.

Jean Todt ist seit 1993 bei Ferrari. Der Franzose mit den polnischen Vorfahren führte zunächst Peugeot zu größten Erfolgen in der Sportwagen- und der Rallye-Weltmeisterschaft, ehe er in die Formel 1 wechselte. Michael Schumacher ist für ihn der ideale Fahrer schlechthin. Die wechselseitige Wertschätzung beruht auf Gegenseitigkeit.

»Wir haben sehr viel gemeinsam«, sagt Todt, »Bescheidenheit, Professionalität, Gerechtigkeitssinn, Treue, absolute Loyalität. Diese gemeinsamen Werte schaffen eine starke Verbindung. Michael ist ein großer Mensch, nicht nur ein toller Sportler, er ist auch mein Freund.«

Michael schwärmt über seinen Rennleiter in ähnlich hohen Tönen: »Ich war der Meinung, dass es Seriosität und Ehrlichkeit in der Formel 1 kaum gibt – bis ich Jean Todt kennen gelernt habe. Ich habe nie jemanden erlebt, der so ehrlich und loyal ist und der so hart arbeitet. Er nimmt sich kaum einmal

ein Wochenende frei, um seinen Sohn Nicolas in Paris zu sehen.« Auch er beschwört die Freundschaft: »In diesem Geschäft Freunde zu finden, ist schwierig. Jean ist mein bester Freund. Nach meinem Unfall in Silverstone hat er an den folgenden Wochenenden an meinem Bett gesessen.«

Wer so eng miteinander verbunden ist, steht natürlich nicht nur in guten, sondern auch in bösen Zeiten füreinander ein. Mehr als einmal hat sich Schumacher vor Todt gestellt, wenn der wieder einmal auf der Abschussliste stand, weil die erwarteten Erfolge ausblieben. Dabei hat er auch sein persönliches Schicksal bei Ferrari unmissverständlich mit dem Todts verbunden. Auch Ross Brawn, den Schumacher und Todt Ende 1996 als technischen Direktor von Benetton zu Ferrari holten, soll in dieses komplizierte Vertragswerk mit eingebunden sein.

Brawn, der Schumacher schon bei Benetton zu zwei Titeln führte, ist diesem Triumvirat praktisch genauso wichtig. Der 46-jährige Engländer

> »Michael ist ein großer Mensch, nicht nur ein toller Sportler, er ist auch mein Freund.«
> **Jean Todt**

gilt als der mit Abstand beste Stratege in der Formel 1. In der Fähigkeit, spezielle Rennsituationen zu erkennen und ebenso schnell wie richtig darauf zu reagieren, ist er den meisten anderen Technikern und Taktikern der Formel 1 beträchtlich überlegen.

»Er ist einfach der große Meister in unserem Team«, schwärmt Schumacher nach seinem Titelgewinn in Suzuka. »Einerseits ist es natürlich fast ein bisschen unfair gegenüber den anderen, ihn so hervorzuheben. Aber im entscheidenden Moment ist er einfach derjenige, der die richtigen Entscheidungen trifft. Er hat uns in diesem Jahr zum Weltmeister gemacht. Auf der anderen Seite braucht er natürlich auch die Unterstützung durch all unsere anderen tollen Ingenieure und die Mechaniker, die perfekt arbeiten müssen.«

Und er braucht den idealen Partner im Auto, der seine Ideen und Strategien auch perfekt umsetzen kann. Den hat er in Michael Schumacher zweifellos: »Er ist nicht nur über eine Runde schnell«, schwärmt Brawn. »Er kann ein hohes Tempo über lange Zeit halten. Er hat keine plötzlichen, überraschenden Einbrüche. Und das erlaubt mir, Strategien auszuarbeiten, die mit einem anderen Fahrer vielleicht zu riskant wären. Seine Fehlerquote ist auch dann noch unglaublich gering, wenn er voll fahren muss. Deshalb gewinnt er manchmal auch Rennen, die man normalerweise – mit einem anderen Fahrer – eigentlich schon verloren geben müsste Er lässt keine Chance aus.«

> **»Wenn Ross mir während eines Rennens über Funk sagt, die Lage ist so und so, dann weiß ich genau, was das bedeutet, dann ist es auch so.«**

Was schätzt Brawn noch an seinem Starpiloten? Seine ausgeprägten technischen Fähigkeiten zum Beispiel. »Michael kann das Verhalten des Autos bis ins kleinste Detail beschreiben. Und dann lässt er uns analysieren, warum dies oder jenes Problem auftaucht und beteiligt sich selbst an der Diskussion, die uns über viele verschiedene Vorschläge auf den Weg zu einer sinnvollen Lösung führt. Es wäre nämlich falsch, wenn ein Fahrer an die Box käme und sofort nach einer ganz bestimmten Einstellung verlangen würde.«

Für Brawn ist Schumacher auf jeden Fall der beste Fahrer, mit dem er je zusammengearbeitet hat. »Und auch heute wird er immer noch besser. Der Raum für Verbesserungen ist zwar bei ihm nicht mehr allzu groß, aber er nutzt ihn immer noch, zumindest in Details.«

Auch bei diesen beiden beruht die Hochachtung auf Gegenseitigkeit: Schumacher hat zu Brawn absolutes Vertrauen: »Wenn Ross mir während eines Rennens über Funk sagt, die Lage ist so und so, dann weiß ich genau, was das bedeutet.«

Und er kann sich auch darauf verlassen, dass Todt und Brawn ihm in für ihn kritischen Situationen den Rücken stärken – fast um jeden Preis und selbst wenn die Dinge dadurch kompliziert werden sollten. An dieser Stelle nämlich kommt der vierte Mann ins Spiel. Denn hinter – oder eigentlich über dem Trio steht ja noch einer, derjenige, der bei Ferrari eigentlich die Macht hat – oder zumindest haben sollte. Schließlich ist Luca di Montezemolo der Präsident und damit der Chef von Schumacher, Todt und Brawn. Aber so einfach ist das bei Ferrari alles nicht– nicht in der Vergangenheit und auch heute nicht. Deutlich werden diese verschlungenen Strukturen, Allianzen und Differenzen vor allem in der Zeit nach Michael Schumachers Unfall 1999 in Silverstone. Denn als Eddie Irvine zur Speerspitze im Titelkampf werden muss, scheint das Team auf einmal wie von einer merkwürdigen Lähmung befallen, treten ungewöhnliche Zwischenfälle auf.

In Monza, als Schumacher entgegen vieler Erwartungen noch nicht im Auto

In Ungarn 1998 holt das Duo Schumacher – Brawn in Gemeinschaftsarbeit einen großen Sieg.

Großer Boss mit großem Charme: Luca di Montezemolo – ab und zu muss er auch seine Macht beweisen.

sitzt und Irvine hinter-herfährt, werden Spannungen spürbar. Auf den mittleren und unteren Ebenen des Ferrari-Teams wird da sogar das Gebaren der eigenen Führungsspitze misstrauisch beäugt. Spielen Ferrari-Rennleiter Jean Todt, von dem man ja weiß, dass er von einem Weltmeister Irvine persönlich gar nicht so begeistert wäre, der sich bei Irvines Siegen augenscheinlich weniger freut als bei jenen Schumachers, der lange braucht, bis er mit Ferraris -Nummer 2 überhaupt aufs Podest steigt, spielen Jean Todt und Michael Schumacher da vielleicht sogar ein abgekartetes Spiel? Vielleicht sogar gegen den Präsidenten Montezemolo, der bei einem offiziellen Abendessen seines Teams mit 600 Gästen am Samstag selbst der italienischen Presse gegenüber ungewohnt kurz angebunden auftritt – weil er gegen die Verhältnisse nichts tun kann oder nichts tun will? Hat er vielleicht sogar ein wenig die Kontrolle über das Team und Schumacher verloren? Von dem – am Ende ge-

scheiterten – verfrühten Comeback-Versuch in Ungarn, der den zweimaligen Weltmeister dann durch zu frühes, zu hartes Training gesundheitlich erst recht zurückwarf, erfuhr Montezemolo ja zum Beispiel als letzter. Das hatten Schumacher, Todt und Brawn, der übrigens nach Schumis Testabbruch in der Woche vor Monza ebenfalls sofort abreiste, alleine ausgeheckt. Immerhin setzt Montezemolo dann offensichtlich doch durch, dass Schumacher in Malaysia antritt. Aber alles, was dort geschieht, heizt die Spekulation nur weiter an. Denn eigentlich müsste am Sonntag abend bei Ferrari Grabesstimmung herrschen, hat man doch den Sieg und damit die Weltmeisterschaftschancen für Eddie Irvine möglicherweise wegen des regelwidrigen Deflektors an den Autos schon endgültig verspielt – sofern dieser Fehler denn aus Schlamperei unterlaufen ist. Aber Todt und Brawn nehmen das alles schon im Meeting mit den Sportkommissaren recht gelassen hin.

D as italienische Fachmagazin »Autosprint«, über Ferrari-Interna meist bestens informiert, stellt daraufhin sogar die provokante Frage, ob und inwieweit hinter diesen Vorgängen sogar Absicht der Ferrari-Führungsriege um Jean Todt und Ross Brawn steckte, die einen Weltmeister Irvine ja ohnehin nie gewollt hat. Auf diesem Weg aber hätten sie ihre Ziele erreicht: eine Supershow für Michael Schumacher und das passende Ergebnis. Wenn dem wirklich so gewesen wäre, hätten sie freilich nicht mit Montezemolos Einschreiten und der Reaktion der FIA gerechnet, die ihre Disqualifikationsentscheidung später wieder zurücknimmt.

Der Ferrari-Präsident, gegenüber dem FIAT-Konzern verantwortlich für die enormen Summen, die alljährlich in das Unternehmen Formel 1 gepumpt werden – braucht dringend den Erfolg. Für ihn ist es unter dem Druck der FIAT-Bosse eher zweitrangig, ob es nun Schumacher ist oder Irvine, der den Titel holt. Trotz der erneuten Niederlage kann er freilich gegen sein »rotes Trio« nichts unternehmen – selbst wenn er dessen Handeln missbilligt. Denn er braucht Schumacher, Todt und Brawn, wenn Ferrari im Jahr 2000 überhaupt Titelchancen haben soll. So verlegt er sich auf ein paar Nebenkriegsschauplätze, um seine Macht zu beweisen, kritisiert die angeblich schlechte Selbstdarstellung des Teams in der Öffentlichkeit, die Kommunikationsprobleme... Zu seinen Maßnahmen gehört, dass er Schumacher mehr oder weniger dazu vergattert, endlich doch etwas mehr Italienisch zu lernen und ihm zu diesem Zweck eine Hauslehrerin verordnet. Und auch Michaels langjähriger Pressesprecher Heiner Buchinger ist wohl letztlich ein Montezemolo-Opfer. Er muss im Zuge einer Umstrukturierung der Presseabteilung weichen. Doch ganz können sich Ferrari und der Boss mit ihren Plänen doch nicht durchsetzen, weil die Mühlen in einem größeren Unternehmen eben doch etwas langsamer mahlen. Bevor man sich dort endgültig für einen eigenen Kandidaten entschieden hat, ist Willi Weber schneller und präsentiert die Journalistin Sabine Kehm als Schumachers neue persönliche Pressesprecherin.

Teamwork ist alles – Ferrari siegt und jubelt gemeinsam, besonders über den Konstrukteurstitel in Malaysia 2000.

Solche Niederlagen hindern Montezemolo freilich nicht an großen Auftritten: Mit seinen markanten Zügen, die an den Schläfen leicht ergrauten Haare in flotter Fönfrisur gestylt, nicht etwa in roter Ferrari-Teamuniform, sondern trotz der Hitze in einer sportlich-eleganten, korrekten Kombination, das Hemd gerade so weit offen, dass es lässig, aber nicht übertrieben wirkt, die dunkle Sonnenbrille mal über den Augen, mal locker zurück ins Haar geschoben – der Mann weiß, wer er ist und was er darstellt – vor allem aber, wie man die Öffentlichkeit fasziniert. Er verbringt zwar äußerst selten ein komplettes Rennwochenende an einer Strecke, aber wenn er es für nötig hält, aufgewühlte Wogen zu glätten, dann wirkt er mit seinem Charme und seiner Ausstrahlung oft auch mit Darstellungen überzeugend, die man einem anderen kaum abnehmen würde. So z. B. Ungarn

2000, als er vorher selbst ausgelöste Debatten um die bei Ferrari vermutete Stallorder und den Streit zwischen Ferrari und McLaren einfach vom Tisch reden will. »Schluss mit der Polemik! Wir wollen keinen Streit mehr in dieser Welt ...« So hat es eben die Auseinandersetzung zwischen den technischen Direktoren von Ferrari- und McLaren, Ross Brawn und Adrian Newey, die auf der FIA-Pressekonferenz am Freitag heftig über Bevorzugungen und Benachteiligungen in beiden Teams debattierten, nie gegeben, obwohl 100 Journalisten dabei waren ... Und genauso wenig gibt es eine Lobby bei der FIA, die sich dort für die »Interessen von Ferrari einsetzt.

Schöne Worte – aber ein Meister der Rhetorik ist der gelernte Anwalt allemal. In der Formel 1 spielt Montezemolo unbestritten eine vergleichbare Rolle wie ein Franz Beckenbauer in der Fußballwelt. Sobald der Medienstar das Wort ergreift, hören alle zu und

wagen kaum zu hinterfragen oder gar zu widersprechen. Er nutzt es aus, dieses erstaunliche Talent, jedem Gesprächspartner das Gefühl zu geben, er sei für ihn im Moment der wichtigste Mensch auf der Welt. Und er hat Erfolg damit, vor allem wenn auch seine Ferraris auf der Strecke erfolgreich sind – bei den meisten zumindest, und vor allem natürlich in Italien, wo der Mann, der Ferrari 1975 mit Niki Lauda nach langer Durststrecke wieder zum Weltmeistertitel führte, der seit 2004 als neuer FIAT-Chef den angeschlagenen Autokonzern zu neuer Blüte führen soll, der 1990 in Italien die Fußball-Weltmeisterschaft organisierte, fast Kultstatus genießt. Nur wenige können sich seinem Charisma so entziehen wie der Ferrari-Experte der italienischen Fachzeitschrift Autosprint, der dem Boss lieber aus dem Weg geht: »Was Montezemolo von sich gibt, interessiert mich nicht. Wenn ich Schauspieler sehen will, gehe ich ins Kino.«

Pregasi di parlare tedesco
Deutsch-italienische Beziehungen

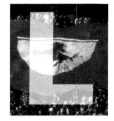

eicht hat es Michael Schumacher nicht, als er zum ersten Mal als gerade bestätigter neuer Ferrari-Fahrer nach Italien kommt. Monza 1995 – die Tinte auf dem Ferrari-Vertrag ist gerade mal drei Wochen trocken. Und was begrüßt ihn da am ersten Trainingstag von der Haupttribüne gegenüber den Boxen? Ein reichlich provokantes, riesiges Transparent mit der Aufschrift »Lieber heute ein Alesi als morgen 100 Schumachers«.

Es ist dies ein deutliches Zeichen dafür, dass es nicht leicht werden wird, die Herzen der italienischen Tifosi zu erobern. Schließlich hatten die in den letzten drei Jahren mit Jean Alesi und Gerhard Berger zwei Fahrer, die so recht zur italienischen Mentalität passten – auch wenn sie nicht die ganz großen Erfolge feierten. Der heißblütige Alesi, der seine sizilianischen Vorfahren nicht verbergen kann und dem immer wieder mal, ob in Freude oder Ärger, alle Emotionen durchgehen, dazu der gutaussehende Mädchenschwarm Gerhard Berger, immer noch mit viel lausbubenhaftem Unsinn im Kopf, immer locker – und nicht zuletzt durch seinen spektakulären Feuerunfall in Imola 1989 in Italien sehr populär.

Und jetzt soll also dieser kühle, sachliche Deutsche in den heiligen Ferrari steigen, dieser »Tedesco«, der zwar offensichtlich sehr gut und sehr erfolgreich ist, dem aber doch so vieles fehlt, was ihn zum melodramatischen Helden in italienischen Inszenierungen typischer Ferrari-Dramen prädestinieren würde? Noch sind sie skeptisch. Gut, wenn der »Tedesco« der Scuderia endlich den heiß ersehnten Titel bringt, dann kann man sich vielleicht mit ihm anfreunden, ihn dafür auch verehren und respektieren – aber ihn wirklich ins Herz schließen, ihn lieben, so wie man vielleicht einen Gilles Villeneuve geliebt hat?

Es dauert zwar eine Weile, aber im Lauf der Zeit erobert der »Tedesco« auch die Sympathien der italienischen Tifosi.

In Imola 1996 findet dann der erste Kontakt statt zwischen Schumacher im Ferrari am Start eines Grand Prix und den Fans: Auch hier herrscht anfangs noch eher Distanz zum neuen Helden: Die zahllosen Transparente und Fahnen, mit denen man sonst in Italien Ferrari-Piloten zu feiern pflegt, fehlen zumindest am Donnerstag noch völlig. Hört man sich bei den Tifosi um, vernimmt man immer wieder: »Sicher freuen wir uns riesig, wenn Ferrari durch Schumacher wieder gewinnt. Und er ist auch sicher ein ganz toller Fahrer.« Doch dann kam oft ein großes Aber: »Als Person, als Mensch war uns halt so jemand wie Berger oder Alesi näher. Schumacher ist so kühl, so emotionslos…«

Das schlägt sich auch ein bisschen in der Antwort auf eine Frage nieder, die Michael in Italien immer wieder gestellt wird – und die über Jahre ein Dauerthema bleibt: Ob er nicht mal ein bisschen Italienisch lernen wolle, schon allein, um bei Ferrari intern noch besser zurechtzukommen? »Ich würde schon ganz gerne, aber nur so zum Privatgebrauch. Mit dem Team, über technische Dinge, da werde ich immer Englisch sprechen, weil ich mich da präziser ausdrücken kann. Also sollten die Leute bei Ferrari, die noch nicht so gut Englisch können, zusehen, dass sie auf diesem Gebiet bald besser werden.«

Um bei den Fans in Italien anzukommen, brauche er nicht Italienisch zu lernen, glaubt er: »Mansell hat doch auch nie Italienisch gekonnt, und die Leute hier haben ihn sehr gemocht, oder?« Außerdem brauche er die Herzen der italienischen Fans gar nicht mehr zu erobern. »Ich glaube, da bin ich schon drin.« Nun ja – auf der Haupttribüne hängt am Freitag ein einziges Schumacher-Transparent – neben Dutzenden für die letzt-jährigen Ferrari-Piloten Berger und Alesi. Und dazwischen immer noch kleine Gemeinheiten wie »Jean (Alesi) und Eddie (Irvine) – eine Siegerkombination«. Aber die Stimmung ändert sich – spätestens nach der überraschenden Pole-Position am Samstag, und am Sonntag tauchen dann doch auch einige Schumacher-Spruchbänder auf, wird er bejubelt wie die meisten Ferrari-Fahrer in Italien vor ihm, wird aus Michael allmählich ein italienischer »Michele«.

»Mikkeele« – so klingen in etwa Rufe aus Tausenden von Kehlen – denn an einem deutschen »ch« bricht sich nun mal jeder Italiener die Zunge ab. Besondere Fremdsprachenexperten sind die meisten dort auch nicht, nicht einmal die italienischen Journalisten, die Schumacher jetzt zu Dutzenden auf Schritt und Tritt begleiten. Selbst der »Schumi-Schattenmann« der Gazzetta dello Sport, der größten der drei täglich erscheinenden italienischen Sportzeitun-

1998 lief es noch nicht so richtig rund für Michael Schumacher. Öfter als ihm lieb war wurde er unverhofft zum Fußgänger, wie in Monte Carlo.

gen, dessen einzige Aufgabe seit 1996 bis heute darin besteht, sich ständig im Dunstkreis Michaels aufzuhalten und kein Wort und keine Regung des Champions zu verpassen, spricht kein Wort Deutsch und alles andere als berauschend Englisch...

Trotzdem – oder vielleicht auch gerade deswegen – kommen die beiden gut miteinander klar. Denn Raffaele Dalla Vite vermeidet detaillierte technische Fragen, hat seinen Michele auch in den Jahren der vergeblichen Anläufe nie gefragt, wann er denn nun endlich Weltmeister mit Ferrari werde und spielt geduldig die Rolle des »Gute-Laune-Raffaele«, wie er das selbst nennt. Dafür belohnt ihn Schumacher dann schon mal mit ein paar kurzen Einblicken in sein Privatleben, inzwischen sogar ab und zu auf Italienisch. »Denn er hat Einiges dazugelernt. Im kleinen Kreis kann man sich mit ihm schon recht gut auf Italienisch unterhalten.« Nur hat das zumindest von den Fans, die es sicherlich zu schätzen wüssten, bis jetzt kaum jemand mitbekommen. Denn

vor größerem Publikum scheut sich Schumacher immer noch, seine Kenntnisse anzubringen, und wenn er sich dazu mehr oder weniger gezwungen sieht, wird er sichtlich nervös und unsicher. »Da habe ich ein Problem mit meinem Perfektionismus«, gibt er selbst zu. »Da kommt die Angst, mich zu blamieren. Ich mag es einfach nicht, etwas zu tun, das ich nicht besonders gut kann.«

Dass ihm die Italienischstunden mit einer Privatlehrerin, von Ferrari-Boss Luca di Montezemolo im Winter 1999/2000 zur Imageverbesserung in Italien verordnet, auch nicht besonders gefallen hatten, sagte er öffentlich lieber nicht so laut. Schließlich hatte er ja nichts dagegen, sich Italien ein bisschen weiter anzunähern, im Gegenteil. Und in den folgenden Jahren haben sich seine Sprachkenntnisse ja dann doch deutlich verbessert: »Ich verstehe jetzt schon die meisten Dinge, nur das Sprechen fällt mir halt immer noch schwer. Und selbst während der Saison spreche ich halt doch viel mehr englisch und deutsch – mit den Ingenieuren, mit den Medien. Aber wenn man eine Sprache nicht dauernd spricht, dann vergisst man eine Menge Vokabeln wieder«, meinte er schon 2002. In den fol-

»Mit dem Team, über technische Dinge, werde ich immer Englisch sprechen, weil ich mich da präziser ausdrücken kann.«

genden Jahren kam noch einiges an Sprachfertigkeit dazu – was ihm dann auch immer mehr Spaß machte: »Denn es ist schon schön, wenn man sich auf der Straße, im Restaurant, mit den Leuten verständigen kann. Und mir gefällt die Sprache auch ...«

Die italienische Mentalität – wenn sie nicht gerade zu Nachlässigkeiten und Schlampereien an seinem Ferrari führt, gefällt ihm auch: »Die Italiener sind locker

137

und entspannt. Ich mag ihre Art zu leben – und die Küche. Denn ich bin ein ausgesprochener Pasta-Fan. Außerdem kommen aus Italien viele interessante Ideen, in der Mode, im Design von Möbeln ...« Natürlich sieht er einige Dinge auch kritisch: »Zum Beispiel kümmert man sich für meine Begriffe in Italien zu wenig um Probleme wie den Umweltschutz. Wenn wir auch in Zukunft gut leben wollen, müssen wir unseren Kindern eine intakte Umwelt hinterlassen.«

Einige Gemeinsamkeiten, aber auch so manches, das trennt. Das Deutsche in Michael Schumacher und das Italienische in Ferrari – ist es wirklich letzlich unvereinbar? In mancher Hinsicht gewiss. Das glaubt zumindest der Gazzetta-Journalist Dalla Vite. »Kein Deutscher kann wirklich nachvollziehen, wie wichtig uns Italienern Ferrari ist, wie wir in den 21 Jahren, in denen wir nicht Weltmeister waren, getrauert und uns immer wieder auf's nächste Jahr vertröstet haben.« Natürlich habe es auch Schumacher geschmerzt, fünf Jahre auf den Titel warten zu müssen, »aber weil er mehr von nüchternen Analysen als von Emotionen gesteuert ist, hat er Probleme mit den diffizilen und schwer zu erklärenden Empfindsamkeiten der italienischen Fans. Ferrari ist Italien, und Italien ist Ferrari – für uns ist das klar, für einen Deutschen (leider) nur selten.«

Am intensivsten erlebt Schumacher die italienischen Emotionen immer in Monza, dem Heiligtum des Motorsports auf dem Stiefel. Alle seine Siege dort haben ihn die Begeisterung fühlen lassen – und auch in ihm tiefe Emotionen geweckt. »Monza ist etwas Besonderes. Die Leute dort sind unglaublich. Es ist ein bisschen wie Monaco – aber das Besondere in Monza ist die nationale Beziehung zu Ferrari. Während man fährt, kann man es sich zwar nicht erlauben, auf die Zuschauer zu achten. Aber sofort wenn man aussteigt, merkt man, wie viele Leute nur gekommen sind, um einen zu sehen, wie sie verrückt sind nach Ferrari und der Formel 1. Und das treibt einen vorwärts, motiviert noch zusätzlich.« Die Nachteile der übergroßen Begeisterung für den Ferrari-Helden Schumacher, die nach der unglaublichen Folge von Weltmeistertiteln immer weiter gewachsen ist, musste er dann freilich auch in Kauf nehmen: Ständig beobachtet zu sein, damit zu leben, dass ununterbrochen »irgend jemand was von einem will. Man ständig bedrängt wird. Der Druck ist enorm, manchmal geht es schon ein bisschen weit.«

Druck der Fans, Druck natürlich auch der Medien. Allein die drei großen Sportzeitungen Italiens müssen ja täglich ihre Seiten füllen – und wenn es mal nichts Neues, nichts Besonderes oder nichts Interessantes gibt, dann werden die Sensationen eben »hausgemacht«, auch wenn dabei in nicht wenigen Fällen eine Menge Unsinn herauskommt. Sich darüber aufzuregen, hat Schumacher schnell aufgegeben. »Am besten liest man gar nichts – und wenn die Stimmung gegen mich mal schlecht ist, kann ich beinahe sicher sein: Nach dem nächsten Sieg kippt sie wieder um.« Abgesehen davon war dieses Phänomen ja nicht auf Italien beschränkt – damit hatte er auch in Deutschland immer leben müssen.

Lediglich auf dem Thema der »Kühle« und Sachlichkeit wurde nördlich der Alpen weniger herumgeritten – aber seit dem Tränenausbruch von Monza 2000, als »die Maschine« oder »der Roboter«, wie ihn italienische Schlagzeilen gern titulierten, zum emotionalen Menschen wurde, hatte sich auch das in der Ferrari-Heimat mehr oder weniger gelegt. Die größte Ironie dabei war freilich, dass ausgerechnet in einem weiteren Fall, in dem Schumacher mehr als normal aus sich herausging, die einzige Kritik ausgerechnet aus Italien kam: Als er in Suzuka nach dem Gewinn des Weltmeistertitels für seine lauthals mitsingenden Mechaniker ausgelassen die schwungvolle italienische Hymne mitdirigierte, fanden das fast alle amüsant und keineswegs unangemessen. Nur Italiens Ex-Ministerpräsident Cossiga

> **»Es ist immer so im Leben – es gibt gute Dinge und weniger gute. Ich spüre, dass die Leute mir Respekt entgegen bringen, aber sie sind sehr emotional. Sie verlieren die Beherrschung. Sie lieben es, einen zu küssen und zu umarmen.«**

musste ungefragt und unpassend seinen Kommentar dazu abgeben und sich über »Respektlosigkeit vor einem italienischen Nationalsymbol« beschweren. Da konnten selbst die meisten Italiener nur noch den Kopf schütteln …

Hat der »Tedesco« in mehr als zehn Jahren wirklich die Herzen der italienischen Tifosi erobert? Ihre absolute Verehrung, ihren Respekt mit Sicherheit – und nach dem fünften Weltmeistertitel für Ferrari in Serie natürlich mehr denn je. Die Frage, wie viel an ehrlicher »Liebe« dabei dem Menschen Michael Schumacher und wie viel dem Mythos Ferrari galt und gilt, wird sich mit hundertprozentiger Sicherheit wohl nie beantworten lassen – wobei das ohnehin eher ein Ferrari- als ein Schumacher-spezifisches Thema ist.

Nachdenklich wirkt »Michele il Tedesco« nach seinem Sieg in Imola 2003. Dass er mit seinem Nachfolger bei Ferrari, Kimi Räikkönen, auf dem Treppchen stand, konnte er zu dieser Zeit noch nicht wissen.

»Rad ab«, hieß es bei Schumachers Ferrari nach dem Crash mit Coulthard in Spa 1998.

Rivalen der Rennstrecke
Wie man sich Feinde schafft

ntschlossener Kämpfer, unfairer Pistenrowdy? Harte Überholmanöver oder lebensgefährliche Attacken, wertvolle oder weniger wertvolle Siege und Titel, berechtigte Kritik oder neidisches Gemecker chancenloser Kollegen ohne entsprechende Klasse? Kaum ein Formel-1-Pilot ist im Laufe seiner Karriere in so viele Auseinandersetzungen mit Kollegen auf und neben der Strecke verwickelt worden wie Michael Schumacher, hat sich immer wieder gegen den Vorwurf mangelnder Fairness und Sportlichkeit verteidigen müssen, aber auch selbst munter ausgeteilt.

Der erste Gegner in einem Weltmeisterschafts-Zweikampf ist Damon Hill. Von einigen deutschen Schumacher-Fans – oder Leuten, die sich zumindest so nennen, wird er geradezu zum Nationalfeind stilisiert. In Hockenheim 1994 gibt es Morddrohungen gegen den Engländer – den Einzigen, der Schumacher auf dem Weg zum Titel noch gefährden kann. Das findet zwar auch Michael natürlich absolut unmöglich, aber ein bisschen Stimmung macht er schon noch im Laufe des Jahres gegen seinen Rivalen, dessen fahrerische Klasse er öffentlich anzweifelt. In Adelaide, beim Weltmeisterschaftsfinale, eskalieren die Spannungen in einem Crash: Nach eigenem Fehler in die Leitplanke gekracht, kommt Schumacher auf die Strecke zurück und befördert dabei Hill gleich mit von derselben. Absicht oder nicht – jedenfalls sichert er sich damit seinen ersten Weltmeistertitel – eine Aktion, die ihm Hill, der sich um seinen Erfolg betrogen sieht, nie vergessen oder verzeihen kann.

Auch 1995 geht der Krach weiter: Es gibt Streit in Magny Cours über eine angebliche Behinderung, gespickt mit kaum verhohlenen Vorwürfen. In Silverstone stößt Hill in ein Loch, das Schumacher erst geöffnet, dann aber wieder zugemacht hat. Es kracht – und der Streit bricht wieder auf: War es eine unsinnige Aktion Hills oder eine bewusste Falle Schumachers? »Revanche für Adelaide, 1 : 1«, kommentieren die Engländer. In Spa gewinnt Schumacher, nachdem er Hill ein paar Mal mit dem Rad touchiert hat, kassiert aber eine Sperre auf Bewährung. In Monza verpasst Hill, vom überrundeten Inoue irritiert, seinen Bremspunkt,

Michael Schumacher und Damon Hill bei einer Pressekonferenz – sie reden viel übereinander, aber selten miteinander.

Der Streit der Fahrer wirkt ansteckend – auch die Fans in England und Deutschland bekriegen sich per Transparent-Schlacht.

und kracht Schumacher ins Heck. Der tobt und fühlt sich in seiner Meinung, Hill sei kein Top-Fahrer, bestätigt.

Dass die beiden auch persönlich nicht viel voneinander halten, macht das Verhältnis noch schwieriger: »Hill ist furchtbar launisch«, klagt Schumacher. »Bei ihm weiß man nie, woran man ist.« Hill wiederum hält den Kontrahenten für »unreif« und wirft ihm vor, sich »wie eine Primadonna aufzuführen.« Die Streitereien klingen erst ab, als Hill bei Arrows in der Versenkung verschwindet und sich neue Gegner auftun.

In Jerez 1997 kracht es wiederum beim Weltmeisterschaftsfinale – ähnlich wie in Adelaide drei Jahre zuvor. »Feind Nummer 2« ist von da an Jacques Villeneuve. Schumacher will dem attackierenden Kanadier – zumindest – brutal die Tür zu machen, man könnte auch sagen, ihn von der Strecke bugsieren. Dieses Mal aber schießt er sich selbst ab. Er verliert nicht nur den Weltmeistertitel, sondern beschädigt auch sein Image, vor allem, weil er anfangs auch noch Villeneuve die Schuld in die Schuhe schieben will.

Die Szene bleibt in Erinnerung: Villeneuve ist ganz nahe an den führenden Schumacher herangekommen, startet vor einer langsamen Rechtskurve seinen Angriff, bremst

extrem spät, sticht innen durch, ist schon fast vorbei, da zieht Schumacher mit dem Ferrari ebenfalls nach innen. Die beiden Autos berühren sich, Schumacher landet im Kiesbett, Villeneuve kann, wenn auch mit beschädigtem Auto, weiterfahren. Heinz-Harald Frentzen, direkt dahinter, sitzt bei der Aktion sozusagen erste Reihe Mitte: »Ich habe nur gesehen, dass Michael plötzlich rüberzog. Erst habe ich gedacht, sie würden beide abfliegen.«

Schumachers größter Fehler: Er gesteht den Abschuss lange nicht ein. Als er nach über zwei Stunden aus dem Ferrari-Motorhome, in das er sich verkrochen hat, herauskommt, meint er nur: »Jacques war mit neuen Reifen immer etwas schneller als ich. Aber ich habe nicht erwartet, dass er so spät bremsen könnte. Ich hatte für meine Begriffe schon auf der letzten Rille gebremst, bin etwas überrascht worden. Aber mit Überraschungen muss man im Rennsport leben.« Dann legt er sogar noch ein bisschen nach: »Ich frage mich, ob Jacques, so schnell wie er war, die Kurve gekriegt hätte, wenn ich nicht da gewesen wäre. Er hat mich wohl ein bisschen mit einkalkuliert, sonst wäre er vielleicht auf dem Grünstreifen gelandet.« Manager Weber haut noch lauter in dieselbe Kerbe: Es sei doch Villeneuves Fehler gewesen...

Da kann der strahlende neue Weltmeister nur den Kopf schütteln: »Ich wusste, dass ich bei einem Überholversuch ein sehr großes Risiko eingehen würde. Ich habe damit gerechnet, dass er versuchen würde, mich abzuschießen. Ich war eigentlich nicht überrascht, dass er es versucht hat. Aber ich

> »Ich war eigentlich nicht überrascht, dass er es versucht hat. Aber zum Glück ist ja sein Auto dabei kaputtgegangen und nicht meines.«
> **Jacques Villeneuve**

musste es versuchen. Im Kiesbett zu landen, wäre für mich besser gewesen als Zweiter zu werden und es nicht versucht zu haben. Aber zum Glück ist ja sein Auto dabei kaputt gegangen und nicht meines.«

Die beiden Fahrer werden dann auch zu den Sportkommissaren zitiert, die allerdings einen »normalen Rennunfall« feststellten und keinen Handlungsbedarf sahen – eine Entscheidung, die im Pressezentrum von Jerez mit Buh- und »Mafia, Mafia«-Rufen kommentiert wird. Immerhin schreitet die FIA nachträglich ein und zitiert Schumacher für den 11. November vor das World Motorsport Council nach Paris, wo ihm die Punkte der Saison 1997 sowie der Vize-Weltmeistertitel aberkannt werden. Damon Hill kann sich ein Grinsen über diesen Ausgang nicht verkneifen. Er sieht darin eine späte Revanche für Adelaide 1994: »Schumacher hat nur das bekommen, was er verdient hat. Ich hätte nicht gedacht, dass er so etwas wie mit mir damals noch einmal macht – schon aus Imagegründen. Aber ich habe mich getäuscht.«

Ex-Formel-1-Pilot Patrick Tambay, Kommentator beim französischen Fernsehen, meint: »Michael ist eigentlich ein großer Champion, der so etwas nicht nötig haben sollte. Für sein Image war das sicher nicht gut, vor allem, weil er ja schon einmal einen Titel unter ähnlichen Umständen gewonnen hat, in Adelaide 1994. Daran werden die

> »Ich frage mich, ob Jacques die Kurve gekriegt hätte, wenn ich nicht da gewesen wäre. Er hat mich wohl ein bisschen miteinkalkuliert, sonst wäre er auf dem Grünstreifen gelandet.«

Wer anderen an die Karre fährt, manövriert sich selbst ins Aus! Der rufschädigendste Crash in Schumachers Karriere war die Kollision mit Villeneuve in Jerez 1997.

Leute jetzt natürlich auch wieder denken. Als Fahrer habe ich persönlich zwar ein gewisses Verständnis für instinktive Reaktionen. Aber ich selbst hätte so etwas wohl nie gemacht – vielleicht bin ich deshalb auch nie Weltmeister geworden. Es ist natürlich auch kein gutes Beispiel für junge Nachwuchsfahrer, das Schumacher da gegeben hat.«

Offensichtlich aber eines, das bei den »jungen Wilden« der heutigen Formel 1 als durchaus akzeptabel gilt. Jenson Button, Englands neue große Hoffnung in der Formel 1, kommentiert die Aktion im Winter 2000 ganz locker: »Das Einzige, was damals an dem Manöver von Schumacher falsch war, ist, dass es nicht funktioniert hat...«

Dabei sieht Schumacher selbst – zunächst auf leichten Druck von Ferrari, wo man sich Sorgen ums Image macht – den Vorfall schon ein paar Tage auch öffentlich wesentlich selbstkritischer: »Es war keine Absicht, aber ich habe einen Fehler gemacht.« Und noch viel später, nachdem er im Winterurlaub in Norwegen lange nachgedacht und sich mindestens 20-mal die Zeitlupe der Szene angeschaut hat, weiß er erst recht, dass er falsch reagiert hat: »Ich war damals so überrumpelt von der Situation, dass ich gar nicht merkte, was eigentlich passiert ist. Du stehst plötzlich im Kiesbett und denkst, der andere ist dir gerade ins Auto gefahren.« Dann habe ihm das auf dem Weg zurück zur Box auch noch ein Fotograf bestätigt, »und keiner in meinem Umfeld« – das zielt wohl sowohl auf Willi Weber und auch auf seinen damaligen Pressesprecher Heiner Buchinger – »hat sich damals getraut, mir die Leviten zu lesen.«

Hätte man ihn sofort, noch ehe er sich der Öffentlichkeit gestellt hat, auf den Boden der Tatsachen zurückgeholt, vermutet er wohl nicht zu Unrecht, hätte ein großer Teil des Imageschadens vermieden werden können. Andererseits meinen Freunde, die ihn schon sehr lange kennen, auch, Schumacher habe lange Zeit dazu tendiert, vor allem unkritische Bewunderer in seiner nächsten Umgebung zu dulden...

So ist das Unheil angerichtet, Schumachers Popularität erst einmal – selbst in Deutschland – auf dem Tiefpunkt. Der Umsatz seiner Fanartikel bricht eine Zeitlang ein. Und trotz nachträglicher Entschuldigung – Freunde sind er und Villeneuve bis heute nicht mehr geworden. Selbst wenn man schon in Jerez im Hotel Montecastillo im Morgengrauen des Montags noch eine Quasi-Versöhnung feiert, als man, von verschiedenen Parties kommend, zufällig in der Hotellobby zusammentrifft. Als dann aber plötzlich Fotos von dieser Szene in deutschen Zeitungen auftauchen, kommt das Misstrauen in Villeneuve erst recht wieder hoch. Er fühlt sich für politische Zwecke missbraucht, vermutet, dass die Bilder von Schumachers Umgebung aus taktischen Gründen der Presse zugespielt worden sind.

Um eine gemeinsame Basis zu finden, sind die beiden Kontrahenten wohl auch zu verschieden: Jacques Villeneuve gegen Michael Schumacher – das war und ist ein Duell wie Rock'n'Roll gegen deutschen Schlager, wie Bruce Springsteen gegen Udo Jürgens, wie James Dean gegen Alfred Biolek... Der Kanadier gibt der heutigen Formel 1 der Plastik-Kids, der Manager-Marionetten, der glatten, angepassten Pseudostars ein originelleres Gesicht, bringt den Touch der frechen, ein wenig provokanten Jugend, der

> »Ich war damals so überrumpelt von der Situation, dass ich gar nicht merkte, was eigentlich passiert ist. Du stehst plötzlich im Kiesbett und denkst, der andere ist dir gerade ins Auto gefahren.«

coolen Kids der Neunziger in die so stromlinienförmige Rennsportszene – und ihn umgibt auch ein leiser Hauch des Intellektuellen... Villeneuve ist alles, was Schumacher nicht sein will. Der zum Beispiel räumt ohne Umschweife ein, dass er kaum jemals ein Buch zur Hand nimmt. »Wenn zum Beispiel eine Biographie nicht auf einem Blatt zusammengefasst ist, dann ist mir das zu lang, dann lese ich das nicht.« Jacques liest gern und viel, seine Bücher sind ihm wichtig, er bringt sie sogar an die Rennstrecke mit.

Ein besonders harter Kritiker ist McLaren-Chef Ron Dennis, der zwar Schumachers fahrerische Leistung anerkennt, diesen aber immer unter Hinweis auf seine eigenen Vorstellungen von Ethik und Moral angreift, und das schon zu Zeiten, da es noch nicht sein Team war, das mit Michael um den Weltmeistertitel konkurrierte. Denn Dennis sieht die immer wiederkehrenden Probleme weniger in den persönlichen Differenzen zwischen Schumacher und seinen Kontrahenten als in dessen Grundeinstellung: »Ich habe mit Weltmeistern gearbeitet wie Niki Lauda, Ayrton Senna, Alain Prost, Keke Rosberg, Nigel Mansell. Der Unterschied zwischen diesen Fahrern und Michael Schumacher ist, dass keiner davon um jeden Preis gewinnen wollte, wie es Schumacher in Adelaide 1994 getan oder in Jerez 1997 versucht hat. Jeder weiß, was in Adelaide passiert ist. Für mich verlieren da Siege ihren Wert.«

Schumacher gegen Hill, Schumacher gegen Villeneuve – 1998 in Montreal legt er sich dann mit einem Landsmann an, mit Heinz-Harald Frentzen. Das persönliche Verhältnis zwischen den beiden ist ja einige Jahre sehr angespannt gewesen, nachdem Frentzens ehemalige Freundin Corinna 1991 zu Schumacher »gewechselt« hat. Jetzt kommen sich die zwei auch auf der Strecke viel zu nahe.

Schumacher fährt mit seinem Ferrari während einer Safety-Car-Phase aus der Box und drängt beim Einbiegen auf die Strecke den von hinten herankommenden Frentzen so weit ins Gras, dass der abfliegen muss. Michael kann weiterfahren, kassiert eine Zehn-Sekundenstrafe, gewinnt dennoch – und regt sich anschließend über Damon Hill auf, der vor ihm Zick-Zack gefahren sei. Woraufhin Hill und Frentzen gemeinsam den Kopf schütteln: »Der hat es heute gerade nötig...«

Ein Protest des Williams-Teams gegen Schumacher wird von den Sportkommissaren abgeschmettert, und viele langjährige Formel-1-Experten können sich des Eindrucks nicht ganz erwehren, dass es ein Recht für Michael Schumacher gibt – und eines für alle anderen. Max Flückinger, Benetton-Chefmechaniker und dort 1994 und 1995 für Schumachers Auto zuständig, schüttelt den Kopf: »Ich mag Schumi wirklich. Aber so geht's nicht. Wenn das ein anderer gewesen wäre, vor allem wenn es ein McLaren gewesen wäre, hätte man ihn sofort disqualifiziert. Der wäre nicht mit einer Zehn-Sekunden-Strafe davongekommen.«

Schumacher spielt das Spiel sehr clever mit: Zunächst stellt er ganz unschuldig fest, er müsse sich erst mal die Videobänder anschauen, er sei sich des Zwischenfalls überhaupt nicht bewusst. Dann reitet er als Ablenkungsmanöver eine wilde Attacke auf die angeblich unfaire Fahrweise von Damon Hill, und zuletzt geht er relativ bald nach der Pressekonferenz zu Frentzen, um sich für seinen »Fehler« zu entschuldigen.

»Sorry, Heinz-Harald, wenn ich da einen Fehler gemacht habe, möchte ich mich dafür entschuldigen. Aber ich habe dich wirklich nicht gesehen, das war keine Absicht. Ich habe Villeneuve und Diniz vorbeifahren sehen, und dahinter war eine Lücke. Ich dachte, da kommt niemand mehr.« Frentzen kontert: »Du bist doch derjenige, der immer allen Leuten predigt, sie sollen vorsichtig sein, wenn sie aus der Box herauskommen. Wenn ich in dieser Position bin, lasse ich immer außen die Spur frei, für den Fall, dass ich jemanden übersehen habe, damit der notfalls überholen kann...« Schumacher gibt sich einsichtig: »Von dieser Warte aus gesehen hast du eigentlich recht. Aber ich kann nicht mehr tun, als mich noch mal entschuldigen.«

Frentzen nimmt die Entschuldigung an, Schumi die Erklärung aber wohl nicht unbedingt ab – vor allem weil der ja von seinem Renningenieur Ross Brawn über Funk gewarnt worden ist, er solle aufpassen, da er bei der Boxenausfahrt auf eine größere Gruppe Autos treffen werde. Und Safety-Car-Phase, gelbe Flaggen, blaue Flaggen – das sollte ihm eigentlich Warnung genug sein... »Wenn Schumacher das alles nicht sieht, muss er vielleicht mal seine Sehkraft prüfen lassen – aber er hat ja auch 1994 in Silverstone schon keine schwarzen Flaggen gesehen«, lästern vor allem altgediente englische Rennreporter, bei denen Schumacher ungeachtet seiner fahrerischen Spitzenleistungen viel Kredit verspielt hat. Auch neutrale Zuschauer reagieren ziemlich unwillig: Schumacher wird in Kanada, als er an die Box fährt, um seine Strafe abzusitzen, von der gesamten Haupttribüne ausgebuht – während Frentzen bei seinem Fußmarsch zurück von Applaus begleitet worden ist.

> **»Du bist doch derjenige, der immer allen Leuten predigt, sie sollten vorsichtig sein, wenn sie aus der Box herauskommen.«**
>
> **Heinz-Harald Frentzen**

Zunächst will der Mönchengladbacher das Thema noch nicht zu den Akten legen, sondern beim nächsten Meeting der Fahrergewerkschaft GPDA zur Sprache bringen. Er lässt die Sache dann aber doch auf sich beruhen, »weil Michael sich bei mir auch schriftlich nochmal entschuldigt hat«.

Doch bald tut sich die nächste »Front« auf: Spa 1998, in einer chaotischen Regenschlacht läuft der überlegen führende Schumacher auf David Coulthard auf, der zur Überrundung ansteht – und kracht dem Schotten voll ins Heck. Schumacher tobt, spricht von einem absichtlichen Manöver, um ihm im Titelkampf gegen Häkkinen zu schaden, unterstellt, Coulthard habe mutwillig gebremst oder sei zumindest deutlich vom Gas gegangen. Er schleppt seinen verstümmelten Dreirad-Ferrari noch an die Box und stürmt dann wutentbrannt in die McLaren-Box – offensichtlich in der Meinung, der überrundete Coulthard habe ihn durch eine absichtliche Verzögerung aus dem Rennen geworfen. Nur mühsam können Ferrari-

Rennleiter Jean Todt und die Mechaniker den Wütenden von weiteren Aktionen zurückhalten. Als sich die Kontrahenten später in der Box begegnen, brüllt Schumacher Coulthard an: »Wolltest du mich umbringen?«

Doch die Sportkommissare sehen keinen Regelverstoß und entscheiden auf einen »ganz normalen Rennunfall«. Letztlich muss die Verantwortung an diesem Unfall der Rennleitung angekreidet werden. Denn wenn selbst der anerkannte Regenmeister Michael Schumacher, überlegen in Führung liegend, auf ein anderes Auto auffährt, müssen die Sichtverhältnisse so schlecht gewesen sein, dass dieses Rennen so nie hätte gefahren werden dürfen. Denn selbst wenn Coulthard, aus welchen Gründen auch immer, etwas langsamer geworden sein sollte – unter halbwegs regulären Bedingungen hätte sich dieser Unfall nie ereignet.

Schumacher behauptet später allerdings sogar,

Der Knatsch reicht für mehr als eine Saison: McLaren-Pilot David Coulthard baut sich Schumacher regelrecht zum Feindbild auf.

er hätte nie versucht, Coulthard zu überholen, sondern sei »nur hinterhergefahren, da ging er ohne Grund auf der Geraden vom Gas«. Coulthard hat jedenfalls von seiner Box die Anweisung bekommen, »Schumacher vorbeizulassen. Deshalb bin ich ganz nach rechts gefahren – und das nächste, was ich weiß, ist, dass er mir reingekracht ist«.

So aufgebracht und unbeherrscht wie in Spa hat man Michael Schumacher noch nie gesehen. Als er die Bilder später im Fernsehen sieht, »bin ich über mich selbst erschrocken«. Der Ausbruch – auch ein Zeichen dafür, dass er zumindest im ersten Moment wohl wirklich davon überzeugt ist, Coulthard habe ihn mit einem üblen und gefährlichen Manöver aus dem Rennen befördert. Und ein bisschen Ärger über sich selbst kommt vielleicht auch dazu. Denn auch wenn Michael sicherlich in erster Linie ein Opfer der schlechten Sichtverhältnisse geworden ist – dürfte er sich doch selbst gefragt haben, ob es eigentlich nötig war, bei diesem Überrundungsmanöver angesichts von über 30 Sekunden Vorsprung so hastig zu Werke zu gehen. Schließlich war es nach der Kollision mit Alexander Wurz in Monaco und dem unnötigen Ausritt in Österreich jetzt schon das dritte Mal in einem Jahr, dass eine Portion Übereifer ihn wichtige Weltmeisterschaftspunkte kostete. Und das passt nun mal so gar nicht zu Schumachers Perfektionsstreben. »Im Rennauto mache ich keine Fehler«, hat er noch am Donnerstag in Spa behauptet...

Auch bei Ferrari ist man intern wohl nicht davon überzeugt, dass es sich um eine unfaire Attacke gehandelt habe. Denn es gibt keinen offiziellen Protest, und das Team braucht am Sonntagabend stundenlang, um eine offizielle Presseerklärung zustande zu bringen. In der übernimmt am Ende Rennleiter Jean Todt den Part des Anklägers. Er betont, der Zwischenfall hätte ganz üble Konsequenzen haben können, während Schumachers Verlautbarung schon ein bisschen weniger scharf klingt. Nicht mehr. »Er hat das absichtlich gemacht«, sondern: »Man könnte denken, dass er es absichtlich gemacht hat.«

Objektiv zeige, so sickert dann auch durch, die interne Datenaufzeichnung von McLaren, dass Coulthard keinesfalls zu früh zu langsam gefahren sei. Und der Vorwurf, dass der Schotte in den Runden, in denen Schumacher auf ihn auflief, schon deutlich langsamer gefahren sei als zuvor, wird durch die offiziellen Rundenprotokolle auch nicht bestätigt.

Zehn Tage später in Monza treffen sich die zwei Streithähne, verkriechen sich fast eine Stunde auf »neutralem Grund«, im Winfield-Motorhome. Dann ist die lang herbeigesehnte Aussprache absolviert – und man kann der Meute von Fotografen und Kameraleuten den obligatorischen Handschlag in solchen Situationen präsentieren. »Wir haben uns in der Vergangenheit gut verstanden, und wir werden das auch in der Zukunft tun«, meint Schumacher. »Es war nötig, mit David zu reden, um ein paar Fragen auszuräumen. Das haben wir getan, und damit ist die Sache erledigt. Es ist mir jetzt klar, dass er nichts absichtlich getan hat. Es war eine sehr unglückliche Situation, aber ich würde keinesfalls mehr unterstellen, dass er so gehandelt hat, um mich aus dem Rennen zu befördern. Ich glaube immer noch, dass es nicht der beste Platz und die beste Art war, mich vorbeizulassen – aber mit ein bisschen Nachdenken weiß auch

> »Es war nötig, mit David zu reden, um ein paar Fragezeichen auszuräumen. Es ist mir jetzt klar, dass er nichts absichtlich getan hat, es war eine sehr unglückliche Situation.«

ich, dass er so etwas nicht tun würde«. Sein Wutausbruch tue ihm leid:»Es war halt eine Überreaktion, durch die Umstände bedingt, aber wer mich kennt, weiß, dass das normalerweise nicht meine Art ist...«

Bis dahin hatten sich die beiden persönlich immer ganz gut verstanden. Diesmal hält der Frieden aber nur bis Japan 1999. Michael jedenfalls schimpft nach dem Rennen gewaltig: »Wie mich David da trotz einer Runde Rückstand derartig aufgehalten hat, das war schon mehr als unsportlich. Er hat mich mindestens zehn Sekunden gekostet, hat alle blauen Flaggen ignoriert. Das ist doch etwas ganz anderes als das, was ich in Malaysia gemacht habe. Da war ich schließlich nicht überrundet, Mika und ich befanden uns im direkten Kampf um eine Position.« Allerdings ging der »Blockade-Kampf« dort über das ganze Rennen und nicht über weniger als eine halbe Runde... Aber Schumacher wettert weiter: »Wenn ich das so sehe, dann muss ich mir auch über einige Vorfälle in der Vergangenheit ein paar Fragen stellen. Vor allem über Spa 98 natürlich...« Jetzt kämen ihm neue Zweifel, »ob das nicht doch eine gezielte Aktion gegen mich gewesen ist«.

Coulthard ist sehr verärgert, als er von den Vorwürfen hört. Man munkelt sogar, er wolle Schumacher wegen Beleidigung verklagen, »aber das ist natürlich Quatsch.

Ich will ihm allerdings schon klarmachen, dass es nicht in Ordnung ist, wenn er so meine Integrität in Zweifel zieht, vor allem, wenn er das erst einmal öffentlich tut, bevor er mit mir darüber redet.« Zu diesem Gespräch kommt es dann auch – wobei David seinem Kontrahenten auf dem Rundenprotokoll erst einmal nachweist, dass er in der fraglichen Runde nicht zehn, sondern etwa 2,5 Sekunden verloren hat. »Da ist er schon etwas leiser geworden – aber insgesamt sind wir uns nur darüber einig geworden, dass wir uns nicht einig sind.« Er komme mit Schumacher persönlich eigentlich ganz gut aus, meint Coulthard noch einmal. »Privat ist er ein netter Kerl, aber sein Verhalten in dieser Sache scheint mir nicht sehr professionell. Ich glaube, er wollte mit seinen Sprüchen heute nur davon ablenken, dass er einen schlechten Start erwischt hat und Mika nicht schlagen konnte.«

Martin Brundle, Coulthards Manager, außerdem Schumachers Teamkollege 1992 bei Benetton, spricht einen nicht ganz unwichtigen Punkt an: »Michael ist ein bisschen zu oft damit durchgekommen, dass er die Dinge so erzählt, wie er sie sich zurechtgelegt hat – und niemand hat das wirklich hinterfragt. Jeder hat ihm geglaubt.« Auch Ron Dennis ärgert sich wieder

Ob am Start oder auf der Strecke – immer wieder kommen Schumi und Coulthard sich (zu) nahe – FIA-Mann Charlie Whiting versucht zu entscheiden, was noch erlaubt ist und was nicht.

149

Eine Szene mit Symbolgehalt: Fernando Alonso zieht in Monaco 2006 am »parkenden« Michael Schumacher vorbei.

Juan-Pablo Montoya, der sich gerade in den Jahren 2001 bis 2003, aber auch später noch, gerne mit Schumacher anlegt. Mit Kimi Räikkönen hingegen kommt es auch im harten Weltmeisterschaftsduell 2003 nicht zu wirklich heftigen Auseinandersetzungen – wie auch zuvor nie mit dessen Landsmann Mika Häkkinen. Überhaupt scheinen sich die Wogen zu glätten, scheint Schumi im Laufe der Jahre zu seinen Kollegen ein unproblematisches Verhältnis zu entwickeln. Gerade im »Krisenjahr« 2005 überrascht er viele mit neuer, ungewohnter Ruhe und Gelassenheit – ein neuer, gereifter Michael Schumacher?

Doch dann, im Titelkampf 2006 mit Fernando Alonso, brechen »alte Sitten« wieder durch. Die »Parkaktion« von Monaco, wo er in der letzten Minute des Qualifyings in der letzten Kurve so geschickt »von der Strecke rutscht«, dass er allen Nachfolgenden die Möglichkeit kaputtmacht, ihre Zeit noch einmal zu verbessern, sorgt für einen Riesenärger. Zum ersten Mal greifen die Sportkommissare durch: Statt aus der Pole-Position zu starten, wird Schumacher in die letzte Startreihe verbannt. Er gibt sich – wie Ferrari – über das Urteil bestürzt, bleibt bei seiner Version, »nur einen Fehler gemacht zu haben, wenn man mich bestrafen würde, dann dafür, dass ich schnell fahren wollte«. Schumacher-Manager Willi Weber spricht von Skandal und Vorverurteilung. Ferrari-Teamchef Jean Todt erklärt, das Team habe das Urteil »mit großem Missmut aufgenommen. Wir stimmen mit dieser Entscheidung der Stewards überhaupt nicht überein«. Sie habe einen sehr ernsten Präzedenzfall geschaffen, der Fahrfehler in Zukunft ausschließen würde. »Michael war auf seiner letzten gezeiteten Runde und versuchte seinen ersten Platz zu verteidigen.« Dies könne man, laut Todt, aus der starken ersten Sektorzeit ablesen.

einmal, will Schumachers Vorwürfe aber nicht weiter kommentieren: »Die Fakten sprechen doch für sich. Außerdem weiß ich nicht, ob Michael sich nach dem, was Ferrari in Malaysia geliefert hat, mit solchen Sprüchen einen Gefallen getan hat. «

Einig darüber, dass sie sich wohl nicht mehr einig werden – das ist auch noch die halbe Saison 2000 Dauerthema zwischen Schumacher und Coulthard. Aber bald kommen neue »Lieblingsgegner« und »Lieblingsfeinde« ins Spiel. Eine Zeitlang ist das

Doch diesmal steht das rote Lager innerhalb der Formel 1 isoliert da. Ob Schumachers Fahrerkollegen, die meisten Teamchefs oder Ex-Weltmeister wie Jackie Stewart, Niki Lauda oder Keke Rosberg – sie sind entsetzt über das Manöver des siebenmaligen Weltmeisters.

Am heftigsten schimpfte Ex-Weltmeister Keke Rosberg: »Er sollte sich schämen. So etwas ist der Untergang für den Sport!" Premiere-Kommentator und Ex-Grand-Prix-Pilot Marc Surer, eigentlich immer ein großer Bewunderer schumachers, zeigte sich enttäuscht: »Ich hätte es ihm nicht mehr zugetraut. Früher hat er solche Tricks gemacht, aber ich glaube, es war so ein Reflex: Wenn ich die Runde nicht schaffe, ist meine Pole weg. Aber für mich war von Anfang an klar, dass das Absicht war. Wobei er es wohl nicht von vorneherein geplant hatte. Er hat erst den Fehler gemacht und dann versucht, daraus einen Vorteil zu ziehen.« Weltmeister Fernado Alonso meinte nur, dass er über den Menschen Schumacher »eine sehr dezidierte Meinung« habe, »die ich aber lieber für mich behalte«.

Monaco ist nicht der letzte Ärger in der letzten Saison des Rekordweltmeisters. In Ungarn ärgern sich Pedro de la Rosa und Nick Heidfeld über ziemlich gewaltsame Versuche, Überholmanöver abzuwehren. Beim nächsten Rennen in der Türkei fliegen beim Fahrerbriefing wieder einmal die Fetzen, und irgendwann fragt Alexander Wurz wohl Schumacher, ob es ihn denn überhaupt nicht störe, »dass niemand hier im Raum mehr auf deiner Seite steht?«

Und vor dem Finale in Brasilien wärmt kein anderer als Damon Hill seine schmerzlichen Erfahrungen im Titelkampf von Adelaide 1994 auf. Alonso, so meint er, möge sich hüten. Die Geister, die er einst gerufen hat, ist Schumacher bis an sein Karriereende nie mehr ganz losgeworden.

Sprüche
& Einsprüche

▨▨ Schumacher über Damon Hill (Adelaide 1994): »Ich habe in diesem Jahr einige Bemerkungen über Damon gemacht, in denen ich sagte, dass ich keinen Respekt vor ihm habe. Aber ich muss zugeben, dass ich da falsch lag. Was er in den beiden letzten Rennen geleistet hat, war fantastisch.«

▨▨ Damon Hill (1995): »Ich habe schon ein Interesse daran, dass sich Schumacher hier nicht wie eine Primadonna aufführt. Das ist auf die Dauer sicher auch für ihn selbst nicht gut. Man erntet, was man sät...«

▨▨ Gerhard Berger (1995): »Ich sage es nicht gerne: Aber dieser Schumacher ist ein Super-Rennfahrer...«

▨▨ Michael Schumacher über Damon Hill (1995): »Es ist nicht leicht, mit ihm klarzukommen. Er ist einfach ein komischer Typ, ziemlich launisch. An einem Tag unterhält er sich ganz freundlich mit einem, am nächsten grüßt er nicht einmal. Man weiß nie, woran man bei ihm ist.«

▨▨ David Coulthard (Sommer 2000): »Was auf der Strecke und was privat passiert, das sind zwei verschiedene Dinge. Michael ist offensichtlich ein Familienmensch, das ist etwas, das ich an ihm sehr schätze. Ich weiß von unserer Arbeit in der GPDA, dass er sich sehr für Sicherheit einsetzt, was ich gut finde. Unsere Differenzen auf der Strecke sind etwas anderes. Es ist nun mal Michael – es könnte auch jeder andere Fahrer sein. Er fährt eben nun mal ganz besonders hart – aber deswegen ist er auch so erfolgreich. Ich weiß, dass wir im Auto alle zu anderen Menschen werden. Einen Grand Prix zu fahren, ist eine sehr große Herausforderung, bedarf größter physischer und mentaler Anstrengung. Ich glaube, alle Spitzensportler verändern sich im Wettkampf. Man kann diese Intensität außerhalb nicht aufrechterhalten.«

▨▨ Martin Brundle (2000): »Schumachers Verhalten auf der Strecke passt öfter nicht zu seinen Aussagen zum Thema Sicherheit. Aber als netter Junge wird man nicht dreimal Weltmeister...«

Fankult, Verehrung, Umsatz
Schumi, der Trendsetter

Es beginnt – natürlich – in Hockenheim. Dort bricht schon zu Beginn der 90er-Jahre eine Begeisterung aus, wie es sie unter deutschen Sportfans bisher kaum gegeben hat. Die »Schumacher-Mania« stellt schnell »Boris-Becker-Fieber« und »Steffi-Graf-Begeisterung« zumindest zahlen- und lautstärkemäßig in den Schatten – und hat bis heute kein Äquivalent in anderen Sportarten gefunden.

Der so Gefeierte kann und will damals wie heute die Befriedigung nicht verbergen, die ihm diese breite Unterstürzung bereitet: »Ich kann das Gefühl gar nicht so recht beschreiben, was in mir drin vorgeht, wenn ich ins Motodrom einbiege und all die Fahnen sehe. Die immense Freude der Fans wird von mir in noch mehr Motivation umgesetzt.« Die Begeisterung steigerte sich, wie die Zuschauerzahlen, von Jahr zu Jahr. Nicht nur in Hockenheim und am Nürburgring, sondern natürlich auch in Spa, sozusagen Schumis zweiter Heimat. Und von diesen Basen eroberten die Schumi-Fans im Laufe der Zeit Europa und die Welt, von Ungarn über Monaco und Barcelona bis nach Australien und São Paulo. Der Formel-1-Tourismus boomt, Formel-1-Reisen werden ein ganz neuer Geschäftszweig für die Branche.

Neben »Schumi« später auch Heinz-Harald Frentzen und »Schumi 2« in konkurrenzfähigen Autos, dann Nick Heidfeld und zuletzt noch Mädchenschwarm Nico Rosberg, Mercedes als zweimaliger Weltmeister, jetzt auch BMW zurück auf dem Weg auf die Siegesstraße – das hat die Formel 1 in Deutschland salonfähig gemacht und neben den Fans auch verstärkt die deutschen Sponsoren angezogen, die sich stärker denn je in der Formel 1 engagieren. Ob die Deutsche Vermögensberatung, die Post, die Telekom, Compaq, die Allianz, Castrol, Sonax und noch der ein oder andere mehr – sie haben die Formel 1 als optimales Feld für ihr Marketing entdeckt, werben auf Autos und Fahreroveralls, starten aufwändige Werbekampagnen rund um »ihre« Fahrer.

> »Ich kann das Gefühl gar nicht so recht beschreiben, wenn ich ins Motodrom einbiege und all die Fahnen sehe. Die immense Freude der Fans wird von mir in noch mehr Motivation umgepolt.«

Und die schickten ihre »Schumi-Fans« natürlich nicht auf den Campingplatz. Die brachten ihre Kunden und Gäste in Top-Hotels und an den Rennstrecken in den »Paddock Club«. Formel 1 wurde dank des »Schumi-Booms« schick, die »Adabeis« wurden zahlreicher. Man hörte und hört sie in den Flugzeugen von und zu den Strecken, wo dann die Qualität des Champagners oder der Gänseleberpastete mehr Gesprächsstoff bietet als das Rennen selbst – oder die Einkäufe, die man so am Wochenende getätigt hat. Denn wie der schlichte Schumi-Fan vom Campingplatz muss man seine Gruppenzugehörigkeit eindeutig demonstrieren ...

Und das Angebot an den passenden Utensilien für die echten Fans ist groß: Fahnen, T-Shirts, Mützen, Sonnenbrillen oder

Modellautos, Schlüsselanhänger und Feuerzeuge sind schon fast Standard, neue Produkte vom Handtuch bis zum Schreibtischset, von der Leuchtbüste bis zum Teddybären die Ergänzung für den, der sonst schon alles hat. Wie die meisten Formel-1-Stars machte natürlich auch Michael Schumacher – und der umfangreicher und ausgiebiger als alle anderen – mit der Vermarktung seines Namens auf allen möglichen und unmöglichen Lizenzprodukten zusätzlich zu seinem keineswegs unbedeutenden Gehalt von Ferrari gewaltige Umsätze und Millionengewinne.

> »Ich erinnere mich an ein Gespräch mit Bernie Ecclestone in den 80er-Jahren. Er forderte einen ›Boris Becker der Formel 1.‹ Michael Schumacher hat ihm diesen Wunsch erfüllt ...«
>
> Willy Knupp
> (RTL-Koordinator)

Schumi hatte zeitweilig in seiner Kollektion an die 300 Lizenzen für Produkte vergeben, die seinen Namen tragen dürfen. Im Laufe der Zeit wurde das Angebot angesichts der Wirtschafts- und Absatzlage dann wieder um etwa 100 Artikel verkleinert. Vertrieben wurden sie ein Jahrzehnt lang von der Firma PPM, Pole Position Marketing, die praktischerweise seinem Manager Willi Weber gehörte und von dessen Tochter Christina geführt wurde – bis es dann im Winter 2001/2002 auf einmal gewaltigen Wirbel um PPM gab: Kunden klagten, ihre Schecks seien zwar gebucht worden, sie hätten aber keine Ware erhalten, zogen sogar vor Gericht. Die Stuttgarter Staatsanwaltschaft begann sich für die Geschäfte von PPM zu interessieren, Gerüchte von Pleite und betrügerischem Konkurs machten die Runde, der von Weber eingesetzte Geschäftsführer atmete sogar kurzzeitig gesiebte Luft, ehe er gegen Kaution wieder freikam.

Gegen Jahresende 2002 wurde das ganze Firmengeflecht dann umstrukturiert, aber vieles blieb dennoch beim Alten, und das über Jahre. So etwa die Tatsache, dass das bestverkaufte Schumi-Produkt insgesamt die wohlbekannte rote Mütze blieb – in gelegentlich wechselnden Designs. Nach jedem Weltmeistertitel kam ein Stern mehr dazu. An die zwei Millionen Stück, so sagen Schätzungen, sollen davon in manchen Jahren abgesetzt worden sein – was natürlich ihren Wert als teuerste Schumi-Werbefläche noch zusätzlich erhöhte. Weit über zwei Millionen Euro pro Jahr soll dieser exponierte Platz Schumachers Sponsor aus der Finanzbranche, der Deutschen Vermögensberatung, wert gewesen sein.

Auf rund eine Milliarde Euro wurde in den Spitzenjahren das Umsatzpotential des Formel-1-Merchandisings in Europa pro Jahr geschätzt, das möglich gewesen wäre, hätten alle Fahrer ihre Vermarktung so konsequent betrieben wie Schumi. So blieb diese Grenze noch ein Traum. Die Millionensummen, die allein auf Schumachers Konto gehen sollen, sind freilich sehr real. Auch wenn seit 2003 der große Boom wohl für alle erst einmal vorbei ist – bis heute soll Weber mit der Schumacher-Kollek-

Fanclubmobil, Fanmagazin und Fanartikel – alles, was das Herz des wahren Schumi-Fans begehrt und schneller schlagen lässt

tion über vierhundert Millionen Euro umgesetzt haben. Und die Rücktrittsankündigung in Monza kurbelte den Umsatz noch einmal an, so dass Marketing-Experten mit einer Umsatzsteigerung von 20 Prozent gegenüber etwa dem Jahr 2000 rechneten. Wie viel davon fließt in Michael Schumachers Taschen? 15 Prozent Provision erhalte er aus dem Verkauf der Fanartikel, glaubt das deutsche Marketing-Magazin »w&v, Werben und Verkaufen« zu wissen.

Das Geschäft Formel 1, in dem heute mindestens genauso viel von Marketing, Rechten, Verträgen und Riesensummen die Rede ist wie vom Rennsport, bewegt logi-

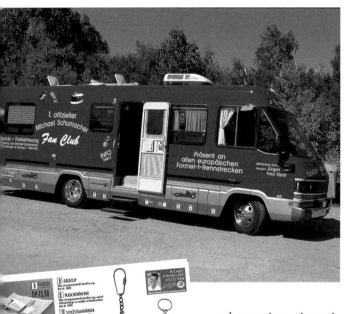

scherweise inzwischen das öffentliche Interesse auch fast genauso stark wie der Sport Formel 1. Das zeigt sich schon an den ständig neuen Zahlen, die über die angeblichen Einkünfte des Rekordweltmeisters kursieren.

Dass dieser heute zu den absoluten Spitzenverdienern im internationalen Sport-Business gehört, in Konkurrenz höchstens noch mit ein ganz wenigen amerikanischen Basketball- oder Golfstars, ist keine Frage. Ob es nun 250 oder 300 Millionen Euro sind, die er in seiner Karriere verdient haben soll, spielt dabei keine große Rolle mehr. Auffällig ist allerdings, dass unter den Werbepartnern Schumachers bis heute die ganz großen Weltfirmen und Hersteller von Luxusprodukten fehlen, mit denen etwa ein Tiger Woods oder ein Franz Beckenbauer aufwarten können. Das mag damit zu tun haben, dass Schumachers Image eher mit Attributen wie Erfolg, Ehrgeiz und Fitness besetzt ist als mit identifikationsfördernden Eigenschaften wie Sympathie und Stil. Das glauben zumindest Marketingexperten, darunter auch der Deutsche Christian Geistdörfer, einst als Beifahrer von Walter Röhrl Rallye-Weltmeister, erkannt zu haben. Aber wen stört das schon, wenn nicht nur die alten Partner wie etwa die DVAG oder der Mineralwasser-Hersteller Rosbacher ihre Millionenverträge auch über das Karriereende Schumachers hinaus verlängern, sondern sogar noch neue Werbepartner hinzukommen wie 2006 die Autozubehörhandelskette ATU, die mit einem Dreijahresvertrag über sechs Millionen Euro dafür gesorgt hat, dass der Rekordweltmeister der Formel 1 auch künftig nicht zum Sozialfall werden wird.

Der Champion und sein »Macher«:
Michael Schumacher und Willi Weber

Allein kann's keiner
Die Helfer im Hintergrund

as Wort »Team« ist für Michael Schumacher von zentraler Bedeutung. Sportlich natürlich, wenn er immer wieder betont, dass seine Erfolge nicht ohne sein Team, ob jetzt Ferrari oder früher Benetton, möglich gewesen wären. Aber neben den Rennteams, für die er fährt, gibt es auch noch ein anderes Team: das persönliche Team des Michael Schumacher, das dazu beiträgt, dass alles auf und neben der Rennstrecke möglichst wie am Schnürchen läuft.

Und Manager Willi Weber ist es, der dieses Schnürchen in der Hand hält. Ohne ihn – das ist auch seinen vielen Kritikern klar –, hätte es den Aufstieg von Michael Schumacher nicht gegeben, jedenfalls nicht in dieser Form und nicht in diesem Tempo. »Heute wollen sich zwar viele am Gewinn der Lotterie Schumacher beteiligen, aber ich bin der Einzige, der damals ein Los gekauft hat.«

Damals, als er, der nach einem Versuch als Rennfahrer bald auf »Teamchef« umsattelte, den noch unbekannten Formel-Ford-Piloten Michael Schumacher in sein WTS-Formel-3-Team holte, ihn ohne mitgebrachte Sponsorgelder fahren ließ, ihm sogar ein monatliches Gehalt von 1000 Mark zahlte – gegen einen Zehn-Jahres-Managervertrag mit 20-prozentiger Beteiligung an den Einnahmen. Er ist es, der 1988 das außergewöhnliche Talent, die Perspektive dieses Jungen erkennt – und investiert, und zwar besser als andere: Bei einer Marlboro-Nachwuchssichtung zum Beispiel fällt Michael durch. Vor allem in den Kategorien Auftreten und Zusammenarbeit mit internationalen Medien sind seine Noten schlecht – Dinge, die er aber in der

Zukunft bei entsprechender Förderung sehr schnell lernen wird. Und bei Marlboro ärgert man sich lange, ehe man den Ferrari-Fahrer Schumacher – nun allerdings für viel Geld – doch noch als Werbeträger bekommt.

Willi Weber greift zu – und wird für Michael Schumacher sehr schnell viel mehr als nur ein Manager und Förderer. Er wird so etwas wie ein zweiter Vater, oder, wie es der Journalist Helmut Zwickl einmal beschreibt, »Mutter Willi. So rührend, wie er sich um den Michael kümmert, kann sich nur eine Mutter, niemals ein Vater sorgen.« Das Prinzip ist zunächst ganz einfach: »Wer etwas von Michael will, muss erst zu mir kommen.« Willi Weber kümmert sich um das Marketing, um Sponsoren, sortiert und koordiniert am Anfang auch PR- und Presse-Termine selbst, erledigt sogar über sein Büro die Fanpost.

> »Heute wollen sich zwar viele am Gewinn der Lotterie Schumacher beteiligen. Aber ich bin der Einzige, der damals ein Los gekauft hat.«
> Willi Weber

Dass er sich in seiner Rolle als »Macher eines großen Stars« gefällt, eigenen Medienauftritten nicht abgeneigt ist, mit Fönfrisur, gepflegtem Drei-Tage-Bart, Jeans, offenem Hemd und auffälligen, teuren Uhren selbst immer wieder zwischen »Szene« und Seriosität laviert, bringt ihm einen zweiten Spitznamen ein, der sich fast noch hartnäckiger hält als das »Mutter Willi«, der aber weniger schmeichelhaft ist: »Willi Wichtig«. Falsch ist das nicht – denn Willi ist tatsächlich wichtig, für Schumacher und den deutschen Motorsport. Wenn er etwas anfängt, dann macht er es richtig, dann muss es auch Erfolg bringen: »Ich bin kein halbherziger Mensch.« Seine Restaurant-Kette, die schon einmal 35 Gaststätten und zwei Hotels umfasste, hat der gelernte Hotelier im Franchise-Verfahren an verschiedene Pächter abgegeben. »Ich habe keine Zeit mehr dafür.«

Weber kontrolliert, beschleunigt, bremst – ganz wie er es für nötig hält. Und Schumacher verlässt sich voll auf ihn. »Den Rest macht Willi«, pflegt er zu sagen. Als »Männerfreundschaft mit Gewinnausschüttung« hat eine Tageszeitung die Beziehung zwischen den beiden einmal charakterisiert. Die hat sich im Lauf der Zeit natürlich auch verändert: »Zuerst war ich die Respektsperson, die ihm die Möglichkeit gegeben hat, Rennen zu fahren, und noch ein Taschengeld draufgelegt hat. Dann war ich mehr der Berater. Natürlich ist er mitgewachsen. Heute unterhalten wir uns auf Augenhöhe«, sagt Weber. »Michael kann wahnsinnig schnell das Positive aus allen Situationen herausholen. Andere hätten für diesen Weg länger gebraucht.«

Als reines Glückskind sieht sich Weber aber nicht: »Sicher ist auch ein wenig Glück dabei gewesen. Aber ich weiß schon durch meine Tätigkeit als Teamchef in der Formel 3, dass Gewinnen keine Glückssache ist. Wir sind gut vorbereitet und organisiert in die Formel 1 gekommen und wurden trotzdem

Der kleine Clan des großen Chefs: Manager Weber (mit Bruder Ralf Schumacher), Pressesprecherin Sabine Kehm und Physio-Therapeut Balbir Singh.

von einigen Dingen überrascht. So wurde Michael unheimlich schnell ein Mann der Öffentlichkeit, und von diesem Moment an musste er aufpassen, was er sagte, musste er entsprechend auftreten. Wenn er hier Fehler gemacht hätte, wäre die Karriere vielleicht ebenso schnell wieder zu Ende gewesen. Ich möchte das jetzt nicht als Eigenlob verstanden wissen, aber ich finde, die Bilanz sieht gut aus: Wir haben unsere Arbeit ordentlich erledigt – er im Auto, und ich habe ihm alles andere vom Leib gehalten.«

Auch durch neue Mitarbeiter: Um die Medienbetreuung hat sich bis 1999 Heiner Buchinger gekümmert, der aber Ende dieses Jahres – auch auf Druck von Ferrari – abgelöst wird. Die »Neue« heißt Sabine Kehm, hat bis dahin bereits als etablierte Motorsport-Journalistin gearbeitet, zunächst bei der »Welt« dann bei der »Süddeutschen Zeitung.« Die gebürtige Bad Neustädterin, die Sportpublizistik an der Deutschen Sporthochschule in Köln studiert hat und auch Diplom-Sportlehrerin ist, organisiert Interview-Termine, Pressekonferenzen – und ist vor allem erste Ansprechpartnerin für die zahllosen Journalisten, die an jedem Rennwochenende und dazwischen »mal ganz schnell« eine Aussage zu einem bestimmten Thema brauchen.

Sie liefert die viel begehrten »Originaltöne« vom Band, wenn Schumacher selbst keine

Zeit hat, alles für jeden einzelnen hundertmal zu wiederholen – was logischerweise praktisch der Normalzustand ist. Schumacher ist nicht da? Kein Problem – Sabine weiß ja ganz genau, was er gesagt hat. Da sie – im Gegensatz zu manch anderen Presse- und PR-Leuten, aus der Praxis, sogar aus der unter extremem Aktualitätsdruck stehenden Tageszeitungsszene, kommt, kennt sie die Bedürfnisse der Kollegen und kann optimal darauf eingehen.

Der Schritt von der Journalistin zur Pressesprecherin war für sie auch eine Herausforderung: »Natürlich ist der Ansatz jetzt ganz anders. Aber es hat mich sehr gereizt, mit einer solchen Persönlichkeit wie Michael Schumacher zusammenzuarbeiten.« Was sie an ihm besonders beeindruckt, ist seine extreme Konzentrationsfähigkeit: »Das habe ich so bisher noch nie erlebt. Andererseits gibt es da diese andere Seite, diese private, die alle interessiert, die er aber so geschickt verbirgt und nur ein paar wenigen Menschen zeigt. Manchmal sieht man sie, wenn man ihn zusammen mit seiner Frau erlebt, und mit seinen Kindern.«

Diese private Seite kannte auch Balbir Singh, neben Willi Weber und Sabine Kehm über Jahre der »Dritte im Bunde« des engsten Schumacher-Clans. Und er schätzte sie sehr: »Wenn man seine Position bedenkt, dann fällt einem zunächst auf, dass er kein bisschen hochnäsig ist und sehr menschlich auftritt. Seit dem Beginn seiner Formel-1-Karriere hat er eine unglaublich positive Entwicklung durchgemacht. Ich schätze seine Herzlichkeit, er ist ein richtig guter Kumpel«, sagt der gebürtige Inder, der sich inzwischen in der Nähe von Bonn seine eigene große

Wellness- und Therapie-Oase aufbaut. Balbir, arbeitete seit dem Wechsel zu Ferrari für Schumacher – bis zu seinem freiwilligen Abschied 2005, »um mehr Zeit für meine Familie und den Aufbau meiner Zukunft zu haben«. Am Anfang seiner Karriere bei Benetton wurde Michael jahrelang von dem Österreicher Harry Hawelka betreut. Als sich die beiden – unter anderem über finanzielle Fragen – nicht mehr einig wurden, empfahl ein Onkel Schumachers Balbir, der sich gerne im Hintergrund hielt. »Ich bin sein Mädchen für alles«, lächelte er mit der Gelassenheit eines fernöstlichen Gurus, wenn er nach seinen Aufgaben gefragt wurde. Dass er sich um Schumachers Ernährung genauso gekümmert hat wie um dessen Fitnesstraining, dass er ihm stets die kleinen Wehwehchen wegmassiert hat, aber auch mal dafür da war, für seinen Chef einkaufen zu gehen, wenn der Töchterchen Gina-Maria mit einem kleinen Geschenk überraschen wollte, ist bekannt. Aber vor allem die psychologische Seite, die in der Betreuung von Spitzensportlern immer eine sehr wichtige Rolle spielt, sollte nie zu öffentlich werden. Zu mehr Einzelheiten als »Körper, Seele und Geist gehören zusammen«, ließ sich Balbir nicht verleiten. »Ich gebe mein Bestes, um Michael auch in diesem Bereich optimal vorzubereiten.«

Als Nachfolger von Balbir Singh übernahmen dann Michael Harner und Ulf Nitschke von der Sportklinik Bad Nauheim Schumachers Betreuung. Harner hatte zuvor schon fünf Jahre bei Testfahrten mit dem Weltmeister zusammengearbeitet, die Vertrauensbasis war also lange geschaffen. Und bei aller Bewunderung für Schumis Perfektionismus, im persönlichen Verhältnis empfand auch Harner seinen Klienten nie als Superstar: »Denn Michael ist so normal und spricht so normal mit dir. Er ist keine Person, die dir das Gefühl gibt, dass du unter ihm stehst und er über dir.«

Bruderliebe, Bruderkrieg...
... und brüderliche Hilfe

ls er nach Michael Schumachers Rücktrittserklärung in Monza trocken kommentierte, »ich habe davon durch eine SMS von unserer Teampressesprecherin erfahren, ich selbst war da ja schon weg«, da hatte die Boulevard-Presse wieder ihre Schlagzeilen vom Bruderkrieg, zwischen Deutschlands bekanntestem Brüderpaar. Das war natürlich weit übertrieben, auch wenn die beiden Schumis sicher sehr verschieden sind und sich mehr als einmal auf der Strecke ins Gehege kamen.

1997 am Nürburgring zum ersten Mal: Ausgerechnet in der entscheidenden Phase des Titelkampfs wird Michael von seinem Bruder gleich am Start aus dem Rennen geworfen. Doch zumindest öffentlich gibt es damals kein einziges böses Wort, keinerlei Kritik von Michael: »Fisichella war schuld, denn der hat das ganze Chaos ausgelöst«, ist man sich einig. Auch 1998 gibt es in Österreich zwar einen heißen Rad-an-Rad-Kampf, aber keine bösen Worte, und in Silverstone, opfert Michael am Start sogar ein paar Plätze, um einen Crash mit Ralf zu vermeiden, der ein gewagtes Überholmanöver startet.

Von da an fühlt sich aber Ralf in jedem »Problem-Duell« als der Verlierer: Das nächste Mal kracht es 2000 in Barcelona, als Michael Ralf so blockiert, dass der auch noch von Barrichello überholt wird – obwohl er selbst kurz darauf in die Boxengasse einbiegt. Dann 2001 am Nürburgring, als sich Ralf von Michael am Start in Richtung Boxenmauer gedrängt sieht, dann in Japan 2003 nach einigen von Ralf als grenzwertig betrachteten Überholmanövern seines Bru-

ders. Und dann ist da Monaco 2005, die letzte Runde, auf der Start- und Zielgeraden, als Michael sich eben noch an Ralf vorbeiquetscht und dieser nachher tobt: »Michael hat sie doch nicht mehr alle. Wenn das unglücklich läuft, fliegt ein Auto in die Leute. An der Stelle geht das einfach nicht. Ich möchte wissen, was er sich dabei gedacht hat oder ob er überhaupt was dabei gedacht hat. Aber mit Michael über so was zu reden, ist ja völlig sinnlos. Fehler einzugestehen ist ihm ja fast unmöglich.«

Bruderkampf: Heißer Fight in Barcelona 2000 – Schumacher blockiert Schumacher, Barrichello zieht vorbei. Der anschließende Krach ist kurz.

Eine Woche später, am Nürburgring, sitzen die beiden dann wieder nebeneinander, und angeblich ist nichts gewesen. Es ist nicht das erste Mal, dass ein offensichtlicher Streit nachher heruntergespielt wird, sicher auch auf Initiative des damals noch gemeinsamen Managers Willi Weber, von dem sich Ralf im Spätsommer 2005 trennt – vielleicht auch weil Weber in all den Auseinandersetzungen zumindest öffentlich meist für Michael Partei ergreift.

Ralf, der sich im Laufe der Jahre immer mehr gegen den Spitznamen »der kleine Schumi« wehrt, hatte es nicht immer leicht im Schatten des erfolgreicheren Bruders. In seinen Anfangszeiten galt er nicht unbedingt alsÜberflieger – weder in der Formel 3 noch in der japanischen Formel 3000, obwohl er diese gewann. Auch als er 1997 in die Formel 1 kam, zuckten viele noch mit den Schultern: »Na ja, der heißt halt Schumacher, deswegen hat er einen Vertrag gekriegt.« Als dann im ersten Jahr bei Jordan noch ein paar Fehler hinzukamen, wurde die Kritik lauter, glaubten manche schon an ein vorzeitiges Ende der Karriere.

Doch Ralf brauchte nur ein bisschen Zeit, Zeit zu wachsen, Zeit zu reifen. Er bekam sie – und er nutzte sie. Fahrerisch begann seine Erfolgsserie beim belgischen Grand Prix in Spa 1998, ausgerechnet in jenem Rennen, in dem Michael durch seine Kollission mit David Coulthard möglicherweise den Titel verlor. Platz zwei holte er sich damals im strömenden Regen hinter seinem Teamkollegen Damon Hill, damals

»Der Bruderkrieg wird nicht stattfinden. Michael hat immer eine Beschützerrolle.«
Willi Weber

noch für Jordan. Der Wechsel zu Williams brachte ihn noch weiter nach vorne. Aus dem zwar schnellen, aber nicht besonders konstanten »Schumi 2« wird ein sehr zuverlässiger Fahrer, der ab 1999 regelmäßig Punkt- und Podestplätze holt und nur noch ganz selten durch eigene Fehler ausscheidet. Mit den Jahren und dem BMW-Motor kommen Siege – und dann ein sehr gut dotierter Vertrag bei Toyota.

Dass sich mit dem Erfolg, der allgemeinen Anerkennung, auch für ihn persönlich einiges verändert hat, verschweigt Ralf Schumacher nicht: »Am Anfang war es in der Formel 1 schon schwierig, bis man mich respektiert hat« – als eigenständige Persönlichkeit und eben nicht nur immer als den kleinen Bruder des großen Michael. So gab es nach der Freude über den Einstieg 1997 durchaus einen Durchhänger, auch psychisch: »In dieses Phase, in der es weniger gut lief, hat es auch weniger Spaß gemacht.«

Im Laufe der Zeit ist Ralf auch in seinem Auftreten sicherer, lockerer und souveräner geworden, ohne dabei arrogant zu wirken, wie es ihm zu Beginn seiner Karriere öfters passierte: frech und selbstbewusst, oft klarer,

Bruderkrieg – Bruderliebe:
Am Nürburgring 1997 schiebt
Ralf Michael von der Strecke –
gemeinsam feiert man den
Geburtstag des »Kleinen«
in Frankreich 2000.

Es lässt sich nicht bestreiten, dass zwischen den beiden Brüdern große Mentalitätsunterschiede bestehen: »Bei Ralf sieht alles so leicht aus, obwohl er genauso professionell um alles kämpft, was er erreichen will. Ralf macht es sich nicht so schwer wie Michael«, hat Willi Weber einmal beobachtet. »Der geht mehr in die Tiefe und analysiert jedes Problem stundenlang.« Ralf wiederum interessiert sich auch für die Welt neben der Rennstrecke und erwartet vom Leben offensichtlich noch etwas mehr als Rennsport und Familie. Die hat er allerdings auch: Mit Ehefrau Cora und dem inzwischen fünfjährigen Sohn David lebt er in der Nähe von Salzburg. Dass sich die häusliche Corinna und die extrovertierte Cora nicht besonders gut verstehen, ist allerdings sicher einer der Gründe, warum sich der private Kontakt der Schumachers in Grenzen hält. Daneben sind auch die Interessen viel zu unterschiedlich: Michaels Begeisterung für den Fußball kann Ralf zum Beispiel nichts abgewinnen. Er bevorzugt kleinere Bälle – Tennisbälle zum Beispiel, oder Billardkugeln.

Aus diesen Differenzen nun Zwist oder gar Hass ableiten zu wollen, geht freilich garantiert zu weit. Die große brüderliche Liebe ist es freilich auch nicht mehr, eher ein Nebeneinander, jeder in seiner Welt, ohne allzu große Berührungspunkte – zumindest neben der Rennstrecke. Aber so außergewöhnlich ist das unter Geschwistern ja nun eigentlich auch wieder nicht.

direkter, unpolitischer als sein Bruder, von dem er sich immer mehr zu emanzipieren sucht. Er will mehr als nur ein Anhängsel des großen Schumi-Clans zu sein. Vielleicht ist es sogar Michaels Unfall, der dazu ein bisschen beiträgt, das Fehlen des »Großen«, für ein paar Wochen. Aber auch die Sicherheit, mit der es Ralf 1999 in Silverstone gelingt, nach Michaels Unfall nicht nur die Nerven zu behalten und selbst ein sehr starkes Rennen zu fahren, sondern sich auch anschließend um den Bruder zu kümmern, Familie, Management usw. zu koordinieren, erntet Respekt.

Ein gewisser räumlicher Abstand, das fällt immer wieder auf, tut Ralfs Unabhängigkeit gut. Sind die beiden zusammen, tut er sich schwerer. Bei einem gemeinsamen Interview für den US-Sender Fox-TV im Jahr 2000 notieren Beobachter: »In Michaels Gegenwart bleibt Ralf immer der jüngere Bruder, der Michaels Gedanken ergänzt, ihm aber auch immer wieder seine Eigenständigkeit vor Augen führt. Michael dagegen wacht scheinbar über Ralf.«

»Michael fährt für Ferrari, ich für Williams. Also ist er im Grunde genommen ein Rivale wie jeder andere auch. In Duellsituationen können wir aber die Grenzen besser einschätzen, weil wir uns bestens kennen und entsprechend vertrauen...

Ralf Schumacher

Ein Herz und eine Seele:
Michael und Corinna, seine
größte Stütze

Corinna und die Kinder
Fluchtpunkt Familie

m Winter hatte Michael Schumacher auch während seiner Karriere Zeit für das, was ihm neben seinem Rennwagen immer am wichtigsten war: seine Familie, seine Frau Corinna und die Kinder Gina-Maria und Mick. Im Winter, da zog er sich für mindestens zwei bis drei Monate aus der Öffentlichkeit zurück, »um meine Batterien neu aufzuladen ... irgendwo muss ich da meinen Weg finden, der für mich der richtige ist, damit ich auch weiterhin meine Leistungen bringen kann. Ich habe das schon die vergangenen Jahre so gemacht, es klappt, ich bin damit zufrieden und komme dann voller Vorfreude auf das neue Jahr zurück.« Nicht immer blieb er dabei in seinem Traumhaus in der französischen Schweiz, am Genfer See – das allerdings bald durch eine neue Villa in Gland abgelöst werden wird, die zum Saisonende 2006 noch im Bau war. Auf 600 Quadratmetern Wohnfläche, die sich die Familie Schumacher mit vier Hunden teilte, konnten dort die Kinder mit den Tieren durch den großen Garten tollen, Gina-Maria und Mick ihre ersten »Fahrversuche« auf meist dreirädrigen fahrbaren Untersätzen unternehmen und dabei dem Papa auch schon mal ständig zwischen den Füßen herumturnen.

Lange Wochen zog es ihn auch in die Einsamkeit seines norwegischen Ferienhauses, in die absolute Ruhe, Gemütlichkeit und Geborgenheit dieser kleinen Oase in den skandinavischen Wäldern, in Schnee und Eis. Im Winter 2000 erlebte er da begeistert, wie Töchterchen Gina-Maria erste »Geh- und Rutschversuche« auf Skiern unternahm:

»Das war für mich eines der tollsten Erlebnisse in diesem Winter. Als Vater findet man das schon extrem, wenn man seine Kleine da sieht und die fährt einfach Ski... Aber ich glaube, das geht jedem Vater so...«

Natürlich hätten es die Fotografen gern gesehen, hätte ihnen Michael seine Kinder auch einmal bei öffentlichen Anlässen, etwa bei den alljährlichen Ferrari-Marlboro-Skitagen in Madonna di Campiglio vorgeführt. Aber in dieser Hinsicht zieht er die Grenzen konsequent: »Ich bin der Meinung, dass meine Familie ein freies Leben verdient hat und da halten wir sie bewusst raus. Wenn nicht so viele Fotografen und Kameras überall auftauchen würden, wo ich auftauche, wenn die Medien das berücksichtigen würden, dann würden wir sie vielleicht öfter mitbringen, aber so lange die Situation so ist, wie sie ist – und die wird sich ja auch nicht verändern – wird's das nicht geben.«

Der Winter – das war für Schumacher auch immer die Zeit, das Fitnessprogramm zu intensivieren. Manchmal geschah das auch im für solche Zwecke viel besser geeigneten trocken-heißen Klima von Dubai – im Familienurlaub, bei dem Corinna und die Kinder den Vater freilich eher selten sahen – ein bisschen extravagant vielleicht, aber eine

> »Ich gehe davon aus, dass ich die Formel 1 in Zukunft am Fernseher verfolgen werde. Wenn mein Sohnemann gerade ein Eishockeyturnier hat oder so, dann muss ich es halt aufnehmen ...«

der ganz wenigen Extravaganzen, die ein Michael Schumacher sich leistete. Im Privatleben hat er sich solche Extravaganzen nicht geleistet – vor allem nicht jene der erotischen Art, wie man sie der ganzen Formel-1-Szene so gerne nachsagt. Die vielen kleinen Affären mit hübschen Mädchen, jener playboyhafte Formel-1-Stil, als dessen Repräsentant immer Gerhard Berger galt, das ist nun nicht die Welt des Kerpeners: »Ich bin mir sicher, wenn ich mir einige der Dinger geleistet hätte, die der Gerhard so gebracht hat, dann hätte ich zu Hause eine Menge Ärger bekommen.« Der Hallodri Berger, der vielleicht mangels absoluter Zielstrebigkeit den ganz großen Erfolg verpasste, und der disziplinierte, hart arbeitende Schumacher – größere Gegensätze sind kaum denkbar. Kein Wunder, dass sich die beiden lange Zeit nicht besonders grün waren: »In seiner Anfangszeit war er mir und meinen Kollegen ein Dorn im Auge, durch sein großspuriges Auftreten, wir haben ihn nicht respektiert«, sagt der Österreicher heute, inzwischen habe sich das allerdings geändert. »Er hat sich sehr entwickelt.“

> »Wenn meine Kinder auf mich zu kommen und mir in den Arm springen, dann interessiert es sie eh nicht, ob ich jetzt Weltmeister geworden bin oder nicht ... Ich habe schon oft festgestellt, dass die Stimmung im Haus völlig gleich ist, egal, ob ich gewonnen oder verloren habe.«

Michael Schumacher und seine Corinna – das ist über 15 Jahre das Traumpaar der Formel 1. Und als Michael in Interlagos 2006 zum letzten Mal aus seinem Ferrari steigt, führt sein erster Weg zu ihr, drückt er sie fest an sich – auch eine Geste des Dankes für die Unterstützung über all die Jahre hinweg, das

Organisieren, die Kleinigkeiten, auch das Verdrängen der Angst, die ein ständiger Begleiter aller Rennfahrerfrauen ist. »Das Schönste ist, dass in der ganzen Zeit nichts passiert ist, dass wir mit einem Beinbruch davongekommen sind. Jetzt werden wir nach Hause gehen und weiter arbeiten«, sagt sie, sichtlich erleichtert darüber, dass alles vorbei ist – auch wenn das Ergebnis nicht optimal war: »Michael hat ein super Rennen gefahren. Es hätte natürlich zum Abschluss noch besser sein können ... Vor dem Rennen habe ich ihm gesagt: ›Geh raus und hab’ noch mal Spaß.‹« Und dann macht sie ihm, wie ein großes Boulevard-Blatt titelt, die schönste Liebeserklärung des Jahres: »Er ist als Mann noch besser als er als Rennfahrer war!«

Corinna, die blonde Rheinländerin, die bis 1991 als Begleiterin von Heinz-Harald Frentzen auf den Rennstrecken zu Hause war, ehe sie ziemlich abrupt sozusagen »das Team wechselte«, trägt den Titel der First Lady der Formel 1, seit Michael zum ersten Mal Weltmeister wird. Damals heißt sie noch Corinna Betsch. Aber auch wenn die Hochzeit erst im August 95 stattfindet – dass Michael und Corinna einfach zusammengehören, ist schon damals klar. Noch viel mehr natürlich, als am 20. Februar 1997 Töchterchen Gina-Maria und zwei Jahre später am 22. März 1999 Sohn Mick zur Welt kommen. Trotzdem kommt Corinna, die zumindest öffentlich meist als Michaels treuer Schatten auftritt, immer noch ab und zu zu den Rennen, »auch wenn die Kinder schon ab und zu ein bisschen protestieren und am liebsten mit möchten.« Doch da schiebt Vater Schumacher energisch einen Riegel vor: »Der Auflauf, der da entstehen würde, den möchte ich mir gar nicht vorstellen«, meint Corinna einmal. »Eigentlich schade, andere Kinder können ja schon mal schauen, wo ihr Papa arbeitet.«

Michael sieht in Corinna seine absolute Traumfrau: eine ausgeglichene, verlässliche Partnerin, die ihm seine Privatleben organisiert, die, wie er sich selbst ausdrückt, »keine Prinzessin ist, sondern aus dem gleichen Milieu stammt wie ich«. Corinnas Eltern führen ein kleines Fliesenleger-geschäft in Halver im Sauerland, wo sie früher auch selbst mitgearbeitet hat. »Vor allem im Büro natürlich, aber das Handwerkliche beherrsche ich auch ein wenig.«

Die Gemeinsamkeiten, die Harmonie in der Beziehung ist für Michael extrem wichtig, genauso »der Respekt, den man voreinander haben muss. Von Kontrasten, Gegensätzen, die sich anziehen und auch zur gegenseitigen Bereicherung führen, hält er nicht allzu viel – vielleicht auch deshalb, weil er in seiner eigenen Familie erlebte, dass eine solche Beziehung problematisch war: »Meine Eltern sind sehr verschieden«, sagt er, aber das hätten sie in 30 Jahren Zusammenleben gar nicht gemerkt, weil sie so damit beschäftigt waren, sich eine Existenz aufzubauen. Erst nachdem sie mit Michaels

Erfolgen etwas mehr Zeit fanden, auf sich selbst zu schauen hätten sie gemerkt, »dass sie nicht wirklich zusammenpassen.« 1997 trennten sich Rolf und Elisabeth Schumacher, kümmerten sich aber weiterhin gemeinsam um Michaels Kart-Center in seinem Heimatort.

Trautes Glück im trauten Heim: Die Schumachers zu Hause am Genfer See mit den Hunden Bonny, Tracey, Jenny und dem in Brasilien »adoptierten« Floh.

Als die Mutter am Imola-Wochenende 2003 stirbt, steht Michael Schumacher mit den Tränen kämpfend auf dem Siegerpodest – nach dem ersten Sieg in diesem Jahr. Einen Startverzicht hatten er und Ralf nicht in Betracht gezogen: »Unsere Mutter hat immer sehr gerne zugeschaut, wenn wir auf der Rennstrecke gegeneinander gekämpft haben, sie hätte es sicherlich gewollt, dass wir fahren«, ließ Michael über seine Homepage mitteilen.

Am Sonntag Vormittag waren Michael und Ralf an die Strecke zurückgekommen, mit dunklen Sonnenbrillen, Ralf in Schwarz.

Tags zuvor waren sie direkt nach dem Qualifying nach Köln geflogen, um ihre Mutter noch einmal zu sehen, nachdem die Nachricht gekommen war, dass deren Zustand sich verschlechtere.

»Meine Eltern haben mich sehr gut erzogen«, erklärt Schumacher und meint damit, dass sie ihm auch Werte mitgegeben haben, die heute je nach Standpunkt als ehrenwertsolide oder auch typisch kleinbürgerlich eingeschätzt werden. Den Wert des Geldes wisse er auch als Multimillionär durchaus noch zu schätzen. »Ich achte darauf, wofür ich mein Geld ausgebe.« Das heißt, dass er sich einerseits ein Privatflugzeug für 20 Millionen Dollar leistet, »weil es bei unseren Zeitplänen ein Muss ist, unabhängig, komforta-bel und möglichst schnell von A nach B zu kommen.« Andererseits aber registriert er auch, »dass die Marmelade in der Schweiz furchtbar teuer ist« und liefert Spöttern damit natürlich eine Steilvorlage.

Zum Weltstar von heute gehört normalerweise auch eine dezidierte Meinung zu aktuellen Themen. Auch von Michael Schumacher werden sie immer wieder verlangt, auch wenn sie nicht seinen Interessen entsprechen. Jahrelang hat er keinen Hehl aus seiner Sympathie für die Regierung Kohl gemacht, deren konservative Weltsicht er teilt. Und er bleibt auch bei dieser Haltung, die sich aus seiner Herkunft und seinem Aufstieg erklären lässt, als sich die öffentliche Meinung gegen Kohl wendet. Manchmal, vor allem in den ersten Jahren, misslang denn auch eine jener ihm abgenötigten Aussagen zu aktuellen Fragen, obwohl sie vielleicht gar nicht so gemeint war. So klang seine Bemerkung zum Verhalten deutscher Hooligans bei der Fußballweltmeisterschaft in Frankreich 1998 »Die benehmen sich wie Tiere, also sollte man sie vielleicht auch wie Tiere behandeln und einschläfern«, sehr nach Stammtischparole, obwohl er damit sicher nur seinem Abscheu besonders drastisch Ausdruck verleihen wollte.

Wenn es nach ihm ginge, würde er sich zu solchen Themen öffentlich lieber gar nicht äußern, denn mehr als ein erfolgreicher Rennfahrer und ein guter Familienvater will er ja gar nicht sein. Da redet er schon lieber augenzwinkernd darüber, wie ihn seine Tochter auch nach großen Enttäuschungen auf der Strecke wieder in die häusliche Normalität zurückholt: »Papa, du hast ja schon wieder im Kies gestanden, hat sie gesagt, als ich aus Hockenheim zurückgekommen bin«, grinst er im Sommer 2000 »und dann wollte sie spielen. Was soll ich mich da über Vergangenes aufregen?«

Aber Gina-Maria bedient auch die etwas abergläubische Seite ihres Vaters, wenn sie ihm »kleine rosa Plastikhaarbürsten als Glücksbringer« zusteckt. Oft helfen sie, und wenn nicht, dann muss eben ein vierblättriges Kleeblatt her. Dass er gerne eines pflückt, wenn er es findet, gibt er zu: »Ich habe das schon hin und wieder gemacht.« Doch im gleichen Atemzug wiegelt er ab: »Ich glaube aber nicht wirklich daran. Wenn du vorbeiläufst und findest eines, dann ist das schön. Aber ich habe auch schon Rennen ohne Kleeblatt gewonnen.«

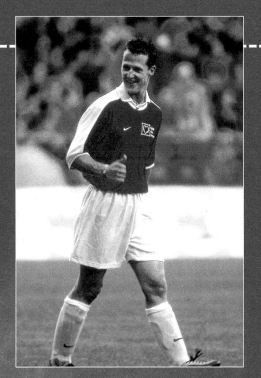

W o Michael auch gerne gewinnt, ist das Fußballfeld. Denn Fußballspielen ist sein großes Hobby. Ob einfach nur so beim Kicken mit Freunden, bei Punktspielen für einen viertklassigen Schweizer Verein, beim Training mit den Bundesligaprofis vom 1. FC Kaiserslautern oder in einem der vielen Prominenten-Matches, an denen er Jahr für Jahr teilnimmt – auf dem Fußballplatz entwickelt Schumi fast so viel Ehrgeiz wie auf der Rennstrecke: »Und ich bin dabei sogar nervöser als in der Formel 1. Das mag komisch klingen, aber es kommt daher, dass ich beim Fußball nicht so gut bin. Im Spiel entwickle ich eine Art Tunnelblick, aber eigentlich erfordert ein Fußballspiel mehr Aufmerksamkeit. In jedem Sport muss man, um gut zu sein, in der Lage sein, zu erkennen, was rund um einen vorgeht, um die entsprechenden Strategien zu entwickeln. Beim Fußball habe ich diese Fähigkeit nicht. Wenn der Ball zu mir kommt, sehe ich nur ihn – und nicht den Spieler neben mir. Das

ist das Problem ...« Viele der Einnahmen solcher Prominenten-Spiele gehen an die unterschiedlichsten Wohltätigkeits-Organisationen. Persönlich engagiert sich Schumacher in diesem Bereich für die UNESCO, generell fühlt er sich vor allem »zu Organisationen hingezogen, die Kindern helfen ...«

S einen eigenen Kinder bekommen natürlich schon mit, dass sie so einen berühmten Vater haben, was sie aber nicht stört: »Da, wo wir leben und wie wir leben, hält sich das in einem Maß, dass sie es eher als angenehm empfinden.« Und auch er selbst ist inzwischen mit sich im Reinen. Vor ein paar Jahren meinte er noch, dass er als Kartmeister mit einer Million statt mit so vielen vielleicht ein glücklicherer Mensch geworden wärse, heute stellt er fest: »Im Großen und Ganzen bin ich doch ziemlich glücklich geworden, muss ich sagen. Es gab Momente, in denen ich nicht mehr glücklich war, weil es schon eine Umstellung war für mich, mit der Situation zurechtzukommen und meinen Lebensrhythmus zu finden. Aber über die Jahre habe ich das geschafft. Ich könnte nicht sagen, dass ich wirklich glücklicher geworden wäre, wenn sich Dinge anders entwickelt hätten, speziell was Familie und den Freundeskreis angeht.« Und er freut sich auf die Zukunft, auch wenn er nicht weiß, wie sie aussehen soll: »Ich bin in der glücklichen Position, dass ich noch keine Vision für mein neues Leben haben muss. Ich habe viel Zeit, kann mir etwas überlegen, das mich interessiert. Ich bin da total entspannt. Was sein wird, weiß ich noch nicht, aber das Leben eröffnet viele Möglichkeiten.«

Statistik
Der Erfolg in Zahlen

Abkürzungen: ARG = Argentinien; AUS = Australien; BEL = Belgien; BRA = Brasilien; CAN = Kanada; DEU = Deutschland; EUR = Europa; FRA = Frankreich; GBR = Großbritannien; ITA = Italien; JAP = Japan; MAL = Malaysia; MC = Monaco; MEX = Mexiko; ÖST = Österreich; POR = Portugal; SA = Südafrika; SM = San Marino; SPA = Spanien; UNG = Ungarn; USA = Vereinigte Staaten von Amerika
`Pole` = Pole Position

Kartrennen (seit 1973)

1984 Deutscher Junioren-Meister
1985 Deutscher Junioren-Meister
Junioren-Vizeweltmeister
1986 Deutsche Meisterschaft, 3. Platz
Europameisterschaft, 3. Platz
1987 Deutscher Meister
Europameister

Formel König

1988 Deutscher Meister

Formel Ford 1600

1988 Deutsche Meisterschaft, 6. Platz
Europameisterschaft, 2. Platz

Formel 3

1989 Deutsche Meisterschaft, 3. Platz

Ort	Platz	Sieger
Hockenheim	3.	F. Krämer
Nürburgring	3.	M. Bartels
Avus	3.	K. Wendlinger
Brünn	5.	M. Bartels
Zeltweg	1.	M. Schumacher
Hockenheim	3.	H.-H. Frentzen
Wunstorf	12.	H.-H. Frentzen
Hockenheim	Ausfall	K. Wendlinger
Diepholz	4.	H.-H. Frentzen
Nürburgring	5.	P. Zakowski
Nürburgring	1.	M. Schumacher
Hockenheim	3.	M. Bartels

Meisterschafts-Endstand:
1. K. Wendlinger   164 Punkte
2. H.-H. Frentzen   163 Punkte
3. M. Schumacher   163 Punkte

1990 Deutscher Meister

Ort	Platz	Sieger
Zolder	Ausfall	W. Kaufmann
Hockenheim	Ausfall	O. Rensing
Nürburgring	5.	W. Kaufmann
Avus	1.	M. Schumacher
Wunstorf	1.	M. Schumacher
Norisring	2.	O. Rensing
Zeltweg	1.	M. Schumacher
Diepholz	1.	M. Schumacher
Nürburgring	1.	M. Schumacher
Nürburgring	4.	P. Zakowski
Hockenheim	2.	M. Häkkinen

Meisterschafts-Endstand:
1. M. Schumacher   148 Punkte
2. O. Rensing   117 Punkte
3. W. Kaufmann   81 Punkte

Formel 1

1991 Benetton-Ford

Nr.	GP	Datum	Rennstrecke	Ergebnis	Training
1*	BEL	25.08.	Spa	Ausfall	7.
2	ITA	08.09.	Monza	5.	7.

1993 Benetton-Ford

Nr.	GP	Datum	Rennstrecke	Ergebnis	Training
23	SA	14.03.	Kyalami	Ausfall	3.
24	BRA	28.03.	São Paulo	3.	4.
25	EUR	11.04.	Donington	Ausfall	3.
26	SM	25.04.	Imola	2.	3.
27	SPA	09.05.	Barcelona	3.	4.
28	MC	23.05.	Monte Carlo	Ausfall	2.
29	CAN	13.06.	Montreal	2.	3.
30	FRA	04.07.	Magny Cours	3.	7.
31	GBR	11.07.	Silverstone	2.	3.
32	DEU	25.07.	Hockenheim	2.	3.
33	UNG	15.08.	Budapest	Ausfall	3.
34	BEL	29.08.	Spa	2.	3.
35	ITA	12.09.	Monza	Ausfall	5.
36	POR	26.09.	Estoril	1.	6.
37	JAP	24.10.	Suzuka	Ausfall	4.
38	AUS	07.11.	Adelaide	Ausfall	4.

WM-Endstand:

1.	Alain Prost	FRA	99 Punkte
2.	Ayrton Senna	BRA	73 Punkte
3.	Damon Hill	GBR	69 Punkte
4.	Michael Schumacher	DEU	52 Punkte

3	POR	22.09.	Estoril	6.	10.
4	SPA	29.09.	Barcelona	6.	5.
5	JAP	20.10.	Suzuka	Ausfall	9.
6	AUS	03.11.	Adelaide	Ausfall	6.

* für **Jordan**

WM-Endstand:

1.	Ayrton Senna	BRA	96 Punkte
2.	Nigel Mansell	GBR	72 Punkte
3.	Riccardo Patrese	ITA	53 Punkte
12.	Michael Schumacher	DEU	4 Punkte

1992 Benetton-Ford

Nr.	GP	Datum	Rennstrecke	Ergebnis	Training
7	SA	01.03.	Kyalami	4.	6.
8	MEX	22.03.	Mexico-City	3.	3.
9	BRA	29.03.	São Paulo	3.	5.
10	SPA	03.05.	Barcelona	2.	2.
11	SM	17.05.	Imola	Ausfall	5.
12	MC	31.05.	Monte Carlo	4.	6.
13	CAN	14.06.	Montreal	2.	5.
14	FRA	05.07.	Magny Cours	Ausfall	5.
15	GBR	12.07.	Silverstone	4.	4.
16	DEU	26.07.	Hockenheim	3.	6.
17	UNG	16.08.	Budapest	Ausfall	4.
18	BEL	30.08.	Spa	1.	3.
19	ITA	13.09.	Monza	3.	6.
20	POR	27.09.	Estoril	7.	5.
21	JAP	24.10.	Suzuka	Ausfall	5.
22	AUS	08.11.	Adelaide	2.	5.

WM-Endstand:

1.	Nigel Mansell	GBR	108 Punkte
2.	Riccardo Patrese	ITA	56 Punkte
3.	Michael Schumacher	DEU	53 Punkte

1994 Benetton-Ford

Nr.	GP	Datum	Rennstrecke	Ergebnis	Training
39	BRA	27.03.	São Paulo	1.	2.
40	PAC	17.04.	Aida/JAP	1.	2.
41	SM	01.05.	Imola	1.	2.
42	MC	15.05.	Monte Carlo	1.	Pole
43	SPA	29.05.	Barcelona	2.	Pole
44	CAN	12.06.	Montreal	1.	Pole
45	FRA	03.07.	Magny Cours	1.	3.
46	GBR	10.07.	Silverstone	Disqu.	2.
47	DEU	31.07.	Hockenheim	Ausfall	4.
48	UNG	14.08.	Budapest	1.	Pole
49	BEL	28.08.	Spa	Disqu.	2.
–	ITA	11.09.	Monza	Gesperrt	–
–	POR	25.09.	Estoril	Gesperrt	–
50	EUR	16.10.	Jerez	1.	Pole
51	JAP	06.11.	Suzuka	2.	Pole
52	AUS	13.11.	Adelaide	Ausfall	2.

WM-Endstand:

1.	Michael Schumacher	DEU	92 Punkte
2.	Damon Hill	GBR	91 Punkte
3.	Gerhard Berger	ÖST	41 Punkte

1995 Benetton-Renault

Nr.	GP	Datum	Rennstrecke	Ergebnis	Training
53	BRA	26.03.	São Paulo	1.	2.
54	ARG	09.04.	Buenos Aires	3.	3.
55	SM	30.04.	Imola	Ausfall	Pole

Nr.	GP	Datum	Rennstrecke	Ergebnis	Training
56	SPA	14.05.	Barcelona	1.	Pole
57	MC	28.05.	Monte Carlo	1.	2.
58	CAN	11.06.	Montreal	5.	Pole

Nr.	GP	Datum	Rennstrecke	Ergebnis	Training
59	FRA	02.07.	Magny Cours	1.	2.
60	GBR	16.07.	Silverstone	Ausfall	2.
61	DEU	30.07.	Hockenheim	1.	2.
62	UNG	13.08.	Budapest	11.	3.
63	BEL	27.08.	Spa	1.	16.
64	ITA	10.09.	Monza	Ausfall	2.
65	POR	24.09.	Estoril	2.	3.
66	EUR	01.10.	Nürburgring	1.	3.
67	PAC	22.10.	Aida	1.	3.
68	JAP	29.10.	Suzuka	1.	Pole
69	AUS	12.11.	Adelaide	Ausfall	3.

WM-Endstand:
1. Michael Schumacher   DEU   102 Punkte
2. Damon Hill   GBR   69 Punkte
3. David Coulthard   GBR   49 Punkte

1996 Ferrari

Nr.	GP	Datum	Rennstrecke	Ergebnis	Training
70	AUS	10.03.	Melbourne	Ausfall	4.
71	BRA	31.03.	São Paulo	3.	4.
72	ARG	07.04.	Buenos Aires	Ausfall	2.
73	EUR	28.04.	Nürburgring	2.	3.
74	SM	05.05.	Imola	2.	Pole
75	MC	19.05.	Monte Carlo	Ausfall	Pole
76	SPA	02.06.	Barcelona	1.	3.
77	CAN	16.06.	Montreal	Ausfall	3.
78	FRA	30.06.	Magny Cours	Ausfall*	Pole
79	GBR	14.07.	Silverstone	Ausfall	3.
80	DEU	28.07.	Hockenheim	4.	3.
81	UNG	11.08.	Budapest	Ausfall	Pole
82	BEL	25.08.	Spa	1.	3.
83	ITA	08.09.	Monza	1.	3.
84	POR	22.09.	Estoril	3.	4.
85	JAP	13.10.	Suzuka	2.	3.

WM-Endstand:
1. Damon Hill   GBR   97 Punkte
2. Jacques Villeneuve   CAN   78 Punkte
3. Michael Schumacher   DEU   59 Punkte

1997 Ferrari

Nr.	GP	Datum	Rennstrecke	Ergebnis	Training
86	AUS	09.03.	Melbourne	2.	3.
87	BRA	30.03.	São Paulo	5.	2.
88	ARG	13.04.	Buenos Aires	Ausfall	4.
89	SM	27.04.	Imola	2.	3.
90	MC	11.05.	Monte Carlo	1.	2.
91	SPA	25.05.	Barcelona	4.	7.
92	CAN	15.06.	Montreal	1.	Pole
93	FRA	29.06.	Magny Cours	1.	Pole
94	GBR	13.07.	Silverstone	Ausfall	4.
95	DEU	27.07.	Hockenheim	2.	4.
96	UNG	10.08.	Budapest	4.	Pole
97	BEL	24.08.	Spa	1.	3.
98	ITA	07.09.	Monza	6.	9.
99	ÖST	21.09.	Zeltweg	6.	9.
100	LUX	28.09.	Nürburgring	Ausfall	5.
101	JAP	12.10.	Suzuka	1.	2.
102	EUR	26.10.	Jerez/SPA	Ausfall	2.

WM-Endstand:
1. Jacques Villeneuve   CAN   81 Punkte
(2.* Michael Schumacher   DEU   59 Punkte)
2. Heinz-Harald Frentzen   DEU   42 Punkte
3. David Coulthard   GBR   36 Punkte

* wegen des Rammstoßes gegen Jacques Villeneuve in Jerez
 wird Schumacher nachträglich der Vize-Titel aberkannt

1998 Ferrari

Nr.	GP	Datum	Rennstrecke	Ergebnis	Training
103	AUS	08.03.	Melbourne	Ausfall	3.
104	BRA	29.03.	São Paulo	3.	4.
105	ARG	12.04.	Buenos Aires	1.	2.
106	SM	26.04.	Imola	2.	3.
107	SPA	10.05.	Barcelona	3.	3.
108	MC	24.05.	Monte Carlo	10.	4.
109	CAN	07.06.	Montreal	1.	3.
110	FRA	28.06.	Magny Cours	1.	2.
111	GBR	12.07.	Silverstone	1.	2.
112	ÖST	26.07.	Zeltweg	3.	3.
113	DEU	02.08.	Hockenheim	5.	9.
114	UNG	16.08.	Budapest	1.	3.
115	BEL	30.08.	Spa	Ausfall	4.
116	ITA	13.09.	Monza	1.	Pole
117	LUX	27.09.	Nürburgring	2.	Pole
118	JAP	01.11.	Suzuka	Ausfall	Pole

WM-Endstand:
1. Mika Häkkinen   FIN   100 Punkte
2. Michael Schumacher   DEU   86 Punkte
3. David Coulthard   GBR   56 Punkte

1999 Ferrari

Nr.	GP	Datum	Rennstrecke	Ergebnis	Training
119	AUS	07.03.	Melbourne	8.	3.
120	BRA	11.04.	São Paulo	2.	4.

121	SM	02.05.	Imola	1.	3.
122	MC	16.05.	Monte Carlo	1.	2.
123	SPA	30.05.	Barcelona	3.	4.
124	CAN	13.06.	Montreal	Ausfall	Pole
125	FRA	27.06.	Magny Cours	5.	6.
126	GBR	11.07.	Silverstone	Unfall	2.
–	ÖST	25.07.	Zeltweg	verletzt	–
–	DEU	01.08.	Hockenheim	verletzt	–
–	UNG	16.08.	Budapest	verletzt	–
–	BEL	29.08.	Spa	verletzt	–
–	ITA	12.09.	Monza	verletzt	–
–	EUR	26.09.	Nürburgring	verletzt	–
127	MAL	17.10.	Kuala Lumpur	2.	Pole
128	JAP	31.10.	Suzuka	2.	Pole

WM-Endstand:
1. Mika Häkkinen   FIN   76 Punkte
2. Eddie Irvine   GBR   74 Punkte
5. Michael Schumacher   DEU   44 Punkte

2000 Ferrari

Nr.	GP	Datum	Rennstrecke	Ergebnis	Training
129	AUS	12.03.	Melbourne	1.	3.
130	BRA	26.03.	São Paulo	1.	3.
131	SM	09.04.	Imola	1.	2.
132	GBR	23.04.	Silverstone	3.	5.
133	SPA	07.05.	Barcelona	5.	Pole
134	EUR	21.05.	Nürburgring	1.	2.
135	MC	04.06.	Monte Carlo	Ausfall	Pole
136	CAN	18.06.	Montreal	1.	Pole
137	FRA	02.07.	Magny Cours	Ausfall	Pole
138	ÖST	16.07.	Zeltweg	Ausfall	4.
139	DEU	30.07.	Hockenheim	Ausfall	2.
140	UNG	13.08.	Budapest	2.	Pole
141	BEL	27.08.	Spa	2.	4.
142	ITA	10.09.	Monza	1.	Pole
143	USA	24.09.	Indianapolis	1.	Pole
144	JAP	08.10.	Suzuka	1.	Pole
145	MAL	22.10.	Kuala Lumpur	1.	Pole

WM-Endstand:
1. Michael Schumacher   DEU   108 Punkte
2. Mika Häkkinen   FIN   89 Punkte
3. David Coulthard   GBR   73 Punkte

2001 Ferrari

Nr.	GP	Datum	Rennstrecke	Ergebnis	Training
146	AUS	04.03.	Melbourne	1.	Pole
147	MAL	18.03.	Kuala Lumpur	1.	Pole
148	BRA	01.04.	São Paulo	2.	Pole
149	SM	15.04.	Imola	Ausfall	4.
150	SPA	29.04.	Barcelona	1.	Pole
151	ÖST	13.05.	Zeltweg	2.	Pole
152	MC	27.05.	Monte Carlo	1.	2.
153	CAN	10.06.	Montreal	2.	Pole
154	EUR	24.06.	Nürburgring	1.	Pole
155	FRA	01.07.	Magny Cours	1.	2.
156	GBR	15.07.	Silverstone	2.	Pole
157	DEU	29.07.	Hockenheim	Ausfall	4.
158	UNG	19.08.	Budapest	1.	Pole
159	BEL	02.09.	Spa	1.	3.
160	ITA	16.09.	Monza	4.	3.
161	USA	30.09.	Indianapolis	2.	Pole
162	JAP	14.10.	Suzuka	1.	Pole

WM-Endstand:
1. Michael Schumacher   DEU   123 Punkte
2. David Coulthard   GBR   65 Punkte
3. Rubens Barrichello   BRA   56 Punkte

2002 Ferrari

Nr.	GP	Datum	Rennstrecke	Ergebnis	Training
163	AUS	03.03.	Melbourne	1.	2.
164	MAL	17.03.	Kuala Lumpur	3.	Pole
165	BRA	31.03.	São Paulo	1.	2.
166	SM	14.04.	Imola	1.	Pole
167	SPA	28.04.	Barcelona	1.	Pole
168	ÖST	12.05.	Zeltweg	1.	3.
169	MC	26.05.	Monte Carlo	2.	3.
170	CAN	09.06.	Montreal	1.	2.
171	EUR	23.06.	Nürburgring	2.	3.
172	GBR	07.07.	Silverstone	1.	3.
173	FRA	21.07.	Magny Cours	1.	2.
174	DEU	28.07.	Hockenheim	1.	Pole
175	UNG	18.08.	Budapest	2.	2.
176	BEL	01.09.	Spa	1.	Pole
177	ITA	15.09.	Monza	2.	2.
178	USA	29.09.	Indianapolis	2.	Pole
179	JAP	13.10.	Suzuka	1.	Pole

WM-Endstand:
1. Michael Schumacher   DEU   144 Punkte
2. Rubens Barrichello   BRA   77 Punkte
3. Juan-Pablo Montoya   COL   50 Punkte

*Der Grand-Prix in Frankreich 1996 wird in manchen Statistiken – inzwischen auch im Marlboro Guide – nicht mehr mitgezählt, da Michael Schumacher in der Aufwärmrunde ausfiel.

2003 Ferrari

Nr.	GP	Datum	Rennstrecke	Ergebnis	Training
180	AUS	09.03.	Melbourne	4.	Pole
181	MAL	23.03.	Sepang	6.	3.
182	BRA	06.04.	São Paulo	Ausfall	7.
183	SM	20.04.	Imola	1.	Pole
184	SPA	04.05.	Barcelona	1.	Pole
185	ÖST	18.05.	Spielberg	1.	Pole
186	MC	01.06.	Monte Carlo	3.	5.
187	CAN	15.06.	Montreal	1.	3.
188	EUR	29.06.	Nürburgring	5.	2.
189	FRA	06.07.	Magny Cours	3.	3.
190	GBR	20.07.	Silverstone	4.	5.
191	DEU	03.08.	Hockenheim	7.	6.
192	UNG	24.08.	Budapest	8.	8.
193	ITA	14.09.	Monza	1.	Pole
194	USA	28.09.	Indianapolis	1.	7.
195	JAP	12.10.	Suzuka	8.	14.

WM-Endstand:
1. Michael Schumacher — DEU — 93 Punkte
2. Kimi Räikkönen — FIN — 91 Punkte
3. Juan-Pablo Montoya — COL — 82 Punkte

2004 Ferrari

Nr.	GP	Datum	Rennstrecke	Ergebnis	Training
196	AUS	07.03.	Melbourne	1.	Pole
197	MAL	21.03.	Sepang	1.	Pole
198	BAH	04.04.	Manama	1.	Pole
199	SM	25.04.	Imola	1.	2.
200	SPA	09.05.	Barcelona	1.	Pole
201	MC	23.05.	Monte Carlo	Ausfall	4.
202	EUR	30.05.	Nürburgring	1.	Pole
203	CAN	13.06.	Montreal	1.	6.
204	USA	20.06.	Indianapolis	1.	2.
205	FRA	04.07.	Magny Cours	1.	2.
206	GBR	11.07.	Silverstone	1.	4.
207	DEU	25.07.	Hockenheim	1.	Pole
208	UNG	15.08.	Budapest	1.	Pole
209	BEL	29.08.	Spa	2.	2.
210	ITA	12.09.	Monza	2.	3.
211	CHI	26.09.	Shanghai	12.	20.
212	JAP	10.10.	Suzuka	1.	Pole
213	BRA	24.10.	São Paulo	7.	18.

WM-Endstand:
1. Michael Schumacher — DEU — 148 Punkte
2. Rubens Barrichello — BRA — 114 Punkte
3. Jenson Button — GBR — 85 Punkte

174

2005 Ferrari

Nr.	GP	Datum	Rennstrecke	Ergebnis	Training
214	AUS	06.03.	Melbourne	Ausfall	19.
215	MAL	20.03.	Kuala Lumpur	7.	13.
216	BAH	03.04.	Manama	Ausfall	2.
217	SM	24.04.	Imola	2.	13.
218	SPA	08.05.	Barcelona	Ausfall	8.
219	MC	22.05.	Monte Carlo	7.	8.
220	EUR	29.05.	Nürburgring	5.	10.
221	CAN	12.06.	Montreal	2.	2.
222	USA	19.06.	Indianapolis	1.	5.
223	FRA	03.07.	Magny Cours	3.	3.
224	GBR	10.07.	Silverstone	6.	9.
225	DEU	24.07.	Hockenheim	5.	5.
226	UNG	31.07.	Budapest	2.	Pole
227	TUR	21.08.	Istanbul	Ausfall	19.
228	ITA	04.09.	Monza	10.	6.
229	BEL	11.09.	Spa	Ausfall	6.
230	BRA	25.09.	São Paulo	4.	7.
231	JAP	09.10.	Suzuka	7.	14.
232	CHI	16.10.	Shanghai	Ausfall	6.

WM-Endstand:
1. Fernando Alonso   ESP   133 Punkte
2. Kimi Räikkönen   FIN   112 Punkte
3. Michael Schumacher   DEU   62 Punkte

2006 Ferrari

Nr.	GP	Datum	Rennstrecke	Ergebnis	Training
233	BAH	12.03.	Manama	2.	Pole
234	MAL	19.03.	Sepang	6.	14.
235	AUS	02.04.	Melbourne	Ausfall	10.
236	SM	23.04.	Imola	1.	Pole
237	EUR	07.05.	Nürburgring	1.	2.
238	SPA	14.05.	Barcelona	2.	3.
239	MC	28.05.	Monte Carlo	5.	22.
240	GBR	11.06.	Silverstone	2.	3.
241	CAN	25.06.	Montreal	2.	5.
242	USA	02.07.	Indianapolis	1.	Pole
243	FRA	16.07.	Magny Cours	1.	Pole
244	DEU	30.07.	Hockenheim	1.	2.
245	UNG	06.08.	Budapest	8.	11.
246	TUR	27.08.	Istanbul	3.	2.
247	ITA	10.09.	Monza	1.	2.
248	CHI	01.10.	Shanghai	1.	6.
249	JAP	08.10.	Suzuka	Ausfall	2.
250	BRA	22.10.	São Paulo	4.	10.

WM-Endstand:
1. Fernando Alonso   ESP   134 Punkte
2. Michael Schumacher   DEU   121 Punkte
3. Felipe Massa   BRA   80 Punkte

© 2007 by F. A. Herbig Verlags-
buchhandlung GmbH, München
Alle Rechte vorbehalten
Umschlag: Wolfgang Heinzel
Umschlagfotos: picture alliance/dpa
(Vorderseite), Steve Domenjoz (Rückseite)
Produktion und Satz:
VerlagsService Dr. Helmut Neuberger
& Karl Schaumann GmbH, Heimstetten
Druck und Binden:
aprinta druck GmbH & Co.KG, Wemding
Printed in Germany
ISBN 3-7766-2502-3
ISBN 978-3-7766-2502-8

Bildnachweis:

Sämtliche Fotos Steve Domenjoz,
außer S. 52, S. 55, S. 56, S. 58/59 Deblon;
S. 53, S. 60 (2x) ASA/Wießmann;
S. 57 (2x), S. 61, S. 167 ASA/Groht;
S. 60 ASA/LAT; S. 76 ASA/Schaller;
S. 100 (2x), S.168/169 ASA;
S. 77 (3x) ATP/Reck